U0571326

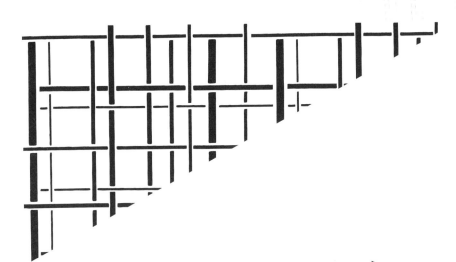

柬埔寨

国情报告

2015~2016

刘亚萍等 编著

图书在版编目（CIP）数据

柬埔寨国情报告（2015~2016）/刘亚萍等编著 . —北京：经济管理出版社，2017. 11
ISBN 978 - 7 - 5096 - 5609 - 9

Ⅰ. ①柬…　Ⅱ. ①刘…　Ⅲ. ①国情—研究报告—柬埔寨—2015 - 2016　Ⅳ. ①D733. 5

中国版本图书馆 CIP 数据核字（2017）第 325747 号

组稿编辑：张巧梅
责任编辑：张巧梅　侯娅楠
责任印制：黄章平
责任校对：王淑卿

出版发行：经济管理出版社
　　　　　（北京市海淀区北蜂窝 8 号中雅大厦 A 座 11 层　100038）
网　　　址：www. E - mp. com. cn
电　　　话：（010）51915602
印　　　刷：北京晨旭印刷厂
经　　　销：新华书店
开　　　本：720mm × 1000mm/16
印　　　张：12. 25
字　　　数：234 千字
版　　　次：2018 年 8 月第 1 版　　2018 年 8 月第 1 次印刷
书　　　号：ISBN 978 - 7 - 5096 - 5609 - 9
定　　　价：58. 00 元

编委会

序　言

　　东盟是东南亚地区十个国家之间的区域性合作组织。作为中国的近邻，东南亚各国在中国的周边外交中具有重要的地位，东盟也因此成为中国经营与东南亚各国合作关系的主要平台。自 1991 年以来，中国与东南亚国家之间的关系在东盟框架下取得重大进展，中国与东盟也从磋商伙伴一路发展到目前的全面战略合作伙伴。这期间，中国东盟自由贸易区建设成为中国东盟合作乃至东亚合作的重要事件，因为正是中国倡议建设的中国东盟自由贸易区开启了以东盟为中心的东亚合作新格局。在贸易投资方面，中国东盟互为对方重要的贸易伙伴和投资来源，经济相互依赖在良性互动的进程中不断深化。

　　2013 年中国提出"一带一路"合作倡议以来，东盟对中国的国际合作意义也发生了变化。习近平主席选择在印度尼西亚提出与东盟国家共同建设"21 世纪海上丝绸之路"倡议，充分显示了中国对进一步加深中国东盟关系、在合作中构建中国东盟命运共同体、造福地区民众的良好愿望。实际上，进入新世纪以来，为了深化双边关系，中国围绕与东盟国家的合作提出过一系列倡议和安排。总体而言，这些新的倡议对推动中国东盟合作发挥了助力作用。然而客观地讲，一些倡议的措施没能达到预期的效果。从深化双边合作，特别是面向 2030 目标建设中国东盟关系的需求出发，我们应进一步加强对东盟的研究：既要具体到国别，又能深入到领域。因为只有正确把握东盟国家面临的现实挑战和真实需求才能提出更具可操作性、效果更显著的深化双边关系的措施，并把中国东盟关系带向更高的层面，服务构筑和谐周边的目标，贡献人类命运共同体建设。

　　广西壮族自治区地处中国东盟合作前沿，自 2004 年中国东盟博览会落户南宁以来，广西在中国东盟合作中的地位日益提升。广西大学作为广西最重要的综合性大学，其下设的中国东盟研究院在中国东盟合作过程中不仅成为广西壮族自治区参与对东盟合作的重要智库，也在全国的东盟问题研究中逐渐获得认可。目前，中国东盟研究院下设的东盟十国国别研究所每年都围绕各自研究对象国收集整理大量的基础信息。以前期的资料收集和跟踪观察为基础，也是作为下一步密切跟踪对象国研究的第一步工作，我们组织各国别研究所编写了东盟十国的国情报告。报告参考了到目前为止国内外出版的相关国别研究成果，同时对各国新的发展做了力所能及的完善和更新。

同时，编著撰写东盟十国的国情报告对于仍在建设中的中国东盟研究院来说，确实是一项非常艰巨的任务，因此在整个项目进程中我们遇到了很多困难，呈现在同行面前的这十本书一定存在不少错漏之处，希望同行给予批评指正。

王玉主

2018 年 2 月

前　言

　　柬埔寨王国是一个跌宕起伏、命运多舛的贫穷国家，虽然历史上有过辉煌的吴哥时期，但是衰落之后，吴哥的辉煌一直未能重现。即使柬埔寨王国独立以后，仍然出现了多次动荡，直到20世纪90年代中期以后，才逐渐走上了较为平稳的发展道路。1993年，柬埔寨王国举行了恢复君主立宪制的第一次大选，迄今为止已经完成了五次。虽然期间出现了不少波折，但总体上保持了洪森领导人民党执掌国家政权的格局。2018年柬埔寨王国将举行第六次大选，截至2017年6月2日，柬埔寨王国已经完成了政党的乡、分区理事会席位的选举，其结果是人民党获得6503个席位，救国党获得5007个席位，奉辛比克党获得28个席位，高棉民族团结党获得24个席位，总共有12个党派参加大选。

　　虽说柬埔寨王国经历了如此多的磨难，还远未达到历史上曾经有过的辉煌，但在近10年的国家经济发展方面还是取得了不俗的成就。GDP每年均保持7%左右的速度在增长，2016年7月世界银行组织将其从世界最贫穷国家的队伍行列中剔除，也表明柬埔寨王国所取得的成绩令人瞩目。尤其是柬埔寨对外采取的中立政策以及地缘关系，在10个东盟国家中起到了较强的协调作用。因此，在我国"一带一路"倡议背景下，我们对柬埔寨王国2015～2016年国情进行全方位的研究，准确把握东盟国家中与我国保持长久友谊的国家——柬埔寨王国的历史渊源、现实的内外环境和社会条件等，借此预判沿线国家对我国"一带一路"倡议的支持态度具有重要的参考作用和现实意义。

　　本书在对柬埔寨历史追溯的基础上，重点阐述了2015年至2016年末期间，柬埔寨在基本国情、政治、经济、安全、外交、区域合作、社会文化以及对华关系八个方面的新动态和发展趋势，当然其中不可避免地涵盖了对历史的追溯，其目的是希望读者通过阅读本书能够较全面地了解和知悉柬埔寨王国各个层面的基本态势、现任政府的政治主张、民众的文化行为倾向以及对外关系的态度和立场等，以便于对柬埔寨感兴趣的中国读者以及有意愿去柬埔寨投资的中国企业分享某些有参考价值的国情信息和观点。同时，希望阅读此书的读者能够从中了解柬埔寨对我国"一带一路"倡议的支持态度，并借此作出某种程度的预判。如果阅读此书能够有这样的效果，也就达到了我们写此书的目的。

本书共分为八章，每章采集了最新的数据和研究成果作为研究的基础。第一章，主要从历史和发展的角度，介绍了柬埔寨地理、地貌、人口民族、语言宗教、国家体制中的重大变革以及柬埔寨的资源概况。第二章，基于对历史的梳理，针对柬埔寨20世纪50年代独立以来的政治变革节点、变革中的核心人物、现时的政治动态进行了分析和论述，尤其重点分析了2018年柬埔寨大选的趋势与走向，并对其大选结果进行了预测。第三章，主要涵盖了近5年来柬埔寨整体宏观经济、主要产业、对外贸易、国际投资与经济特区发展的现状和未来走向五个方面的内容。第四章，主要从国土安全、国防体制、军事安全、社会安全等方面进行了分析和评估。第五章，主要从外交的角度，分析了柬埔寨目前的总体外交概况、外交政策、外交特征以及与主要国家的外交关系。第六章，则主要针对柬埔寨与几个大区域的合作动态以及取向进行分析，包括柬埔寨与东盟、柬埔寨与欧盟、柬埔寨与"一带一路"沿线国家的关系与态度倾向。第七章，主要探讨历史与现时的社会文化环境与发展变化，包括现时存在的主要问题，如宗教、贫穷与教育、医疗卫生、地雷隐患等问题带来的社会安全问题。第八章，主要分析了柬埔寨目前与中国的关系，涵盖了对华关系的历史演变、影响柬埔寨对华关系的因素、对华政策以及近年来在政治经济方面的多重合作等。

总之，本书在全面收集国内外数据资料的基础上，尽最大努力保证资料信息和分析的客观性、准确性和时效性。当然，由于本书主要收集的是第二手资料，一定有着与实际情况的差异，也一定存在分析上的局限性。同时，由于柬埔寨王国公开数据存在的迟滞性特点，致使部分最新数据无法完整收集，这些都是我们今后需要进一步努力的方向，而且需要通过长期在柬埔寨的实地考察和调研，以期获得更为客观和准确的第一手资料，得出更为客观、准确和有价值的分析结论和观点。

本书经过约一年的时间，终于在2017年7月底得以完成，这与大家的努力是分不开的。首先，得到了广西大学中国东盟研究院领导范祚军、梁淑红老师的支持，在此深表谢意。其次，还要感谢王玉主教授、顾强博士多次提出的修改意见，使我们的书稿质量水平有了进一步的提升。当然，更要感谢我们的写作团队成员周武生、程雨、李银昌、史可寒、马莉以及廖颖文，由于他们的共同努力，才使我们的书稿最终能够顺利按期完成。

目　录

第一章 国情概览

第一节 地理区位

一、位置境域

柬埔寨王国是 GMS（大湄公河次区域）5 国之一，也是东南亚国家中具有悠久辉煌历史的文明古国，它位于中南半岛东南部，国土面积 18.1 万平方公里，在东南亚 11 个国家中居第 8 位。该国南北最长处约 440 公里，东西最宽处约 650 公里。柬埔寨王国东部、东南部和越南社会主义共和国接壤，柬越边界线长约 930 公里；西南部濒临泰国湾（暹罗湾），海岸线长约 460 公里；西部、北部与泰王国相邻，柬泰边界线长约 720 公里；东北部与老挝人民民主共和国交界，柬老边界线长约 400 公里[①]。

二、地形地貌

柬埔寨地形的特点非常鲜明，整体上就像一个大盆，北部、东部、西部三面环山，其中央是一个大平原，西南面向泰国（暹罗）湾是柬埔寨王国的出海口，也有人将它形容为一口"带缺口的大锅"[②]。高原、山地和平原分别占国土面积的 29%、25% 和 46%。依据柬埔寨地势的起伏，由高到低可以分为西南、西北、东北、中部四大区域。

西南地区是指洞里萨湖与暹罗湾之间的区域，主要由豆蔻山脉和象山山脉两

[①] 数据来源于中国国家地理杂志社与国家基础地理信息中心联合制作的系列地图 No. 016 - 1，地图审核批准号：（2004）211 号。

[②] 王士录. 当代柬埔寨 [M]. 成都：四川人民出版社，1994：3.

大山系组成。它们像一道横亘在柬埔寨内地与暹罗湾之间的天然屏障，挡住了台风对内地的侵袭。位于菩萨省与磅士卑省之间克佐山脉中海拔 1813 米的奥拉山是柬埔寨境内的最高峰，海拔 1744 米的第二高峰克莫奈峰坐落在豆蔻山中段。西北地区主要由西向东延伸 300 多公里的扁担山脉构成了柬埔寨与泰国之间的天然边界，平均海拔 500 米，最高处是朴诺姆丹烈克山，海拔 761 米，扁担山脉南麓是由砂岩构成的悬崖峭壁，将它与中部平原隔开。东北地区地势平缓，海拔在 100~500 米，其中，绵延于老挝、越南边境的长山山脉西侧长约 1000 公里、宽 50~300 公里缓斜的山坡被称作多乐高原（又称东部高原）。南部的上川龙高原海拔在 400~1000 米，最高处是海拔 1103 米的南里阿山。

三、河流湖泊

柬埔寨境内水系发达，大小河流犹如蛛网，纵横交错，加上湖泊众多，造就了肥沃的土壤，并构成了丰富的水力资源。柬埔寨境内的河流众多，大体上可以分为三大水系，其一是湄公河及其支流，其二是洞里萨河及其支流，其三是流入暹罗湾的河流。湄公河是东南亚著名的国际河流，也是柬埔寨最大、最长的河流。该河发源于我国青藏高原海拔 5000 米的唐古拉山东北坡，在柬埔寨境内河段长约 500 公里，流经上丁、桔井、磅湛、千丹、波萝勉省和首都金边市，流域面积 15 万平方公里。洞里萨河是柬埔寨的第二大河流，全长 155 公里，该河是洞里萨湖的出口，由西北向东南延伸，在金边与湄公河汇合。其他河流如公河，是湄公河在柬埔寨北部上丁省境内的一条支流；桑河，是湄公河在柬埔寨境内的一条重要支流，发源于越南嘉莱省西部，与斯雷博河合流，然后在上丁市附近再与公河汇合，最后 3 条支流共同汇入湄公河；斯雷博河，属于湄公河在柬埔寨北部的 3 条重要支流之一，发源于越南的多乐省和嘉莱省，从东方流入柬埔寨，流经蒙多基里省、腊塔纳基里省，与桑河、公河一道汇入湄公河。柬埔寨最著名的湖泊为洞里萨湖，又称大湖、金边湖，在柬埔寨语中是"淡水海"的意思，既是柬埔寨最大的湖泊，也是东南亚地区最大的天然淡水湖，因盛产鱼类，被柬埔寨人誉为"鱼湖"。洞里萨湖通过洞里萨河与湄公河相连，成为湄公河的天然蓄水库，在雨季能够大大减少湄公河下游的洪水威胁，并起到分洪的作用，在旱季能够使湄公河保持足够的水量，保证下游的灌溉和航行。

四、气候类型

柬埔寨地处北回归线以南，属热带季风气候，雨量充沛，空气湿润，气温很高，终年如夏。年平均气温达 29~30℃；每年的 12 月、1 月气温最低，月平均气温为 24℃；每年 4 月气温最高，月平均气温为 35℃，个别地区甚至超过 40℃；

但是年平均温差只有 6℃。

每年定期从海洋和内陆吹来的季风，将柬埔寨分为雨季和旱季两个明显的季节。一般来说，每年 5～10 月为雨季，柬埔寨全国年均降水量为 2000 毫米，其中 90% 的降水集中在雨季，雨季月平均降水在 200 毫米以上。受地形和季风影响，各地降水量差异较大，且降水的分布很不均衡。西南部地区因迎着西南季风降水量比国内其余地区多，西南沿海的豆蔻山、象山临暹罗湾一侧年均降水量高达 4000 毫米以上，降水量最高的卜哥山年降水量达 5473 毫米；中部平原地区年降水量为 1000～1500 毫米；东部高原地区年降水量为 2000 毫米左右。降水量最多的是 9 月、10 月两个月，降水量最少的是 1 月。每年 11 月至翌年 4 月为旱季，由于干燥的东北季风从亚洲内陆吹来，使得雨水稀少，整天阳光直射，气温很高。

柬埔寨的气候在不同地域有着不同的特点。地处内陆的北部地区由于受海洋季风影响较小，降水量相对少，气温变化较大，属于典型的高原气候。地处柬埔寨盆地中央的中部平原地区由于地势低，气候比较干热，雨量偏少。西南沿海地区受海洋季风影响很大，降水量充沛，年气温变化较小。

第二节　民族文化

一、人口民族

1. 人口

总体而言，柬埔寨是一个地广人稀的国家，即便是每公里土地面积人数由 1961 年的 33.3 人提高至 2015 年的 88.3 人①，较之世界上的其他国家，这个数值也并不是很大的。同时，柬埔寨又是一个人口增长速度较快的国家，在近 50 年的发展中，柬埔寨的人口翻了近两倍。1953 年柬埔寨独立后，全国人口只有 400 万。1962 年柬埔寨进行了一次全国范围的人口普查，当时柬埔寨王国总人口为 570 万。1960～2016 年的人口变化趋势如图 1-1 所示。

柬埔寨人口一直保持着较高的增长速度。在 1960～1974 年，人口年增长率一直保持增长，1975～1980 年，人口出现负增长，人口数急剧下降（众所周知，这是红色高棉统治的特殊时期）。1981 年以后人口开始恢复增长，2015 年为

---

①　世界银行数据库，http://data.worldbank.org.cn/indicator/SP.POP.GROW?locations=KH.

88.3 人/平方公里；在 50 多年的时间里人口密度增长了 1.65 倍。

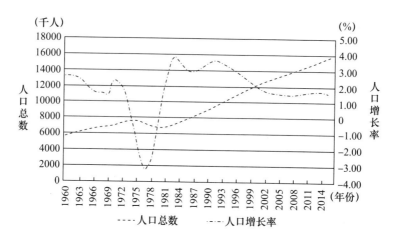

图 1-1　柬埔寨人口数量变化趋势图

资料来源：世界银行数据库，http：//data. worldbank. org. cn/indicator/SP. POP. GROW？Locations = KH.

同时，柬埔寨王国人口的地理分布很不均衡，居民主要集中在中部平原地区，金边及其周围经济比较发达的省份人口最稠密。金边的人口密度达 3535 人/平方公里；洞里萨湖周围及湄公河沿岸的千丹、磅湛、柴桢、马德望等省的人口较多，人口密度为 285~348 人/平方公里；而北部、东部的高原山地以及西部的沿海地区人烟稀少，例如，柏威夏省为 11.1 人/平方公里，上丁省为 9.4 人/平方公里，蒙多基里省仅为 3 人/平方公里。从人口年龄结构看，表现出明显的年轻化特点。65 岁以上人口占总人口数量的比例从 1960 年至今虽一直处于上升状态，但几乎是一条水平的直线，1960 年 65 岁以上人口占总人口的比例仅为 2.52%，到 2015 年，这一数据也不过增长到 4.12%。显然，柬埔寨的人口更多地由 15~65 岁的青年人、中年人构成，这样的人口结构将有助于柬埔寨的复兴，为其经济、政治等各方面发展提供足够的劳动力。

2. 民族

柬埔寨是一个多民族国家，全国共有 20 多个民族和部落，除高棉族之外，还有占族、普农族、老族、泰族、华族、京族、缅族、马来族、斯丁族等少数民族和土著部落。高棉族为柬埔寨的主体民族，约有 1178 万人（2004 年），占全国总人口的 90%，有自己的语言和文字，高棉语是柬埔寨全国通用语言。高棉族创造了灿烂的文化，吴哥古迹、柏威夏古寺都是高棉人引以为傲的文化遗产。高棉族在文学、诗歌、雕刻、民间音乐、舞蹈诸多方面均取得丰硕的成果。柬埔寨华族人口有 60 万左右（2004 年），其中，金边市有华族 10 万多人。华侨华人侨居柬埔寨的历史非常悠久，在宋代就有华人在柬埔寨定居，清代以后移民更多。1890 年，柬埔寨的华侨华人已达 13 万人。1963 年，柬埔寨华族人口达到 43 万，占柬埔寨全国总人口的 7.4%。首都金边市的华族最多，达 13.5 万。20 世纪 60 年代末期，柬埔寨一度出现大规模的排华浪潮，所有的华文报刊被查封，华人在经济领域受到严重限制。70 年代以后柬埔寨长期处于战乱之中，大批华人被迫逃离柬埔寨，沦为难民，流落异国他乡，还有许多华人死于战争、饥荒和迫害，这一时期柬埔寨的华族减少了 10 多万人。90 年代初，柬埔寨国内政局稳定之后，华族人数逐渐回升。柬埔寨的京族人口约有 50 万（2004 年），与越南的京族是同一民族。越南人（京族）从 17 世纪末开始移居柬埔寨。19 世纪后期法国殖民者招聘了许多越南人到柬埔寨的橡胶园、胡椒园当劳工。1950 年柬埔寨的越南人有 29 万多人。1979 年越南入侵柬埔寨，大量越南人移居柬埔寨，使得其人数一度超过 70 万。柬埔寨的越南人大都保持着自己的文化，很少与高棉人接触。他们多为小商贩、手艺人，有些则从事捕鱼、种植水稻等。柬埔寨的占族约有 20 万人，占总人口的 1.75%。占族几乎全部信仰伊斯兰教，有人把他们称作穆斯林高棉人。柬埔寨王国其余少数族裔人口均在 10 万以下。

二、语言宗教

1. 语言

柬埔寨是一个多民族国家，其语言相当丰富。按照语言的起源可以分为 3 个语系，即南亚语系、汉藏语系和南岛语系。高棉语属于南亚语系，华语、缅语、泰语属于汉藏语系，占族语、马来语则属于南岛语系。按照语言的使用目的划分，又可分为官方语言、工作语言和通用语言等。柬埔寨绝大部分居民使用高棉语，柬埔寨王国宪法第 5 条规定，"官方语言和官方文字是高棉语和高棉文"。因此，高棉语成了柬埔寨的国语。除了高棉语之外，英语、法语也是柬埔寨政府部门的工作语言，在学术界、工商界，许多专业人士都使用英语和法语。华语、越南语是普通市民使用较多的通用语言。柬埔寨国内各少数民族还有自己的语言，例如，泰族讲泰语、老族讲老挝语、占族讲占语。

2. 宗教

柬埔寨是一个多种宗教信仰并存的国家。宗教在柬埔寨人民的政治、社会和日常生活中占有十分重要的地位。柬埔寨王国宪法第 43 条规定，"男女公民均享有充分的信仰自由，国家保护信仰和宗教自由"，同时又非常明确地将佛教（小乘佛教）确定为柬埔寨的国教。其他宗教还包括伊斯兰教、天主教和原始宗教等。

三、民风民俗

1. 生活习俗

柬埔寨王国的生活习俗主要包括婚姻习俗、丧葬习俗、饮食习俗和服饰习俗。柬埔寨婚姻习俗的主要特征：柬埔寨实行一夫一妻制。父母对子女的婚姻很重视，一方面，成年男女有充分的恋爱自由，另一方面，成婚必须由媒人说亲、征得双方父母的同意之后，再按照传统仪式完婚。这通常需要经过物色配偶、请人说亲、商定聘礼、举行婚礼等步骤。柬埔寨男女青年结婚比较早，通常男子在18～25岁、女子在16～22岁结婚。柬埔寨人非常尊重传统，其婚姻生活也保持了自己的民族传统特色。柬埔寨的丧葬习俗与宗教有关，信仰小乘佛教的柬埔寨人相信生命有轮回，把死看成一个生命的结束和另一个生命的开端。在病人临终之前，家人要请和尚来念经，为即将离世之人赎罪和祈祷。人死后，要在床头点燃一对蜡烛，并把一枚银币或戒指放入死者口中，表示人死万事空，连一枚银币也带不走，同时还有提醒活着的人多行善事的意味。谁家遇到丧事，通常要在门外插一面白色的三角旗。柬埔寨佛教徒死后实行火葬。按照习俗，孝子需在葬礼上进行削发为僧的仪式，这是为了报答父母的养育之恩。饮食习俗与其自然环境有关系，大米和鱼虾是柬埔寨人民的主要食品。高原山地的居民除了食用大米之外，还辅以玉米、大豆、甜薯等。柬埔寨人喜欢吃素，还爱吃甜食。他们喜欢在食物中加入生姜、豆蔻、薄荷、胡椒、柠檬、鱼露等各种调料。进餐时喜好喝汤。香蕉、芒果、番木瓜、棕榈果、红毛丹等是柬埔寨人常吃的水果。服饰习俗仍然与自然地理相关，由于柬埔寨常年气温很高，人们的穿着极其简单，但柬埔寨人的服饰也有鲜明的特色。占人口绝大多数的高棉族的典型传统服饰是"纱笼"和"桑博"，以黑色为主，制作起来比较容易。布料通常是棉布，有钱人喜欢用丝绸。"纱笼"的透气性能好，穿着简便且凉爽，比较适合炎热的天气。妇女上身穿对襟无领短袖衫，颜色以深色和白色为主，下身穿的长裙叫"桑博"，其制作方法与穿着方式跟"纱笼"完全一样，只是颜色更为丰富。除了黑色之外，还有鲜艳的金色、黄色、棕色、绿色；布料的质地有棉、丝、麻、涤、绸缎等，而且印有各种椰树、花草鱼鸟和风景图案；有些妇女还配上金色、银色的腰带，更显得美观大方。如今，柬埔寨人的服饰已经发生了很大变化，但不论男女都喜欢佩戴装饰品，妇女喜欢用色彩鲜艳的颜料涂抹手足。据说这些都是婆罗门教的遗风。

2. 重大节日

柬埔寨的节庆日很多，既有世界性的节日，如元旦节、国际妇女节、国际劳动节、国际儿童节等，又有许多柬埔寨特有的节日，如柬埔寨新年、柬埔寨问题巴黎和平协定纪念日、西哈努克国王诞辰日、王国独立日等，还有不少柬埔寨的民间传统节日。每年公历的 4 月 13 ~ 15 日是柬埔寨新年，全国放假 3 天。新年期间，全国各地的寺院都要重新布置，悬挂佛教的五色旗和白色的鳄鱼旗，并结上铜铃。男女老少穿上节日盛装，成群结队到寺院礼佛斋僧；建沙塔、浴佛像是传统的庆祝活动。御耕节是柬埔寨一个十分隆重的传统节日，时间是每年柬历比萨月下弦初四（公历四五月间）。柬埔寨是农业国，农业在国民经济中占有相当重要的地位，把御耕节定为传统节日，表明国王重视农耕，鼓励人们从事农业。御耕节期间正是雨季来临之时，意味着一年农耕的开始。每年要举行隆重的御耕典礼，政府机关放假一天。御耕典礼由柬埔寨政府的农业部组织，国王、王后亲临现场观看，文武百官和各国驻柬使节应邀参加。亡人节也是柬埔寨的传统节日，类似中国的清明节。设立亡人节，既是悼念追思自家已故的亲人，又是为了救济无数的"饿鬼野魂"。因此，佛教徒要集体到寺院去做善事，积功德。按照传统，这个节日通常要持续 15 天，但现在已经缩短到 3 天（10 月 12 ~ 14 日）。送水节是柬埔寨盛大的传统节日之一，时间是佛历"佳得"月满月（公历 11 月）。柬埔寨国土上到处江河纵横，水在人们的日常生活中有巨大的影响。"在柬埔寨文化中，水象征着生命与生育"①。每年河水退潮时就要举行仪式，欢送水神、地神，酬谢上天赐予他们水和土地。同时，也祈求上天对他们平时浪费水和土地行为的宽恕。加顶节是柬埔寨佛教徒最隆重的节日之一，时间从每年佛历十一月初一开始，持续一个月（10 月 29 日至 11 月 26 日）。加顶节是指在雨季斋期结束后佛教徒给僧侣们添置一套袈裟、馈赠一些日用品这样的活动，因此每到加顶节期间，经常可以看到人们排起长队向僧侣们赠送袈裟的场面。

第三节　历史回望

柬埔寨最早以国家形式出现大约在公元 1 世纪，但由于柬埔寨自身缺乏该时期的资料，对其的描述只能以中国古籍中的零星记载为依据。高棉人是柬埔寨的原始住民，受印度文化影响，高棉人在语言文字、宗教、习俗等方面与其有着许多相似之处。柬埔寨正式以国家形式出现后经历了几个阶段，大致可以分为扶南王朝、早期真腊、吴哥王朝、晚期真腊、柬埔寨王国五个时期。其中，最辉煌灿烂的时期则是吴哥王朝。吴哥王朝的历史遗迹直至现在也是令人叹为观止，成为

---

① ARTASIA Press Co. Ltd. Cambodia—A World of Treasures ［J］. Ministry of Tourism, 2004 (1)：42.

柬埔寨最负盛名吸引国际游客的旅游资源。

一、历史上最辉煌灿烂时期——吴哥王朝

吴哥王朝（802～1432年）始于8世纪末，阇耶跋摩二世（802～850年在位）从爪哇回到水真腊，并被拥戴为王。802年，阇耶跋摩二世宣布独立，并定都于今吴哥东北约30公里的考伦山。此后几百年间国都一直在吴哥附近，后人习惯上把这一时期称为吴哥王朝。在随后的几十年里，阇耶跋摩二世先是统一了水真腊，并在他去世前一年（849年）完成了真腊的统一，从而开创了柬埔寨历史的新篇章。

9世纪到15世纪30年代的吴哥王朝是柬埔寨历史上最强盛的时期，被誉为"古代东方文化四大奇迹"之一的吴哥文化就产生于这一时期。建立在发达灌溉农业基础上的吴哥王朝疆域宽广，东临南海，西达缅甸中部，南抵马来半岛，老挝、占婆（今越南中部南区）、泰国的一部分都曾处于吴哥王朝的控制之下①。吴哥王朝一直实行政教合一的封建专制政体，虽然设有各司其职的行政官吏和省、区、村等地方行政系统，但国家大权实际掌握在以国王为首的王室手中。

从公元9世纪到10世纪末，是吴哥王朝的前期，有的历史学家称之为第一时期的吴哥或初期吴哥，在这段时间里，高棉古典建筑艺术开始发端，疆域也赶上了极盛时期的扶南。

11世纪初，吴哥王朝进入极盛时期，并一直持续到12世纪上半叶。这是吴哥王朝发展的第二个时期。这一时期的柬埔寨是中南半岛甚至整个东南亚最为强盛的国家，它以印度教和大乘佛教为主导的思想文化也发展到了顶峰。

从12世纪中叶开始，吴哥王朝进入了第三个时期。苏利耶跋摩二世的统治建立在军事征服的基础上，并不稳固，连年的对外战争和大规模营建吴哥寺，使国内生产力遭到严重破坏。在他去世之前，占婆摆脱了吴哥王朝的统治，并攻入吴哥王朝的腹地，并对吴哥进行了5年的统治，直到阇耶跋摩七世（1181～1219年在位）继位后，吴哥王朝才得以复兴。阇耶跋摩七世亲率大军进攻占婆，攻入佛逝城，占婆被迫长期（1203～1226年）臣服于吴哥。他统治的疆域超过了苏利耶跋摩二世在位时的吴哥，再次在东南亚建立了一个空前强大的帝国。连年用兵和大兴土木基本耗尽了国力，同时周边新国的兴起都使吴哥王朝遇到了前所未有的挑战。

1296～1431年，吴哥一次又一次被阿瑜陀耶的军队占领。1432年，柬埔寨国王蓬黑阿·亚特（1432～1467年在位）决定放弃吴哥，迁都至湄公河东岸的

---

① 梁英明等.近现代东南亚（1511-1992）［M］.北京：北京大学出版社，1994：73-76.

巴桑（也有的说迁到斯雷山托）；次年又迁移到四岔口（扎多木），即今天的金边。这标志着吴哥王朝的结束，柬埔寨丧失了在中南半岛的强国地位。

二、与邻国之间的恩恩怨怨

在经历了吴哥最鼎盛时期，进入 15 世纪以后，即在 15～16 世纪，柬埔寨陷入了内忧外患的困境，外有泰国人的侵略，内部纷争不断，1593 年，暹罗派兵 10 万再次大举进攻柬埔寨，1594 年 1 月占领其首都洛韦。洛韦的被占，成为真腊真正走向衰落的转折点①。在 16～19 世纪，是柬埔寨王国时期，这一时期几度被外族入侵，与邻国泰国、越南有过反反复复的占领和战争。

根据中国的《明史》、《东西洋考》等史籍的记载，真腊大约在 16 世纪末改称柬埔寨。从那时到 19 世纪上半叶，柬埔寨被越南和暹罗两面夹攻，加上经常发生王室内讧和国内叛乱，柬埔寨国势日衰，领土逐渐被吞并，国家基本上处于泰国、暹罗两国的轮番控制之下。期间还经历了被西方学者称为柬埔寨史上的"西班牙插曲"这一短暂的历史时间，以西班牙人的失败而告终②。1603 年，巴隆·拉嘉四世（1603～1618 年在位）从暹罗回到国内继承王位，成为又一个在暹罗控制下的傀儡国王，柬埔寨也成为暹罗的附属国。在 1618 年，巴隆·拉嘉四世让位于其子吉·哲塔二世（1618～1628 年在位）。吉·哲塔二世不愿向暹罗称臣，改变了先王在柬埔寨推行的暹罗化政策，转而恢复高棉族传统服饰和礼仪风俗，并且迁都于现今金边西北约 30 公里的乌东。1623 年，他成功地击退了暹罗人的入侵。为了抗衡暹罗，他还与越南南部的阮氏政权结盟，并娶阮氏公主为妃。此后由于暹罗和越南的干涉，柬埔寨国内一直处于混乱状态。

从 1699 年至 1775 年的 70 多年间，柬埔寨有 12 位国王走马灯似的先后上台执政，其中吉·哲塔四世和安东更是多次即位，又多次下台。这种不正常的王位更迭使柬埔寨王室的控制力进一步减弱。也就在这一时期，柬埔寨的大片领土被越南蚕食。1771 年，越南爆发西山农民大起义，阮氏政权自身难保，无暇西顾；而暹罗从 1760 年开始一直疲于应付缅甸的侵略，无暇东顾。柬埔寨获得了一个短暂的喘息机会。安农二世（1775～1779 年在位）趁机出兵收复被越南侵占的领土，但柬埔寨内的动乱使收复失地进程中止。1779 年，柬埔寨镕良太守牟氏发动叛乱，推翻了安农二世，扶植年仅 6 岁的安英王（1779～1796 年在位）登基。执掌朝政的牟氏、卞氏和苏斯相互倾轧，根本不考虑如何收回故土。当时的暹罗曼谷王朝已经建立，缅甸贡榜王朝的威胁已基本解除，便开始考虑东进的问题。1794 年，拉玛一世为安英王在曼谷加冕，曼谷王朝成为柬埔寨的宗主国。

① 谭实等. 柬埔寨［M］. 南宁：广西人民出版社，1985：43.
② 梁英明. 近现代东南亚（1511－1992）［M］. 北京：北京大学出版社，1994：79.

曼谷王朝军队将安英王护送回国后，顺手将马德望、吴哥、蒙哥比里、诗梳风和呵叻等地据为己有，此时柬埔寨的领土已比吴哥时期缩小了一半。

1802 年越南阮朝建立，随即开始向柬埔寨扩张，并和曼谷王朝争夺对柬埔寨的控制权，最终柬埔寨沦为越南的"保护国"。但越南的军事占领和"越南化"的统治政策，引起了 1828 年和 1840 年两次柬埔寨人民的抗越民族起义。1845 年暹越签订和约，把军队撤出柬埔寨，而安东则同意向暹、越两国纳贡。作为对暹罗的报酬，安东被迫正式割让 1814 年被暹罗夺走的莫卢波雷和洞里勒普等地。

安东虽然是在曼谷王朝的支持下登上王位的，但他极力使柬埔寨成为不受暹、越干涉和控制的独立国家，因而颇受后人的尊敬。安东还在国内进行大规模的经济、行政和司法改革，使柬埔寨这个奄奄一息的古老国家恢复了生机。1859 年安东王死后，长子诺罗敦也就是后来的西哈努克的曾祖父，成为柬埔寨新国王。但诺罗敦之弟西伏塔亲王与国王的矛盾尖锐，支持西伏塔的贵族发动叛乱，柬埔寨国内形势又陷入混乱。诺罗敦在曼谷王朝的支持下平定了叛乱，并于 1862 年回国复位。但法国殖民主义者趁柬埔寨国内政局发生变故之机，干预其内政，试图使之摆脱暹罗与越南的双重影响，进而变为法国的保护国。1863 年 4 月 12 日，诺罗敦在《法柬条约》上签字，承认法国对柬埔寨的保护权。1867 年，法国将马德望、诗梳风、暹粒三省割让给暹罗，以换取暹罗对《法柬条约》的认可。就这样柬埔寨沦为了法国的保护国，客观上也避免了被越南和暹罗完全肢解的惨剧。

从这一段历史来看，柬埔寨与泰国、越南有着长久的恩恩怨怨，尤其是与越南的关系，实际上一直延续到 20 世纪 80 年代，有着剪不断理还乱的关系。柬埔寨国内的纷争中总是有一个派别会去争取邻国的支持，借助邻国的力量来打败对方，夺取政权，掌握政权。如 70 年代末，当时的洪森也是借助越南军队，打败了红色高棉，将红色高棉赶入丛林中，进而建立了一直延续到现在的国家政府机构，治理国家、管理国家，这是柬埔寨近代历史演变进程中的一个明显特色。

三、摆脱法国殖民争取独立的艰苦斗争

在法国统治柬埔寨的时期，柬埔寨的社会结构、经济结构发生了巨大的变化，而法国的最终目的就是通过改变柬埔寨的社会经济结构从而加强其殖民统治和经济掠夺。

1. 柬埔寨沦为法国殖民地（1863～1945 年）

1863 年，诺罗敦国王受法国人胁迫，签订了丧失主权的《法柬条约》，使得柬埔寨成为了法国的保护国，法国驻柬埔寨留守使成为了真正的统治者。1867

年，柬埔寨首都由乌东迁到金边。但法国人并不满足于取得对柬埔寨的保护权，在越南站稳脚跟之后，又迫使诺罗敦国王签署第二次《法柬条约》（1884年）。通过这个条约，法国控制了柬埔寨的内政、外交，柬埔寨进一步沦为了法国的殖民地，法国的统治也由间接变为直接。

1887年10月，法国政府颁布法令，组建了印度支那联邦，其中包括柬埔寨以及越南的东京、安南和交趾支那，后来老挝也并入印度支那联邦。法国对印度支那联邦各个组成部分的统治，既有共性也有差异。其中最突出的共性是法国在法属印度支那联邦实行总督的集权统治。总督由法国政府首脑任命，向殖民地部负责。从1888年9月至1945年，法国共任命了33名总督或统督，其中1890~1902年担任总督的保罗·杜美最终形成了法国在印度支那的殖民行政体制。具体到柬埔寨，法国在柬埔寨驻扎了首席殖民官员，各省的省会派驻有由首席殖民官员领导的地方驻扎官。1897年，法国人强迫诺罗敦修改1884年条约，并剥夺了国王最后的权力，柬埔寨完全沦为法国的殖民地。

法国对柬埔寨的侵略和殖民统治引起了柬埔寨人民和部分王族的反对。由于对《法柬条约》的不满，爱国的阿卡·索亚亲王在1863年率领农民和僧侣发动了第一次反法起义，其势力发展到柬埔寨东南部的茶胶和贡布等省份。但这次起义因阿卡·索亚亲王被捕而失败。1866年，柬埔寨爆发了由伯坤博亲王领导的反法起义，起义军于同年底进攻乌东，逼近王宫，但最终功败垂成。在法国殖民者与越南顺化朝廷的联合镇压下，起义很快被压制，伯坤博亲王也在1867年底的一次战斗中被捕后遇害。不过这次起义有一个鲜明的特点，就是柬埔寨人民与越南人民不计前嫌，共同抗击法军，这是柬埔寨、越南历史上非常罕见的事件。1884年法国人强迫柬埔寨王室签订第二次《法柬条约》后，诺罗敦国王的弟弟西伏沙亲王在1885年发动了一场声势浩大的反法起义，起义军先以磅湛和桔井为根据地，后又发展成为大规模的游击战，但坚持了3年之后被法国人以收买的形式瓦解。到20世纪40年代，柬埔寨人民反对法国殖民统治的民族主义运动再度高涨。1942年，山玉成起兵反法，兵败后流亡日本。1943年，因抗议法国殖民当局逮捕高僧阿查·汗鸠，金边爆发了有数万人参加的反法示威游行。这场抗议行动后来转化为武装起义。这次起义虽然没有成功，但促进了柬埔寨的民族觉醒。

2. 日本短暂接手（1940~1945年）

在"二战"期间，柬埔寨还曾被日本短暂占领过。1940年9月，日本与法国维希政府签订了一个条约，日本获得了经由印度支那调运军队和军需物资的权利，并为下一步侵占柬埔寨打开了缺口。与此同时，已与日本签署《友好条约》的泰国依仗日本的支持，出兵进攻柬埔寨，并且要求法国殖民当局归还1907年被夺走的马德望、诗梳风和暹粒三省。在日本人的胁迫下，法国于 1941 年 3 月 11 日在东京与泰国签订条约，将柬埔寨西部的马德望和暹粒两省以及北部的磅同和上丁两省的部分地区割让给泰国，使柬埔寨丧失了 1/3 的国土和约 150 万人口①。柬埔寨国王莫尼旺对此非常失望，愤然离开金边，很快病逝于南部口岸的布卡尔山。

　　1945 年 3 月 9 日，在世界反法西斯战争胜利在望的情况下，日本孤注一掷发动兵变，推翻了法国殖民当局，直接统治柬埔寨。3 月 13 日，日本要求西哈努克国王正式宣布柬埔寨独立，并且废除 1863 年和 1884 年签署的《法柬条约》。但西哈努克认识到这样的独立"只是一颗空心大白菜"②。由于感到西哈努克并不是理想的代理人，日本人便扶持曾在 1942 年发动反法起义的山玉成，先是让他在 1945 年 6 月出任外交部部长，随即又于同年 8 月 10 日让他担任柬埔寨内阁首相。但这些举措并不能挽回日本人失败的命运，8 月 15 日，日本天皇宣布无条件投降。同年 10 月 5 日，法国伞兵部队占领金边，并且很快重新占领了柬埔寨全境。

　　3. 柬埔寨的抗争与法国的妥协（1946～1953 年）

　　但是，这一次占领激起了越来越多的柬埔寨人的反抗，法国人也开始感觉到难以完全控制住柬埔寨。虽然在印支战争前夕，法国于 1946 年 1 月 7 日与西哈努克政府签署了一项关于承认柬埔寨是"法兰西联邦内的一个自治国"的临时协定，西哈努克不赞成也不参与武装抗法斗争，但却愿意借助不断增长的反法力量来迫使法国在柬埔寨独立问题上做出让步。1946 年 5 月 31 日，西哈努克颁布了选举法；同年 9 月，制宪会议讨论通过了宪法草案。1946 年 11 月，法国迫使泰国与之签订一项协定，宣布废除 1941 年的东京条约，泰国归还"二战"期间占领的柬埔寨领土。1947 年 5 月 5 日，柬埔寨王国宪法正式颁布，规定柬埔寨王国实行君主立宪和三权分立。在 1947 年 12 月举行的首届国民议会选举中，尤特维翁亲王领导的民主党获得了 75 个议席中的 55 个，尽管这并不是完全的民主制，但这也奠定了柬埔寨王国政治体制形成的基础。

　　1949 年 11 月 8 日，柬埔寨、法国签署新条约，法国在法律上承认柬埔寨王国的独立，但司法、警察、军队、外交等方面的权限仍由法国控制，柬埔寨并没有取得完全的独立，柬埔寨人民对此大失所望。1950 年，山玉成领导的高棉伊沙拉克阵线组建了高棉临时抗战政府。1951 年 3 月 11 日，高棉伊沙拉克阵线与越南国民联合阵线、寮国伊沙拉克三方的代表举行会议，决定组成由三国国民统

---

　　① 王士录. 当代柬埔寨［M］. 成都：四川人民出版社，1994：113.
　　② 西哈努克. 西哈努克回忆录——甜蜜与辛酸的回忆［M］. 哈尔滨：黑龙江人民出版社，1987：116.

一战线代表参加的越南—高棉—寮国人民联盟委员会，共同驱逐法国殖民者和美国干涉者，以完全获得独立。1953 年初，西哈努克发起了"争取独立的王家改革运动"（或"王家独立十字军东征"）。在与法国的谈判中，柬法两国在柬埔寨是否加入法兰西联邦以及法国是否继续把柬埔寨作为它对越南和老挝作战的基地问题上意见相左。西哈努克多次要求法国扩大柬埔寨的独立范围，迫于国际压力，法国同意让步，但迟迟不兑现其诺言，西哈努克 5 月下旬向全世界发表了关于柬埔寨人民对法国的不满和合理要求后，自我流亡到泰国曼谷。在得知世界各国对柬埔寨争取独立的要求表示理解后，西哈努克返回国内，并来到 1949 年和 1952 年期间法国移交给柬埔寨军事自治权的三个省——暹粒、马德望和磅同。西哈努克在此发誓，将在柬埔寨获得国家完全独立后才返回金边，并下令组建皇家民兵和勇敢女子队，准备与法国人进行武装对抗。

法国在 1953 年 7 月 3 日迫于柬埔寨国内的反抗浪潮以及国际社会舆论，宣布给予柬埔寨完全的独立和主权，同年 8 月 29 日，柬埔寨、法国两国签署司法权移交和警察权移交协议，10 月 17 日两国签署柬全国军事主权移交协议，柬埔寨外交权也同时通过两国政府换文方式解决。1953 年 11 月 8 日，西哈努克国王回到金边。11 月 9 日，在王宫前举行了隆重的权力移交仪式。法国龙拉克将军把自己的军队指挥权交给西哈努克，法国对柬埔寨延续了约 90 年的殖民统治正式宣告结束。这一天后来被定为柬埔寨独立日和国庆节。但柬埔寨名副其实的完全独立直到法国军队 1954 年 7 月撤出柬埔寨和法国在 1954 年 12 月正式承认柬埔寨的财经自主权后才真正获得。

四、艰难的国家独立执政历程

如前所述，柬埔寨现行政治体制的形成应追溯至 20 世纪 50 年代，可以说，在反抗法国殖民统治争取独立的过程中，柬埔寨就开始了政治民主的追求，通过不断的斗争而逐渐形成了现有的民主体制。这些追求者大多是深受西方政治制度影响的王室成员以及知识分子，他们试图通过西方民主制来实现柬埔寨的独立。在 1946 年，由尤特维翁亲王成立了柬埔寨民主党，其宗旨就是争取柬埔寨的独立。在 1947 年 5 月 5 日，颁布了柬埔寨王国的第一部宪法，规定柬埔寨王国实行君主立宪制，要实现三权分立。直至 1953 年，柬埔寨王国获得独立，开始了自己管理自己国家的道路，但仍然充满了艰辛和许多变数。1953～1993 年是一个十分动荡的时代，柬埔寨政治体制变革十分剧烈。

1. 西哈努克执政阶段（1953～1970 年）

柬埔寨在 1863 年成为法国的保护国，成为了法国的殖民地，在 1880 年成为法属印度支那联邦的一部分。1953 年独立，成立了柬埔寨王国政府，西哈努克成为当时的国王，在 1955 年西哈努克国王逊位成为亲王，以平民的身份组建了人民社会同盟组织，该组织主要由高棉贵族、政府官员以及一般职员构成。西哈努克亲王带领该党参加了大选，在这次大选中，西哈努克亲王获得 82% 的选票以及国民议会中的 91 个议席，原来的人民民主党（尤特维翁亲王为党首）仅获得 12% 的选票，而新建的人民派只获得 3% 的选票，顺理成章地，人民社会同盟成为执政党，西哈努克亲王担任柬埔寨王国的首相。而后，人民民主党和人民派很快衰落，在 1958 年大选前后相继解散，一直到 1970 年均是西哈努克亲王领导的人民社会同盟为执政党，西哈努克治理国政。这个时期是柬埔寨现代历史上一个比较和平稳定的阶段，西哈努克所进行的政治变革就是自己从国王位置上退位，组建政党，参加大选且最终当选国家元首，成为柬埔寨第一次民选的国家领袖。在此 10 余年的时间里，制定了延续至今的"外交中立政策"以及推行"佛教社会主义"主张，在国内开展了较大力度的社会经济发展改革，虽然没有达到最理想的状态，但总体说来还是国泰民安。

2. 朗诺—施里玛达夺得政权阶段（1970 年 3 月至 1975 年 4 月）

1970 年，乘西哈努克元首在北京治病期间，在美国的支持下，朗诺与施里玛达宣布废除西哈努克元首，废除君主立宪制，成立"高棉共和国"。实际上，朗诺在西哈努克为国家元首期间，一直担任西哈努克领导的政府机构的要职，历任柬埔寨王国军区总司令、国防大臣、副首相兼国防大臣等职务；施里玛达实际上与西哈努克为表兄弟，由于与西哈努克有着家族继承王位纷争，嫉恨在心，因此与朗诺走在了一起。当朗诺宣布西哈努克不再是柬埔寨王国首相之时，西哈努克流亡到了北京，在北京宣布成立柬埔寨民主统一阵线，西哈努克任国家元首，宾努亲王任首相，红色高棉代表乔森潘任副首相、国防大臣和柬埔寨民族解放武装力量总司令，从而形成了一个国家两个政权并存格局。朗诺的政权破坏了原有的君主立宪制，拟实行完全的美国民主共和制。但是，当时内外交困，因为西哈努克一直以来被认为是柬埔寨的民族英雄，是柬埔寨王国得到高度认同的领袖，因此朗诺—施里玛达推翻西哈努克的政权被视为不合法的政权即政变，再加之美国的民主制度在柬埔寨没有任何基础，而且美国在南越战败撤出之后，没有时间和精力来顾及柬埔寨朗诺政权的事情。这样一来，朗诺—施里玛达政权非常不牢固，反而让当时还处在比较隐蔽弱势的红色高棉组织获得快速发展的机会。因为此时西哈努克与红色高棉联手成立民族统一阵线，西哈努克在北京活动，努力获得国际支持，红色高棉在国内发展军队展开与朗诺政权的斗争，从而获得了国内民众的高度认同，全力支持红色高棉的抗美与反对朗诺集团的斗争。此时，红色高棉组织成员及军事力量获得迅速发展，为后来获取执政权奠定了牢固的基础。

3. 红色高棉执政阶段（1975 年 4 月至 1978 年 12 月）

红色高棉的称谓最早由西哈努克首创，后一直沿用至今，主要是为了区别早期的印度支那共产党。如前所述，由于朗诺政权未能得到国内多数民众的支持，仅在 5 年的时间里，红色高棉原本在西哈努克时代被视为不合法组织，红色高棉也不满西哈努克为首的统治政权，但在朗诺亲美政权出现之时，西哈努克与波尔布特都意识到这两个政见完全不合的组织必须联合在一起才可以相互利用。红色高棉可以依靠西哈努克的威望以及原有政权的合法性使自己的组织变为合法，从而发展壮大；西哈努克在此时也只有依靠红色高棉的武装力量在国内开展军事斗争把朗诺亲美政权打垮。实际上，西哈努克的内心十分矛盾，认为斗争胜利后，完全有可能还是会剥夺他获得权利的机会（后来也的确如他所料）。当时的红色高棉依靠国内老百姓的支持，开展推翻朗诺集团统治的斗争，5 年后夺得了政权，国家改名为"民主柬埔寨"，1976 年西哈努克被"宣布退休"，一直遭到软禁。当时的红色高棉政府权力人物是：农谢当选为人大委员主任，任命乔森潘为民主柬埔寨主席团主席，波尔布特为国家总理。然而不幸的是，这个政府开始了历史上极其残暴的统治时期，也是至今很多研究者未能理解的执政方式。当时政府做了几件事情：一是强制性人口大迁徙；二是政治清算和镇压国内不同意见者和富裕阶层；三是实施高强度的体力劳动；四是柬埔寨共产党进行党内大清洗。结果导致国内 3 年多的时间，人口减少约 1/3（各种数据都有，在 100 万～300万）。经济发展为极左化的公有制，没有家庭、没有商业、没有城市，宗教全部被禁止。对华侨、越侨、伊斯兰教徒等进行了残酷灭杀，包括王室成员也遭到处决，甚至西哈努克的家人也被杀害了 14 人。显然，这样的执政方式在距离当今时代最近的年代里发生，实在无法让人理解，民心尽失，招致强烈的国际批评，也致使国家的政治和经济都走向了崩溃的边缘，红色高棉走向失败是必然的结局。

4. 双方政权并存从动乱走向民族和解阶段（1979 年 1 月至 1993 年 9 月）

红色高棉暴政结果为越南进入柬埔寨提供了极好的机会。随着红色高棉对自己组织内部的大清洗，使得柬埔寨东部军区干部担心自己要遭到清洗，相当一部分的高级干部都逃到了越南。1978 年 12 月，一部分红色高棉逃出来的干部在越南成立了"柬埔寨救国民族团结阵线"，试图依靠越南推翻波尔布特，解救陷入灭绝种族危机中的柬埔寨[①]。越南趁此机会，派出 20 万大军入侵柬埔寨，仅 13天就占领了柬埔寨的大部分地区，民主柬埔寨军政机关等机构退出金边，红色高棉政权也随之宣告失败，走入丛林，成立民主柬埔寨民军，重新开始游击战，而且放弃了过去的许多政策。为改变形象，乔森潘任红色高棉政权总理，波尔布特隐入幕后，但在此时仍然是合法政权。同时，在越南的扶持下，金边政权成立，

---

① 汪新生. 现代东南亚政治与外交 [M]. 南宁：广西人民出版社，1998：158.

虽然不合法但占领了柬埔寨70%以上的土地，并成立了事实上的政权。韩桑林任国家元首，洪森任总理。西哈努克此时自然地也解除了软禁，并于1979年9月在朝鲜成立"民族主义高棉人联盟"，1979年10月宋双成立"高棉人民解放全国阵线"，除此之外还有其他的组织如"柬埔寨解放民族运动""柬埔寨民族解放运动""高棉吴哥解放运动"等抗击越南入侵组织，但这些组织互不联系，也没有广泛的民众基础。自此，在柬埔寨全国范围内具有影响力的组织机构为四个，即红色高棉、韩桑林、西哈努克和宋双分别领导的组织，也即是后来所称谓的"柬埔寨四方"。从1979年1月开始，柬埔寨进入了两权并存的时代，一个是越南扶持的金边傀儡民主柬埔寨政权，另一个则是走入丛林的民主柬埔寨政权（其后被民主柬埔寨联合政府所替代）。

在如此混乱的局面下，柬埔寨陷入到了战火纷飞、民不聊生的动乱泥潭之中。此时，其最重要的政治任务就是需要联合各方停止战乱，抗越救国。1979年，乔森潘主动向西哈努克亲王写了两封信，讨论成立民族大团结阵线，同时与宋双接触试探性地探讨成立"团结阵线"，但均遭到拒绝。1981年，在东盟国家的介入下，宋双开始和民主柬埔寨就联合问题进行谈判，西哈努克亲王也表达了同意的意愿。在1981年9月3日，乔森潘、西哈努克以及宋双在新加坡举行会谈，达成协议成立"民主柬埔寨联合政府"。在1982年6月12日，三方在吉隆坡经过谈判签订《民主柬埔寨联合政府成立宣言》，该政府的成立得到了国际社会的广泛承认。联合政府主席是西哈努克，宋双任总理，乔森潘为负责国际外交事务的副主席，由三方组成联合政府的核心部门。

在20世纪80年代中期，在东盟国家调解下，"民主柬埔寨联合政府"日益壮大，主要得到美国、中国以及西方国家的支持，而越南所扶持的金边政权则主要得到苏联等东欧社会主义国家的支持。随着柬埔寨问题引起国际上的关注，越南也因为自身国内出现难以解决的矛盾，在发动了对民主柬埔寨民军的第九次攻势之后，其攻击力急剧下降，已经无法抵挡联合政府军队的反抗，由此而产生了当时的"柬埔寨问题"。该问题引起国际社会的广泛关注，联合国的五个常任理事国以及其他的西方国家积极介入，力图调停柬埔寨两个政权的相互争斗。基于国际上的压力，苏联由于戈尔巴乔夫政策的改变，也给越南施加了压力。因此，在苏联的压力之下，越南在1984年、1985年分别提出了"六点政策"和"五点建议"，而后又提出要政治解决柬埔寨问题。但是，越南提出的条件是要承认金边政权的合法性，把消灭红色高棉与越南撤军捆绑在一起，这些条件的提出遭到了联合政府的拒绝。随后，联合政府提出的"八点建议"遭到越南的拒绝，不过这一次的建议有所突破，金边政权首次得到了承认，提出可以建立四方联合政府，这一建议为后来柬埔寨问题的解决增加了可能性。

1987 年，柬埔寨问题越发活跃，苏联、联合国、法国和印度尼西亚等国都在为此进行斡旋，1988 年 7 月 25 日在印度尼西亚举行了四方的非正式会谈，虽然没有达成任何协议，但是大家坐到了一起。1989 年 7 月 30 日，在印度尼西亚召开了解决柬埔寨问题的国际会议，虽仍未取得任何实质性突破，但有两点值得肯定：一是达成共识，必须以政治手段全面解决柬埔寨问题；二是联合国加入解决问题的和平进程。其后，1991 年 10 月 23 日，柬埔寨问题国际会议在中断两年后重新开启，并签署一份最重要的文件《柬埔寨冲突全面政治解决协议》（以下简称《协议》）。这份协议的签订标志着柬埔寨结束 13 年的战乱，即将走向和平。所签署的《协议》做出了许多规定，其核心内容为：规定"柬埔寨全国最高委员会"是柬埔寨唯一合法的最高权力机构，在大选过渡期间，联合国安理会在柬埔寨成立了一个权力机构，该机构直接对联合国秘书长负责。还要求自协议生效之日起，任何外国武装力量及其装备等立即撤出柬埔寨，联合国权力机构将对其进行核查。同时，一切武装力量都应立即脱离接触。大选前，柬埔寨各方均裁减武装力量70%，剩余部分在大选后不久全部复员。除此之外，还规定了未来的大选应是自由、民主的选举等一系列政治制度架构。

纵观上述，回望历史，可以发现柬埔寨自 1953 年独立以来，政治体制的政权组织形式经历了君主立宪制（国家元首制）—总统共和制—人民代表大会制—混乱时期—君主立宪制。虽然在这个过程中，柬埔寨经历了混乱甚至民族毁灭的危急时刻，但是最终经过艰苦卓绝的斗争确立了君主立宪制，并且一直延续至今；从两首相制和双部长制逐步过渡到单一首相和单一部长制度。所有的这一切为以后的柬埔寨王国致力于国内的社会和经济稳定发展，创造了相对良好的条件和基础。

第四节　政治及法律体系

一、政治体系

1. 政体

随着第二次世界大战的结束，柬埔寨在漫长的独立斗争历史中取得了胜利，此后柬埔寨延续了君主立宪制，但在后来的发展中遇到了一些挫折。独立初期由于政党基础的薄弱，且西哈努克国王在柬埔寨独立过程中发挥了重要的作用，建设国家的重任便落在了以西哈努克为代表的王室身上，但随着执政时间的延续，由王室成员主导政治的君主立宪制暴露出越来越多的问题，因而难以为继。由朗诺发动的政变结束了由王室主导政治的局面，开启了共和制时期。在这一时期中，柬埔寨的众多政党得到发展，开始主导政局并按照各党的执政理念进行政治活动。也正是在这个时期，共和制与君主制的激烈斗争使得柬埔寨进入了一个较长的动乱时期。长期的党派斗争和外部侵略唤起了柬埔寨人民对和平的渴望。随着1993年大选的举行，恢复君主立宪制的议题被提上日程。通过两次制宪会议后，柬埔寨正式恢复了君主立宪制。这也是柬埔寨政治家们从长期的政治教训中得到的宝贵经验。

所制定的柬埔寨宪法规定，柬埔寨政体是议会制君主立宪制，实行自由民主制和自由市场经济，立法、行政、司法三权分立。国王是终身制国家元首、武装力量最高统帅、国家统一和永存的象征，有权宣布大赦；同时，首相建议并征得国会主席同意后有权解散国会。国王因故不能理政或不在国内期间，由参议院主席代理国家元首职务。国王去世后由首相、佛教两派僧王、参议院和国会正副主席组成的王位委员会在7日内从安东、诺罗敦和西索瓦三支王族后裔中遴选产生新国王。

2. 国会

1993年柬埔寨新宪法颁布后，制宪会议便转为了国会，成为了柬埔寨最高的国家权力机关，而且是正常情况下的唯一立法机构，每届任期5年。新一届国会成立后召开首次会议即意味着上一届国会的终止。除非王国政府在1年之内两次下台，否则国会不得解散。若出现该情况，国王根据政府首相的建议，经国会主席同意后宣布解散国会，但解散后60天内，应举行新国会选举。根据柬埔寨宪法第83条，国会每年应召开两次大会，每次大会至少持续3个月，会议通常在金边国会大厦举行，出席议员人数须达总人数的70%才合法有效。国会在审批国家预算、国家计划、国家接待资金议案、国家金融合同、制定、修改和废除法律时，可采取举手表决、公开投票和秘密投票三种方式进行表决，根据2006年宪法修正案，表决方式由原来的2/3绝对多数改成过半数简单多数。

国会的主要职能包括：①批准国家预算、国家计划、国家借贷资金议案、国家金融合同，制定、修改和废除国家税收；②批准政府预算执行报告；③批准大赦法令；④批准或废除国际条约或国际协约；⑤批准宣战法令。

国会由1名主席、2名副主席和9个专门委员会组成（见表1-1），每个专门委员会成员不得少于7人，通过选举产生主席、副主席和秘书长各1名。

表1-1　国会委员会名单

保护人权与诉讼委员会
财政和银行委员会
经济、计划、投资、农业、农村发展和环保委员会
内政、国防、调查与反贪污委员会
外交、国际合作与新闻宣传委员会
立法委员会
教育、宗教事务、文化与旅游委员会
卫生、社会福利、劳工与妇女事务委员会
公共工程、交通、通信、邮电、工业、能源与贸易委员会

　　国会闭会期间，由国会常务委员会主持日常工作，常务委员会由国会主席、2位副主席和9个专门委员会主席组成，国会主席担任常委会主席。常务委员会和专业委员会召开会议，出席人数必须达应出席人数的一半以上才具有法律效果。

　　3. 参议院

　　柬埔寨参议院成立于1999年3月25日，每届任期6年，是柬埔寨议会上院，也是柬埔寨的立法机构。柬埔寨宪法规定，法案须经国会、参议院、宪法理事会逐级审议通过，最后呈国王签署生效。参议院的职责是审议国会通过的即将付诸实施的各项法律是否违宪，并有权提出修改意见。参议院议员人数不得超过国会议员总数的一半。议员构成分别由国王直接任命、国会推荐以及按各政党在国会议席中所占比例进行分配。参议院由1名主席、2名副主席和9个专门委员会组成，如表1-2所示。

表1-2　参议院专门委员会名单

保护人权、接受诉讼与调查委员会
财政、银行与审计委员会
经济、计划、投资、农业、水资源、气象、农村发展与环保委员会
内政、国防、议会联络与监察、公共职能委员会
外交、国际合作与新闻媒体委员会
立法与司法委员会
教育、青年、体育、宗教、文化与旅游委员会
卫生、社会福利、退伍军人、康复、职业培训、劳动与妇女事务委员会
公共工程、交通、民航、通信、邮电、工业、矿产、能源、贸易、土地管理、城市规划与建设委员会

参议院主席礼宾顺序排在国王之后、国会主席和政府首相之前，属国家第二号领导人，当国王因故不能视事或不在国内时可代理国家元首。参议院闭会期间，由参议院常务委员会主持日常工作。常委会由主席、2 位副主席和 9 个专门委员会主席组成，参议院主席担任常委会主席。

4. 政府

柬埔寨现政府为第五届政府，于 2013 年 9 月成立，洪森为首相。设 9 个副首相，15 个国务大臣，27 个部和 1 个国务秘书处。主要成员有：首相洪森（Hun Sen）；副首相韶肯、索安、迪班、吉春、贺南洪、梅森安、宾成、严才利、盖金延；国务大臣尹春林、蔡唐、占蒲拉西、宁万达、昆航、李突、曾仕伦、孙占托、翁仁典、殷莫利、瓦金洪、英诺拉、西里谷梳、亨柴、金本贤。

27 个部分别为：内阁办公厅，内政部，国防部，外交与国际合作部，财经部，农林渔业部，农村发展部，商业部，工业矿产能源部，计划部，教育青年与体育部，社会福利、退伍军人和青年改造部，国土、城市规划和建设部，环境部，水利气象部，新闻部，司法部，议会联络与监察部，邮电通讯部，卫生部，公共工程与运输部，文化艺术部，旅游部，宗教事务部，妇女事务部，劳动和职业培训部，公共职务部。

5. 政党

柬埔寨现为多党制国家，党派众多，但具有影响力的并不多，目前柬埔寨主要政党有：柬埔寨人民党、奉辛比克党以及救国党。

柬埔寨人民党是目前柬埔寨的执政党，且已在柬埔寨政坛上执政多年，政党势力愈加强大。该党主张对内维护政局稳定，致力于经济发展和脱贫，建立民主法治国家。对外奉行独立、和平、中立和不结盟政策，支持建立国际政治经济新秩序，主张加强南南合作、缩小贫富差距及加强区域合作，维护地区和平与繁荣。重视同周边邻国的友好合作以及与中国、日本、法国等大国发展友好关系，积极改善同美国及西方的关系。

奉辛比克党曾在 1993 年第一次大选中获胜，成为国会第一大党，但此后党内多次出现分裂，使得政党势力逐步削减。该党信奉西哈努克主义，对内主张政治民主化、经济私有化，维护君主立宪制；对外奉行独立、和平、中立与不结盟外交政策，主张与世界各国和一切友好政党建立和发展友好合作关系，以和平方式解决与邻国的边界领土争端。

救国党由桑兰西党和人权党联合组成，是柬埔寨目前最大的反对党。该党推崇西式自由、民主、人权；铲除贪污、腐败；发展自由经济，提高人民生活水平。在柬埔寨知识分子、工人、市民和青年学生中有较大影响。

二、法律体系

1. 法律制度

由于柬埔寨曾经历过多次动荡，导致柬埔寨的法律制度尚不完善。现行的法律制度包括了自民盟时期到金边政权时期再到王国政府成立以来三个阶段的法律法规，而且在实际执行的过程中并没有明确的界限。柬埔寨现行的法律法规中法律较少，法规、条例、法令等行政法规较多。

柬埔寨现行的主要法律包括：《宪法》（1999年3月6日修正）、《税法》（1995年修订）、《土地法》、《劳工法》、《工会法》、《刑事诉讼法》、《强制监禁法》、《外汇法》、《保险法》、《会计法》、《审计法》、《版权法》、《知识产权保护法》、《产品和服务质量安全管理法》、《能源法》、《商会法》、《商事企业法》、《商业登记法》、《商业管理与商业注册法》、《商业合同法》、《民法典》、《进出口商品关税管理法》、《加入世界贸易组织法》、《投资法》、《投资法修正法》、《反贪污法》、《新闻法》、《陆路交通法》（2015年修正）、《政党法》、《选举法》等。

2. 司法体系

柬埔寨司法独立。法院系统有初级法院、上诉法院和最高法院三级。最高法官委员会是司法系统的管理部门，负责监督法院工作，拥有遴选、任免法官的职权。该委员会由国王主持，由国王、最高法院院长、总检察长、上诉法院院长和检察长、金边法院院长和检察长以及两位法官共同就任组成。柬埔寨无独立检察院，各级法院设检察官，并行使相关职能。

在柬埔寨法院中，经济纠纷、民事、刑事等都由同一法庭受理。在实际司法过程中，由于法律法规的欠缺，不同历史时期的法律混用造成了司法标准不统一，以至于法官的执法空间很大，对各类案件的裁决有很强的随意性，把经济纠纷当作刑事案件来处理的案例时有发生。且"权比法大"、"人比法大"的现象在柬埔寨较为普遍。

第五节　本章小结

总体来说，柬埔寨王国是一个自然资源丰富、气候水文条件良好、文物古迹保存完好的美丽国家。地理区位条件在东南亚国家中，具有中等优势区位条件，因为与老挝相比，其优势在于其有着一个出海通道，尽管左右被泰国和越南包围，还是能够通过西港与世界其他地区进行更为便利的货物贸易。不仅如此，柬埔寨悠久的历史、灿烂的文化、绚丽的自然风光和多姿多彩的民族风情使它拥有极为丰富的旅游资源。作为世界文化遗产闻名于世的吴哥古迹、金边古迹群和其他为数众多的游览胜地，成为吸引世界各国游客的旅游目的地。同时，柬埔寨王国也是一个多灾多难的国家，历史上既有过辉煌灿烂的鼎盛时期，也有过被其他周边国家或民族统治和入侵的历史，即便在近代也遭受过法国的殖民统治，一直到 20 世纪 50 年代才取得了独立。但在独立之后的政党执政期间，仍然经历了残酷的自我杀戮年代。20 世纪 70 年代末，由于红色高棉政党领导人的极端思想，导致柬埔寨在 3 年的时间内失去了百余万柬埔寨人民的生命，整个国家的社会、经济、教育、文化、医疗等系统遭到完全破坏，一直到了 20 世纪末才真正走上了正常国家的发展道路。虽然目前是君主立宪制国家，其立法、行政、司法三权分立，但是由于其法律体系还不够完善，很多时候表现出司法的随意性。

第二章　政治动态

　　柬埔寨现时的政治体制是西方民主政治渗透的结果，从形式上和组织结构上是按照西方三权分立民主制度建立的国家政府管理机制，是属于西方民主的君主立宪制国家体制。但柬埔寨能够走到今天，实际上经历了多年风雨飘摇、动荡不安的年代。即使在1953年国家获得独立之后，仍然遭遇了数十年的动乱和种族几乎被灭绝的生死劫难时期。真正让柬埔寨走上正轨时间始于1993年，当年在联合国主持下进行了全国大选，当时有20个政党参与，最终奉辛比克党成为占议席最多（58席）的党派获胜，并在同年9月通过新宪法宣布建立君主立宪制①，自此开启了柬埔寨的新篇章。

第一节　现行政治体制形成的轨迹

　　虽说1953年的独立就确定了君主立宪制的国家政治体制，但是在1953～1993年，该国家政治体制中断过几次，直到1993年才得以恢复。

一、20世纪70年代的政权兴亡

　　柬埔寨的"红色高棉组织"是在20世纪70年代中期，作为柬埔寨独立后掌管国家政府的执政党，虽然在位的时期不太长，但是对当时以及后来整个国家的发展带来相当大的影响和阴影，并且催生了后来政治体制变革的格局。同时，洪森首相实际上也是源自于红色高棉中的人物，只是在推翻红色高棉统治中起到了重要作用，也因此为他后来登上柬埔寨最高领袖地位奠定了坚实的基础。

　　红色高棉（Khmer Rouge）这个称谓是由西哈努克首创的。在柬埔寨的历史

---

① 杨保筠. 柬埔寨政党政治的发展及其特点 [J]. 当代亚太，2007（1）：11 - 19.

上，"自由高棉"与"红色高棉"都非常著名，"自由高棉"被美国在20世纪50年代后期"收买"，1970年朗诺政变时依靠的就是这支武装。

1979年，当时的政府垮台之后，波尔布特等人在丛林中坚持了10余年的丛林游击斗争，但终于在20世纪90年代初以波尔布特从丛林中走出来，向当时的政府投降而终结，并且在美国以及西方政府主导下的国际法庭，开始了对相关领导人漫长的审判过程。

红色高棉虽然统治时间不长，但带来的影响十分巨大。

首先，在红色高棉统治的时间里，整个国家正常运转系统遭到破坏。

其次，为肃清当时极端思想的影响，直至现在还需要付出沉重的经济代价。

再次，随着时间的流逝，当年部分遭到迫害的人以及这些被告日渐衰老和逝去，对相关人员的审判有可能随之消亡，在不远的将来会自行失去审判的意义。

最后，尽管随着时间的流逝，众多相关人员逐渐离世，但是，那一段短暂统治期间留给那个时代存活下来的人的却是难以忘却的深刻记忆。也就是说，这种记忆在近几十年将是难以磨灭的，大多数柬埔寨人都不愿意再次经历那样的日子，会希望国家和平安定，这是大多数柬埔寨人的诉求。因此，无论政党纷争有多大，再回到极端思想治理国家的时代一去不复返。

二、20世纪90年代以来的五次大选

即使在1979年后柬埔寨依然是满目疮痍，各种政治力量博弈仍然非常激烈，使这个国家花费很长时间才走上正常国家的发展道路。经过10余年的多轮博弈以及联合国的参与，直到1993年才开启了结束红色高棉统治之后的第一次民选国家领导人历程。

1. 大选之前的过渡期（1991～1993年）

在1993年5月进行大选之前，还经历了两年的过渡阶段。这个期间各政党组织之间的斗争仍然没有停息。1991年，西哈努克回到了柬埔寨并受到了热烈欢迎，西哈努克也肯定了金边政权13年来的成就，这实际是违背了西哈努克应该保持中立这一角色的要求，尤其是西哈努克次了拉那烈王子与谢辛为首的人民党结成联盟，且宣布要组成联合政府。其结果是原有的四方平衡结构被打破，国内局势朝着有利于金边政权方面转变，因而引起了宋双的不满。按照《协议》，联合国派出维和部队进驻柬埔寨，但是在红色高棉控制区，遭到了严重阻碍，因此未能进入。红色高棉认为，《协议》中的"柬埔寨全国最高委员会"是柬埔寨唯一合法的最高权力机构这一点未能得到保障，其主要权力仍然掌握在金边政权手中，所以他们拒绝让维和部队进入红色高棉控制区。这样《协议》中的第一阶段未能执行到位。第二阶段需要解散70%以上的军队，但因第一阶段的协议

计划未能实现，第二阶段的计划仍然未能实现，《协议》计划陷入僵局，经过多次调解，仍然未能破解。因此，联合国对民主柬埔寨实行制裁，红色高棉为表示抗议，其领导人乔森潘拒绝参加最高委员会会议，还宣布不参加任何选举活动，并退出大选。现在看来，红色高棉的这一举措是一个错误，由此而永远失去了参与柬埔寨政治事务的机会。柬埔寨人民由于向往和平，在国际社会以及联合国的努力下，最终决定在 1993 年 5 月 23～28 日进行全国大选，由此而拉开了实施民主政治体制的序幕。最终柬埔寨人民在联合国驻柬机构的监督和保护下进行了大选。大选结果是拉那烈领导的奉辛比克党获得了 45.47% 的选票，人民党获得 38.22% 的选票，佛教民主党获得 3.81% 的选票，显然奉辛比克党取得了大选胜利。但人民党不承认大选结果，红色高棉反而承认大选结果。拉那烈本想单独组建政府机构，但是在人民党的策划下，国家面临分裂的危险，因为此时曾担任金边政府副总理的夏卡部王子宣布磅湛等东部 7 省自治。在这样的情况下，已经恢复国家元首身份的西哈努克提出一个折中的方案，在新宪法和新政府成立之前，再成立一个临时政府，奉辛比克党和人民党分别拥有 45% 的权力，佛教民主党拥有 10% 的权力，该方案三方均愿意接受。红色高棉虽然也提出要分享权力，但遭到了拒绝。随后，在 1993 年 9 月，新宪法获得通过，规定为君主立宪制，西哈努克在退位 38 年后，又当上了国王。他任命拉那烈为第一总理，洪森为第二总理，自此新政府终于成立。

2. 奉辛比可党执政的第一届联合新政府（1993～1998 年）

在西哈努克国王以及联合国的努力下，柬埔寨的新政权开始运转，但依然不是那么太平。由于人民党对此次大选结果很不满意，与执政党一直采取明争暗斗的策略；同时，红色高棉虽然被新政权拒之门外，但是他们仍然在丛林中坚持游击战，并与新政府进行对抗，带来很多不安定的因素。因此，在 1994 年 7 月，柬埔寨国会通过决议宣布红色高棉为非法组织，从此关闭了红色高棉进入柬埔寨政治体制的大门。在 1994～1998 年，政府组织了多次对红色高棉的强大军事进攻，但是均未取得决定性的胜利。因此，新政府采取了软硬兼施瓦解红色高棉军队的措施，在这样的攻势下，再加上红色高棉处境艰难，红色高棉很快被瓦解。

同时，这一时期在新政府内部也展开了激烈的斗争。人民党与奉辛比克党都在消灭红色高棉军队方面拿出了自己的策略，因为这是他们的政治筹码。洪森代表人民党策划了英萨利率部的投诚行动，拉那烈在 1997 年 5 月与乔森潘达成了原则上的协议，愿意率部 2000 余人投诚，这样就有可能使拉那烈的力量得到加强。因为此时正是在 1998 年的第二次大选前夕，1997 年洪森抓住机会对拉那烈领导的奉辛比克党采取了激烈手段，废黜了拉那烈第一首相职务，拉那烈被迫流亡国外，奉辛比克党遭受严重打击，此事件被称之为"7 月事件"。

3. 两党执政的第二届联合政府（1998～2003 年）

1998 年的大选如期举行。人民党获得 203 万多张选票，获得议席 64 席；奉辛比克党获得 155 万多张选票，获得议席 43 席；桑兰西党获得 70 万多张选票，获得 15 席，但无一党派获得 2/3 的议席，这一届只能组成两党联合执政政府。经过 1998 年的大选，洪森领导的人民党基本控制了柬埔寨政局，并对政府具有绝对的领导权。在新组成的内阁中，实际权力完全掌握在人民党成员手中，奉辛比克党则充当配角。桑兰西党拒绝入阁，成为国内合法的反对党。随着新政府的组成，人民党和奉辛比克党剑拔弩张的斗争告一段落，双方在政府中的斗争基本平息，但斗争的阵地转移到了议会，从而使斗争具有越来越多的法理性。为了达到与人民党分庭抗礼的目的，奉辛比克党在议会争斗中经常和桑兰西党联合起来，使柬埔寨政局形成了一定程度的制衡局面①。

1999 年 3 月柬埔寨国民议会通过宪法修正案，设立参议院，谢辛担任首届参议院主席。自此开始，柬埔寨王国议会就从一院制转变成两院制。国民议会议席在 120 席左右，每届任期 5 年。国会议员由普选产生。宪法赋予国会的职权主要有：立法权、财政控制权、监督权和议会自治权。其主要职能是：批准国家预算、国家计划、国家借贷资金议案、国家金融合同，制定、修改和废除国家税收；批准政府的预算执行报告；审批大赦法令；批准和废除国际条约和国际协议；审批宣战法令。议员一部分由国王任命，另一部分以非普选的形式选出。宪法赋予参议院的主要职权有立法权和议会自治权。其主要职能是：审议国会通过的即将付诸实施的宪法和法律，并提出意见；负责协调国会与王国政府；在国王因故不能履行政务或不在国内时，由参议院主席任代理国家元首②。

1998～2003 年是人民党和奉辛比克党执政的第二届王国政府，由于 1997 年的"7 月事件"，柬埔寨国内的政治环境发生了很大的改变。人民党逐渐成为柬埔寨政治的主导力量。经过西哈努克国王的调解，在局势大体稳定的情况下，奉辛比可党和桑兰西党主要领导人回国组成"民族联合阵线"。在 1998 年柬埔寨如期进行了第二次大选。大选的结果是人民党获得大选胜利，但是不能单独组阁。面对反对党的不满以及暂时的混乱局面，经西哈努克的努力，最终成立了一个各党派广泛参与的联合政府。残余的红色高棉宣布向政府投降，不再以武装力量的形式存在，由此结束了柬埔寨持续多年的内乱，柬埔寨开始进入和平发展新时期③。此时，新政府制定了一个"三角战略"，即：第一目标是维护国家的和平稳定；第二目标是促进柬埔寨融入国际社会，获得国际支持尤其是与金融机构实

① 王国平.1993 年大选后的柬埔寨政治改革［J］.东南亚，2004（1）：42－48.
②③ 刘亚萍等.柬埔寨投资环境分析报告（第一版）［M］.桂林：广西师范大学出版社，2014，8：41－59.

现正常交往；第三目标是推动柬埔寨走上正常的改革开放道路，集中精力发展经济，重点做好复员军警、财政、司法等部门的改革，要求保护环境，严禁乱砍滥伐林木。

4. 三党联合执政的第三届王国政府（2003～2008 年）

在 2003 年柬埔寨大选临近时，由于各党派争夺异常激烈，在金边发生了少数极端分子袭击、纵火焚烧、抢劫泰国使馆和泰国企业等极端事件。"1·29"事件发生后，经过各种努力，柬泰关系才最终缓和。2003 年 7 月 27 日，柬埔寨大选如期举行。共有 23 个政党参选，投票率为 83%。来自日本、澳大利亚、欧盟、美国、越南等国家和地区的近万名观察员和 3 万多名柬埔寨观察员分散到各地投票站，负责监督投票和计票过程，并对选举组织工作予以了肯定①。人民党获得 244 万张选票，得票率为 47.35%；桑兰西党获得 113 万张选票，得票率为 21.87%；奉辛比克党获得 107 万张选票，得票率为 20.75%。在新一届国会的 123 个议席中，人民党获得 73 席，奉辛比克党获得 26 席，桑兰西党获得 24 席。面对选举结果，奉辛比克党和桑兰西党发表联合声明，强烈抗议选举不公，并联合抵制大选结果，致使国会和政府都不能正常运转。经过西哈努克国王的多方调解，冲突三方终于做出让步，同意组成三方联合政府②。三党就新国会和政府权力分配达成协议：国会主席由拉那烈担任，第一副主席、第二副主席由人民党担任，桑兰西党担任第三副主席；新政府由三党联合组建，洪森担任首相，设四名副首相，人民党两名，奉辛比克党、桑兰西党两党各一名，三党按 6∶2∶2 的比例分配内阁部委职位。此外三党还决定成立两个联合工作组，负责修订国会内部章程、起草新政府施政纲领、协调内阁部门设置和政府及国会人事安排。三党协议的达成为打破大选后组阁僵局迈出了重要一步。但此后波折不断，组阁危机持续达 1 年之久，直到 2004 年 7 月 15 日，新政府才正式成立，新内阁成员于翌日宣誓就职③。2006 年联合执政的奉辛比克党分裂，拉那烈王子另组新党即拉那烈党，改变了柬埔寨以往"三足鼎立"的政治版图。2007 年，奉辛比克党分裂后进一步弱化，而拉那烈党又因拉那烈流亡国外而影响大跌，柬埔寨政坛是人民党"一枝独秀"。④

综上所述，2003 年的大选及大选后的政治安排基本上延续了 1998 年大选后形成的国内政治格局，此次大选无论是竞选宣传还是投票、计票等组织工作，以及选举环境和社会治安环境等都远比前两次大选要好，没有发生较大的政治暴力

①③ 杨保筠. 柬埔寨政党政治的发展及其特点 [J]. 当代亚太，2007（1）：11 - 19.

② 王国平. 1993 年大选后的柬埔寨政治改革 [J]. 东南亚，2004（1）：42 - 48.

④ 刘亚萍等. 柬埔寨投资环境分析报告（第一版）[M]. 桂林：广西师范大学出版社，2014（8）：41 - 59.

事件。桑兰西政党由反对党转变为参政党，其上升势头加强，有利于柬埔寨国内政治局势的稳定。后期，由于奉辛比克党分化，逐步改变了柬埔寨国内"三足鼎立"的格局。但是，也应该看到大选仍然是柬埔寨政治的高度敏感期，极端政治势力虽然日趋没落，但影响力仍存在，柬埔寨政治离成熟期还有一段距离。总之，柬埔寨政局虽然暗流涌动却掀不起大浪，政治社会继续保持稳定。

5. 人民党独立执政的第四届王国政府（2008～2013 年）

2008～2013 年为第四届王国政府，是人民党一党执政时期。2008 年的柬埔寨大选，人民党毫无悬念地获得了大选的胜利，以 90 个国会席位的压倒性优势获得单独组阁权，桑兰西党实力稳中有升，获得 26 个国会席位，取代奉辛比克党跃居国会第二大党。与人民党联合执政了 15 年的老牌政党奉辛比克党近乎全军覆没，仅获得 2 个国会席位。成立不久首次参加大选的人权党和拉那烈党也跻身国会，分别获得 3 个国会席位和 2 个国会席位，其余 6 个参选政党未获国会席位①。新一届国会中，人民党副主席洪森连任政府首相，人民党还占据了 9 个副首相中的 8 个、16 个国务大臣中的 12 个和所有各部的大臣职位，奉辛比克党只得到 1 个副首相职位、4 个国务大臣职位和一些正副国务秘书职位，桑兰西党、人权党和拉那烈党被排除在新一届政府之外。人民党结束了长期联合执政的形式，完全控制政府，柬埔寨政治发展进入一个新的阶段②。

综上所述，柬埔寨政坛一改过去长达 10 年的"人民党和奉辛比可党两党联合执政、桑兰西党在野"的三党旧格局，出现"人民党主政，奉辛比克党参与，桑兰西党、人权党和拉那烈党在野"的五党新格局③。执政党人民党一党独大的形势继续保持，反对党力量日益削弱。

6. 人民党独立执政的第五届王国政府（2013 年至今）

2013 年大选之前，2012 年新一届参议院由 61 名议员组成，只有人民党和桑兰西党参选，57 名通过选举产生，2 名由国王任命，其余 2 名由国会推选。在 57 个选举议席中，人民党获得 46 席，反对党桑兰西党获得 11 席。人民党主席谢辛、桑兰西党代主席贡光继续当选新一届参议员。在 2013 年 8 月，第五届选举如期举行，洪森领导的执政人民党仍旧获得多数席位，获得 123 个席位中的 68 席，救国党获得 55 席，奉辛比克党未获 1 席，救国党拒绝接受这样的结果，认为人民党作弊，拟举行游行示威抗议，但最终在现任国王的调解下，其示威游行未能如期举行。洪森仍旧是柬埔寨王国的首相，虽然受到了来自反对党不断壮大局面的威胁，可以说是一个警醒，但人民党仍然保持了一党独大的局面。因

---

① 武传兵. 从第四届全国大选看柬埔寨主要政党兴衰变化［J］. 当代世界，2008（10）：45－47.
②③ 刘亚萍等. 柬埔寨投资环境分析报告（第一版）［M］. 桂林：广西师范大学出版社，2014（8）：41－59.

此，国家各个部门的设置暂未发生大的变化，国家政策也基本保持不变，呈现相对平稳的对外开放政策和国内发展政策。

第二节　近两年重大政治事件的脉络梳理与透视

柬埔寨王国独立之后，历经数十年的内乱争斗，在1993年之后才走上一条基本正常的国家发展道路。但执政党地位的纷争一直存在，期间最先获得1993年之后第一次大选胜利的奉辛比克党，经历了几度分分合合，已经失去了原有的地位，而人民党却在与在野党的不断斗争中，越战越勇，成长得越来越强大，但是在2013年的大选中，也透露出其地位受到极大威胁的处境，即使从奉辛比克党分裂出来建立的新党——救国党，也成为了与执政党——人民党相抗衡的力量。政党存在的使命就是为了得到执政党地位，去实现自己政党的政治目标和纲领。因此，当一次大选结束之后，接下来就是为另一次大选做准备，现在的2015~2016年正是柬埔寨2018年大选的舆论准备之年，在这两年时间里发生的某些重要事件必将会影响2018年大选结果。

一、"对话文化"的提出与停滞

1. "对话文化"提出的背景

虽然在2013年的竞选中，人民党仍旧获得了胜利，但是这一次胜利饱受诟病，尤其是选票仅次于人民党的桑兰西领导的救国党，一直指责人民党在这次选举中存在舞弊，并认为这次选举极其不公正，批评人民党重复计票，致使救国党丢失了120万张选票。因此，2013年8月大选之后，救国党拒绝接受第五次大选的结果，救国党的议员也拒绝参加国会会议，并要求成立调查委员会，调查此次大选中的问题。同时，还组织了多次游行，使得国内两个党派支持者情绪日趋对立，并出现了剑拔弩张的态势。在此背景下，执政党的人民党领袖所领导的洪森政府，几度与救国党坐在一起进行会谈，研究解决的办法，但几次会谈均未获得满意的结果。如此对峙的局面一直持续了将近1年的时间，就在和解看似遥遥无期的情况下，突然出现了令人意想不到的转机，2014年7月22日人民党副主席与救国党主席桑兰西举行了会谈，经过5小时的会谈，双方达成了和解协议，其协议宗旨为"尊重人民的意志和崇高的民族利益"。双方均作出退让，救国党的议员参与国会会议，而人民党则在拟议的新国家选举委员会和国会权力的分配上做出让步，随后救国党副主席当选为柬埔寨王国国会第一副主席。至此，两党之间开始了相对友好和平的"对话"，暂时停止了两党的对峙局面。该对话局面的形成被柬埔寨王国政府以及民间称之为"对话文化"。

2. "对话文化"的"蜜月期"

2014 年 7 月至 2015 年 7 月，可以说是"对话文化"的"蜜月期"。在这一年时间当中，两党虽然在很多问题上存在分歧，而且在各种场合也还是相互攻击，但是基本停止了由救国党组织的各种游行示威活动，看起来比过去势不两立的状态有了些许缓解，为两党维护"对话文化"做出了一些实际行动，该期间可以称为两党"对话文化"的"蜜月期"。在这一期间，两党先后对外界表达了消除相互指责的愿望和行动。如在 2015 年 4 月 15 日，桑兰西与洪森一起出席了新年联欢会，该联欢会是由人民党青年组织所举办的，两党以这样一种姿态出现，被认为是"对话文化""蜜月期"的标志性事件，表明了两党之间的冲突和相互诋毁暂告一段落。2015 年 5 月 8 日，人民党副主席洪森与救国党主席桑兰西代表各自所在党派——人民党和救国党签发了《联合声明》。在《联合声明》中重申两党应严格执行"对话文化"的原则，指出两党将停止互相辱骂、攻讦及"抹黑"。应遵守的对话原则包括：①要相互信任对方，在人民党、救国党建立"对话文化"的基础上，以和平方式来解决国事、社会问题及两党未达成共识的问题。②互相尊重对方。③停止怂恿、互相"抹黑"，停止使用脏话，如"越头柬身"、"独裁政府"、"越南傀儡"、"叛国贼"、"卖国贼"、"强盗"等。不仅如此，救国党主席桑兰西为了表现出自己对"对话文化"的虔诚态度和具体行动，在 2015 年 6 月 26 日，向洪森总理发去贺信，表示他为洪森总理而高兴，因为他前一周被任命为人民党主席。尤其吸引柬埔寨民众眼球的场景是，柬埔寨王国政府总理、人民党主席洪森一家人和救国党主席桑兰西一家人，一同出席了在金宝殿酒店举行的家庭聚餐会，描绘出一幅其乐融融、欢聚一堂的美好景象。这是柬埔寨执政党和反对党领袖首次举行的家庭聚餐会，在柬埔寨政治上也是史无前例的，看起来有着化解两党之间一切政治矛盾的前景。在这一段"蜜月期"，救国党副主席金速卡也改变了一向强硬的态度，对人民党表达了愿意和平相处的意愿。2015 年 3 月 15 日，他在美国向该地支持救国党的柬埔寨侨民演讲时说："我们不会再进行推翻柬埔寨王国政府的革命，因为革命运动，最终输的一方都是柬埔寨同胞，只会让邻国得意，对我们柬埔寨人民来说没有什么好处。救国党的立场仍然不变，就是要'换'柬王国政府的领导成员，但我们要以和平、无暴力、无流血的方法，而不是革命。"至此，"对话文化"预示着人民党和救国党有着握手言和的良好前景。

3. "对话文化"的停滞

虽说"对话文化"的提出表达政治角力双方的美好联姻愿望，但"蜜月期"

却实在是太过于短暂。即使 2015 年 6 月 26 日，救国党主席桑兰西向人民党主席洪森总理发去了贺电，对他当选人民党主席表示祝贺，仍然表现出一种愿意进行政治和解的姿态，但也在同一时间，救国党于 2015 年 6 月 20 日后再次在"柬埔寨和越南领土纠纷"问题上对人民党发起了猛烈的批判，指责其不能维护国家主权。洪森政府为表明执政的人民党站在维护国家主权和领土完整的立场上，甚至向联合国、法国、美国、英国借地图来同柬埔寨政府正式使用的地图进行核对，通过核对确认国外所存放的地图与国内政府所用地图完全一致。尽管如此，救国党还是揪住地图问题不放松。紧接着，2015 年 7 月 21 日，柬埔寨王国金边法院就"7·15 民主广场暴力事件"进行庭审，其中被庭审的对象为 11 名救国党成员，其中包括了莫淑华等救国党的核心成员。救国党对此做出了激烈的反应，强烈要求柬埔寨王国政府无条件地释放 11 名救国党成员，救国党主席桑兰西和副主席金速卡分别去监狱探望了这 11 名救国党成员，并承诺会尽快地解决该问题。但是，洪森总理知道救国党的意图之后，对此做出了相当强硬的回应，认为这不是政治问题，而是法律问题，不在"对话文化"的范畴。2015 年 8 月 22 日，救国党主席桑兰西在访问澳大利亚期间与当地的支持者进行会谈时，公开批评柬埔寨执政党（人民党）是独裁党。至此，"对话文化"提出的时间仅仅过去一年，其"对话文化"的"蜜月期"也很快淡去，重新回到两党言辞激烈、剑拔弩张的对立局面。随着 2018 年的大选临近，政党之间的对抗日趋激烈。

在 2015 年末至 2016 年初，"对话文化"陷入完全停滞的状态。尽管两党还一再提出要坚持"对话文化"，但只是口头呼吁，行动上没有丝毫退让。如 2015 年 10 月末，柬埔寨王国执政党人民党发言人速奥山在 29 日向媒体表示，如果救国党主席桑兰西不向洪森总理作出公开道歉，则将取消"对话文化"。他说救国党主席到处煽动人民表示对现任执政党的不满，而人民党一直在努力坚守"对话文化"的原则，但是救国党一直在破坏该原则，在脸书上留言洪森是"法西斯主义"[1]。2015 年 10 月 30 日，柬埔寨王国国会召开紧急会议，在救国党议员缺席的情况下，68 名人民党议员投票表决一致同意革除救国党副主席金速卡国会副主席的职务[2]。其革除理由为金速卡犯有"三大"错误：一是触犯柬埔寨王国宪法；二是藐视救国党与执政党在 2014 年 7 月 22 日签署的《联合声明》；三是游说煽动种族歧视以及影响与邻国的友好关系。由此可见，在 2015 年末，"对话文化"几乎游走在钢丝绳上。在 2016 年，"对话文化"几乎走到了尽头；执政

① 如果桑兰西不就不当言论公开道歉 人民党将取消对话文化［N/OL］. 高棉日报，http：//cn. thekhmerdaily. com/homepage/detail/13556，2015－10－30.
② 救国党全体议员杯葛 国会投票表决革除金速卡职位［N/OL］. 高棉日报，http：//cn. thekhmerdaily. com/homepage/detail/13572，2015－10－31.

党人民党和救国党越来越互相指责对方未遵守 2014 年的《联合声明》，以及未奉行"对话文化"的精神，甚至当奉辛比克党主席拉那烈提出愿意当"和事佬"时，也遭到双方的拒绝，随后虽然在许多公开场合以及协商会议上双方均表示要按照《联合声明》的原则行事，修复"对话文化"的裂痕，但直至 2017 年初，情况仍然是不尽如人意的，两党之间的和平相处仍然显得遥遥无期。

二、2018 年大选前的政治角力

1．"黑色星期一"集会与手指印签名"造假"查证

在 2013 年的第五次大选中，虽然人民党获得了选举胜利，但是并非是绝对性的胜利，当时的反对党——救国党仅落后其 10 余席位（68：55），而且该党长时间未承认这次选举结果，虽然在时隔 1 年之后，借助"对话文化"《联合声明》的原则，两党获得暂时的和解，但是随着"对话文化"实质上的停滞，在2015 年中期以后又开始了两党针锋相对的斗争。作为执政党最具竞争力的对手的在野党——救国党很多时候还是处于弱势地位，因此他们唯一的途径是更多地依靠街头民主来抗议执政党的一切，以此争取政治上的权力。

"黑色星期一行动"源于 2016 年 5 月初万谷湖土地纠纷而发起的游行示威活动，其维权人士以及支持者被逮捕，这些被逮捕的维权人士均为 NGO 组织的首领，其中还包括了一名选举委员会的副秘书长。随后，NGO 组织、柬埔寨工会组织、反对党包括救国党都对此事做出了激烈反应。这些组织分别行动，要利用在星期一举行游行示威的机会，向政府以及国王提出自己的诉求。当时柬埔寨国内的情形已经在一定程度上反映了大选前柬埔寨政局以及社会动荡不安的征兆。甚至，时任联合国秘书长潘基文对此发表了自己的意见，希望两党能够冷静下来，坐下来谈判，避免发生有碍于第六次大选的动荡风险。

2．《政党法》和《选举法》修改的博弈

洪森政府为避免再次出现 2013 年大选风险，也是采取了足够强大的应对措施，而且进一步通过修改法律条文限制反对党参与竞选。在 2015 年 12 月 28 日的一个毕业典礼上，洪森首相提出要在 2016 年修改《政党法》，他说：因为新修改的《选举法》规定选举委员主席必须是单一国籍，因此《政党法》也应增加一条法律条文，政党领袖应是单一国籍，以免他们在国内犯了罪而逃之夭夭。他还强调，除了政党领袖之外，参议院主席、国会主席、最高法院院长、中级法院院长、宪法理事会主席、总检察长等也必须是单一国籍[①]。如果《政党法》进行这样的修改，很明显对于救国党主席桑兰西十分不利，他无法参加大选，因为

---

① 明年将修订《政党法》 洪森：政党领袖必须是单一国籍［N/OL］. 华商日报，http：//www.7jpz. com/article－40598－1. html，2016－01－08.

他拥有双重国籍。而且，洪森一再表明他的态度，这次大选绝对不会再向国王请求赦免他，因为已经赦免了两次。除了单一国籍规定，还将政治对话放入《政党法》当中，以避免进行政治对话的政党相互污蔑攻击对方。显然这样的修改具有针对性。对于执政党拟修改《政党法》的意向，各党派及民众反应不一。拥有柬埔寨和法国国籍的蜂巢社会民主党主席蒙索农对上述限制国籍问题并不担忧，相反他对此表示乐意支持。他指出，因为他在该新修订的《政党法》出台之前就已经担任政党主席了，所以新修订的法律对他无效。不过如果法律强制实施，他则愿意退居为党的副主席。相反，高棉民众力量党领袖孙斯雷罗塔认为此时修改《政党法》不合时宜，现在的精力应该放在解决领土主权上，现在的柬埔寨并不适宜完全独立，政治家并没有奉献精神，只有等到这些政治家能够真正为国家做出奉献的时候，《政党法》的修改才有意义①。但在 2016 年 1 月 7 日举行的柬埔寨王国胜利日纪念集会上，洪森又改变了想法，说是为了让更多党派参加 2018 年的大选，因此将不会把"政党领袖必须拥有单一国籍"条文写入《政党法》。但时隔一年，2017 年 2 月 9 日人民党提呈《政党法》修改议案条文变为禁止罪犯担任党主席。所以，桑兰西说，这不是《政党法》而是《反桑兰西法》，为其"量身定做"，其目的是禁止他担任党主席，解散救国党②。也正是这部法律的修订迫使桑兰西在 2017 年 3 月选择辞去了救国党主席职位。

《选举法》也进行了部分条款的修订，在修订的过程中，执政党的修改建议得到采纳，而其他党派的修改建议大多数未得到采纳。《选举法》与《政党法》一样，也是在 2015 年初启动修改程序。在 2015 年 3 月 2 日，柬埔寨王国朝野两党就《国会新选举法》举行了会谈，会后的新闻报道为"消除所有障碍"③，两党发表联合公告称"两党领袖已解决修订《国会选举法》所有悬而未决课题"。而对洪森的要求，联合公告表示，"两党领袖原则上同意，为了确保国家机关不会因（未来）选后僵局而瘫痪，将研究这个课题，并准备加入任何适当法律条文。"在此之前，两党有 15 点未达成共识。这次会谈长达 4 个小时，终于取得了一定的共识。看起来，此次朝野两党的会谈是非常成功的（正处在"对话文化"的"蜜月期"）。参加会谈的主要人物，人民党代表是柬埔寨王国副总理苏庆，在野党是救国党主席桑兰西。

---

① 执政党宣布将修《政党法》　各方反应不一［N/OL］. 柬华日报，http://www.jianhuadaily.com/index.php? option = com_ k2&view = item&id = 20047；2015 - 12 - 29 - 13 - 32 - 20&Itemid = 590，2015 - 12 - 29.

② 桑兰西抨击修法：人民党要一党专政［N/OL］. 柬埔寨星洲日报，http://www.camsinchew.com/node/49820? tid = 4，2017 - 02 - 12.

③ 谈判新选举法：两党宣布障碍消除［N/OL］. 柬埔寨星洲日报，http://www.camsinchew.com/node/40248? tid = 5，2015 - 03 - 02.

但是，《选举法》的修改议案仍然还存在与《宪法》相冲突的地方。在 2015 年 3 月 19 日，新修改的《选举法》获得通过，主要修改内容为：①国会席位从 123 个增加至 125 个。②竞选期缩短为 21 天（原为 30 天）。③21 天的竞选期可以有 4 天竞选游行（原来只有首尾 2 天可以游行）。④凡是抵制不参加国会成立的政党议员，或者不愿意宣誓就职的政党议员，将会被取消议员资格，并将按照计算公式将他的席位分配给其他政党。⑤如果选民在选民册名单上有超过一个名字，将会罚款 1 万～10 万東埔寨瑞尔；任何故意破坏投票箱的人士，除了被罚款 1000 万東埔寨瑞尔至 2500 万東埔寨瑞尔以外，还将遭到刑事起诉。⑥第 149 条规定，任何外国人无权参加東埔寨政治活动，包括在大选竞选期间，不能直接性或间接性参加任何政党宣传活动或公开抗议任何政党；违反这项条文的外国人，将被罚款 500 万東埔寨瑞尔至 1000 万東埔寨瑞尔，并将被驱逐出境①。但是，对于许多反对党提出的修改建议，如《宪法》所规定的"政党不得将法院、武装部队和警队纳入政党组织"的条文纳入《选举法》当中，即法院、武装部队和警队等公职人员不能加入党派并参与竞选，因为这有违《宪法》规定，因此难以保证选举自由与公正性②。可见，《选举法》的修改还是朝着有利于执政党的方向行进的。

三、相关制度的脆弱性

1. 反对党领袖罪名缠身

在早前，第一届联合执政时期，当时与人民党在选举中同时获得选举胜利的奉辛比克党领袖拉那烈亲王，则是因为一个"与红色高棉勾结"的罪名（被称为"7 月事件"），最终被拉下了第一国家元首的职位，并被驱逐出国。目前，能与洪森领导的人民党相抗衡的反对党——救国党，其两个最具有竞争力的领袖桑兰西（救国党创始人）与金速卡，同样是官司缠身，罪名一桩接一桩，且都被诉诸法庭。尽管这些罪名不知是否能够成立，但对救国党的名声以及民众的信任度多多少少会带来影响，而且还要耗费很多时间和精力来应对这些罪名的司法官司以及舆论压力。

桑兰西曾在 2009 年为躲避牢狱之灾而出走国外。当时的指控是桑兰西在柴桢省拔除東越边界界桩，柴桢省法庭以损坏公物罪缺席判处其 11 年有期徒刑。显然，桑兰西未就此认罪，他公开争辩说这是为了维护国家主权，为保护東埔寨

---

① 国会通过选举法草案［N/OL］. 東埔寨星洲日报，http：//www. camsinchew. com/node/40497？ tid = 5，2015 - 03 - 20.

② 民间组织呼吁——禁止军警司法人员参政［N/OL］. 東埔寨星洲日报，http：//www. camsinchew. com/node/40226？ tid = ，2015 - 02 - 28.

领土不受越南蚕食而为。由此，一直滞留在国外，直到 2013 年的柬埔寨王国第五次大选之前，得到国王的赦免回到国内，并组织救国党参加大选。此时，他已经在国外流浪了 4 年。在 2013 年的大选中，救国党获得了仅次于人民党的席位数，而且与人民党的席位数十分接近（救国党 55 席，人民党 68 席，见表 2-1），但救国党拒绝承认该选举结果，认定人民党舞弊，做出了持续近 1 年的抗争，最后在 2015 年 7 月 22 日双方签署《联合声明》，展开"对话文化"之后，才放弃了对该选举结果的抗议。但是，"对话文化"只持续了 1 年的光景，又陷入了相互谩骂的"口水仗"怪圈中。接下来，在 2016 年 12 月 27 日，桑兰西与他的两名助理又被缺席审判，其罪名为"共谋伪造公共文件、使用伪造文书、使用虚假公共文件，以及煽动并对社会治安造成严重动荡"，判处 5 年监禁，法院下达判决书，授权警方追捕该 3 名嫌犯押解到监狱服刑[①]。由此可见，桑兰西有如此多的罪名在身，再作为救国党主席参加 2018 年的大选有些不合时宜。

救国党的另一领袖人物金速卡同样也曾陷入官司缠身的尴尬局面。2016 年 5 月，由于婚外情丑闻受到指控，婚外情对象康扎达拉娣向法院提出诉讼，要求索赔 30 万美元。法院接受了该诉讼请求，但是金速卡一直未对此作出正面回应，法庭曾两次要求他到庭并阐述婚外情缘由，但他两次都拒绝到庭。这样一来，法院据此以"回绝出庭罪"下达拘捕令逮捕金速卡，也曾出动警察拘捕金速卡，但均未成功。金速卡为躲避拘捕，从 2016 年 5 月 26 日起，住进了救国党的总部，工作、生活、起居全部在救国党总部，实际上也更像是软禁在那里，没有了行动自由。2016 年 9 月 9 日，在金速卡未到庭的情况下，金边法院判处金速卡 5 个月监禁，罚款 80 万瑞尔（相当于 200 美元）。但是，金速卡的律师上诉至中级法院，在 2016 年 11 月 4 日，中级法院经过审理，维持原判，刑期反而变成了 6 个月监禁。当然，金速卡并未因此走进牢房，而是在 2016 年 12 月 1 日，写信给洪森首相，请他帮助上禀国王，请求国王赦免他的罪状。令人奇怪的是，洪森首相竟然向国王请求赦免金速卡的罪状。最后该请求于次日获得批准。至此，金速卡获得自由。金速卡为此写信给洪森并表达了感谢之情。由于救国党主席常年在外，而且背负罪名，无法回国主持党的工作，很长一段时间是由金速卡代理主席，但代理主席在 2016 年期间因为桃色丑闻，也失去了大半年的自由，并因此引起了一系列抗议活动。尽管最终获得了赦免，但看起来还是"有罪之身"，也不知这次赦免究竟能否为 2018 年的大选带来好的运气？

除了最大反对党救国党领袖罪名缠身之外，一些新兴党魁也曾官司缠身，或被拘捕或逃出境外。高棉力量党的领袖孙斯雷洛塔当年被指控为"恐怖分子"，

---

① 涉伪造文书 柬埔寨救国党主席桑兰西被处 5 年有期徒刑［EB/OL］. 中青网，http://news. cy-ol. com/content/2016-12/28/content_ 15109996. htm, 2016-12-28.

在 2013 年又添上新的罪名。起因是 2013 年 8 月 13 日，该党派的 3 名年轻成员在柬埔寨国内散发孙斯雷洛塔撰写的传单，散发传单后的第二天晚上，3 名成员被逮捕，随后以"煽动罪"遭到起诉。孙斯雷洛塔与 3 人同时被判处 7 年徒刑。虽然在 2015 年 10 月初，通过洪森首相向国王呈情请求赦免他们的罪行，并且获准回国和释放，但是并没有否定他们的罪行，一旦有不利于政局或者执政党的言论和行为出现，恐怕这些罪行又要被秋后算账。同时，也有人说之所以把该党派领袖的罪名赦免，其醉翁之意不在酒，其主要目的是分裂救国党的选票①。

2. 街头暴力频现

柬埔寨作为一个君主立宪制国家，民主制度或者司法制度体系虽然是学习西方的结果，但是文化土壤似乎还不是那么适合，尤其在进行政治较量和争取权力、利益的情景下，还不太习惯于事事都是那么克制和文明。2015 年 12 月 16~17 日，柴桢省巴域市曼哈顿经济特区部分工厂工人进行暴力示威，要求加薪；2015 年 12 月 21 日位于柴桢省巴域市的大成经济特区再次爆发暴力游行罢工事件。由于工人采取了暴力示威活动，砸坏工厂设备，导致工厂财产受损，被定性为暴力游行示威，逮捕了 30 多名工人②。尽管这些事件似乎无关乎政治诉求，但都能从中看到反对派的影子。而且，这些事件发生后，其审判过程以及量刑缺少法律依据，释放或者监禁也并不严谨，往往是依据政治上的需要而采取相应行为。

政治事件的随意性更为凸显。2015 年 1 月 8 日金边初级法院开庭审理"民主 7·15 暴力事件"，该事件的起因是救国党多名成员带领 300 名支持者要求重新开放民主广场，在这个过程中，救国党成员及其支持者硬闯进已被铁栏围住的民主广场，而同首都金边警宪发生冲突，造成至少 50 人受伤，其中包括至少 37 名警员。事发后，多名救国党成员和积极分子先后被逮捕，其中救国党新闻组组长铭速万那拉于 2014 年 11 月 11 日在金边市被捕，最终有 11 名救国党成员遭到逮捕和起诉，包括 7 名国会议员，他们是莫淑华、胡万、高比伦、蒙塔乐、连凯莫伦、诺隆多和隆利，他们随后被撤销了国会议员豁免权③。但是，在 2016 年，这些救国党成员又获得赦免。同时，2015 年 10 月 26 日，救国党两名国会议员杨忠蓝、关沙彼在开会结束离开时，在国会大厦门前遭到"反金速卡"示威人员的殴打，并使两人重伤住院。虽然事后，洪森总理以及其儿子洪玛尼对此事进行

---

① 领导高棉人民力量党 孙斯雷洛塔返金边［EB/OL］. 东盟新闻, http: //news. news - com. cn/a/20151002/7230463. shtml, 2015 - 10 - 02.

② 经济特区罢工事件落幕 劳工部：违法罢工等于自砸饭碗［N/OL］. 华商日报, http: //www. 7jpz. com/article - 40490 - 1. html, 2015 - 12 - 24.

③ 人民党考虑呈动议——剥夺 7 议员豁免权［N/OL］. 柬埔寨星洲日报, http: //www. camsinchew. com/node/39796? tid = 5, 2015 - 01 - 20.

了谴责，主要打人者也自首被提出指控①。但整个事件折射出柬埔寨王国国民的法律意识还十分淡薄，在表达民主的愿望及行为时也非常暴力。这些事件背后透视出来的镜像，表现出柬埔寨王国的民主和司法制度以及体系还十分脆弱，许多民众对民主、法律的认知还十分浅薄。这样看起来，柬埔寨王国的民主和司法制度的健全和完善任重道远。

第三节　2018 年大选趋势预测

经过数十年的政治体制演变，其现时政治生态的基本脉络已经清晰，就是以融合了西方民主制度的君主立宪制为主线的多党选举制，但在某些制度层面并非完全与西方民主制相一致，如担任国家首相的届数没有限制。其结果是，若大选获胜党派主席没有更迭的话，可以一直由该党派主席担任国家首相。所以，目前洪森成为了亚洲国家中担任首相时间最长的国家一号领导人。很明显，柬埔寨现实的政治生态呈现出一党独大，其他党派也有生存的空间，但目前不能完全与之抗衡的政治格局。

一、2018 年主要参选党派的基本概况

据柬埔寨内政部通告，目前有 67 个党派在活动②，但很多党派人数较少，有影响的党派组织不多。目前，柬埔寨国内最主流党派为以洪森为首的人民党、拉那烈领导的奉辛比克党和曾经由桑兰西领导的救国党。

1. 强势的人民党

柬埔寨人民党（Cambodia People's Party）前身为成立于 1951 年 6 月 28 日的柬埔寨人民革命党。1991 年 10 月柬埔寨人民革命党召开特别代表大会，韩桑林宣布柬埔寨实行多党制和保障所有公民人权、自由民主的制度，并将柬埔寨人民革命党改名为柬埔寨人民党。现任党主席为谢辛，副主席为洪森，名誉主席为韩桑林。现有党员 410 万③。

历经数十年该党的纲领基本保持不变，即无论何时均站在人民一边，为人民

①　部分省市掀起"反金速卡"示威热潮　两位救国党国会议员遭围殴受伤［N/OL］. 高棉日报，http：//cn. thekhmerdaily. com/homepage/detail/13685，2015 – 10 – 27.

②　内政部呼吁 23 政党尽快注册　备战 2017 年乡分区理事会选举［N/OL］. 高棉日报，http：//cn. Thekhmerdaily. com/article/17027，2016 – 07 – 26.

③　柬埔寨历史与文化［EB/OL］. 百度文库，http：//wenku. baidu. com/view79ffae3583c4bb4cf7ecd，2012 – 12 – 25.

的崇高利益服务，按照独立、和平、自由、民主、中立和社会进步的原则建设国家。该党的愿望和理想是集中各种爱国、爱好民主的力量，共同完成独立、和平、民族和解和国家重建的事业。在国内政策方面，该党主张自由民主主义和多党制，多个政党进行和平政治竞赛，实行政治、经济、社会自由化。按照立法、行政、司法三权分立、互不侵犯的方法组建国家（机构）。对外主张奉行独立、和平、中立和不结盟政策，支持建立国际政治经济新秩序，主张加强南南合作、缩小贫富差距及加强区域国家合作，维持地区和平和经济发展①。该党在柬埔寨的政坛上已经执政多年，而且呈现出越来越强大的态势。

2. 衰落的奉辛比克党

奉辛比克党，是"争取柬埔寨独立、中立、和平与合作民族团结党"的简称，是王室和权贵的政党。在1993年的第一次大选中，因西哈努克亲王的影响力，获得了与洪森领导的人民党一样多的票数，与人民党联合执政第一届联合新政府，但在临近第二届大选时期，因为众所周知的"7月事件"，拉那烈被罢免第一首相职务，并流放国外。从此，奉辛比克党走向了不断衰落的命运。

奉辛比克党，其前身为"争取柬埔寨独立、中立、和平与合作民族团结阵线"，于1981年由西哈努克在朝鲜创建并任主席②。阵线武装力量为独立柬埔寨民族军，后改称西哈努克民族军，诺罗敦·拉那烈王子为西哈努克的次子，任总司令兼参谋长。1989年8月，西哈努克辞去该阵线主席职务，莫尼克公主和涅·刁龙任联合主席。1992年2月该"团结阵线"改为政党，拉那烈任党主席，涅·刁龙任名誉主席。现有党员40万人。该党信奉西哈努克主义，对内主张政治民主化、经济私有化，维护君主立宪制。对外奉行独立、和平、中立与不结盟外交政策，主张与世界各国和一切友好政党建立和发展友好合作关系，主张以和平方式解决与邻国的边界领土争端。

该党派的分裂最为严重，在1995年发生了第一次分裂，该党的执行委员桑兰西脱离该党成立了高棉民族党，后被称之为桑兰西党，实际上也就是现在救国党的前身。在1997年，奉辛比克党发生了第二次分裂，由于政见不统一，奉辛比克党内部出现了两个党主席，一个是原有的拉那烈亲王，另一个由经奉辛比克党全国特别代表大会选举出的敦佳，从而奉辛比克党形成了两个阵营。在1998年1月，敦佳领导的新奉辛比克党不愿意与拉那烈争夺该党名称，因此将自己的党名改为"民族团结党"。1998年2月，奉辛比克党再次发生分裂，以翁霍为首成立了人民主义党，以罗新成为首成立了新社会党，至此奉辛比克党议员只剩下

① 刘亚萍等. 柬埔寨投资环境分析报告［M］. 桂林：广西师范大学出版社，2014：8.

② 柬埔寨［EB/OL］. 互动百科，http：//www.baike.com/wiki/% E6% 9F% AC% E5% 9F% 94% E5% AF% A8，2017－03－06.

了 20 名左右①。之后，奉辛比克党还发生了多次分裂。

2006 年 10 月，奉辛比克党一批不满拉那烈的高级干部在拉那烈缺席的情况下召集了据说有 5000 名党员参加的特别会议，罢免了拉那烈的党主席职务，选举高布托列斯迈为新的党主席、吕来盛、施梳瓦·西里洛为第一副主席、第二副主席。同年 11 月，拉那烈在高棉民族阵线党的邀请下，参加了高棉民族阵线党更改党名仪式，并在仪式上宣布，将高棉民族阵线党改名为"诺罗敦·拉那烈党"，并且担任该党主席。该党反对政府的边界、移民、土地政策，同时欢迎大学生加入。据柬埔寨媒体报道，拉那烈党仅成立 6 天，就已经有 35 万名民众注册加入该党，其中有不少是退出奉辛比克党而加入该党的②。至此，奉辛比克党的严重分裂局面似乎改变了原来柬埔寨政党三足鼎立的格局。实际上，后来拉那烈又回到了奉辛比克党，但该党元气已大伤，给人以无力回天的感觉。2018 年大选在即，奉辛比克党又发生了一次新的分裂，2016 年初，奉辛比克党的副主席涅文才脱离该党而另立新党，注册为高棉民族团结党。

3. 崛起的桑兰西党——救国党

救国党原名高棉民族党，是从奉辛比克党分裂出来后，在 1995 年 11 月 9 日成立的党派，1998 年改名为桑兰西党，而后在 2012 年桑兰西党与人权党合并成立新党，注册为救国党，由桑兰西任主席，其原为奉辛比克党骨干。现有党员 25 万人。推崇西式自由、民主、人权；主张捍卫国家主权、领土完整、收回割让给邻国的土地，解决非法移民问题；铲除贪污、腐败；发展自由经济，提高人民生活水平，在柬埔寨知识分子、工人、市民和青年学生中有较大影响。该党原主张共和，反对君主立宪制，但近年来立场有所变化③，更多了一些宽容的态度，如对于拉那烈的仇恨也在消除，希望可以团结主张民主以及求同存异的政党力量组成"民主运动大联盟"，与人民党进行较量，达到真正的民主政治体制目标，即政党能够轮流执政而不是一党独大长期执政的政治格局。

桑兰西党——救国党，目前是人民党执政政权的最大反对派，也是现任政府最猛烈的批评者。桑兰西作为该党的核心人物，力图改变政府贪污腐败危害人民利益的做法，言辞激烈，行动勇猛，从 1998 年以来成为了柬埔寨知识分子和广大中下层民众的代言人，因此近 20 年来，桑兰西党——救国党的声望日益高涨，且一直呈现上升的势头，得到柬埔寨许多知识分子以及中下层民众的支持，在 2013 年的大选中取得了截至目前大选的最好成绩，占有 123 个席位中的 55 席，而人民党也仅有68席，充分显示了救国党在柬埔寨国内的地位，给人民党带来了一定的威胁。但党主席桑兰西经常被执政的强权党派人民党判定有多种罪名而被驱除国外，桑兰西很长时间因为被判监禁而流亡在国外，救国党主席由国内的金速卡担任代理。目前，因为《政党法》修改后，不允许"罪犯"担任党的领袖，因此在2017年2月底，桑兰西不得已辞去了救国党党主席职务。在2017年3月2日，救国党投票选出新一届领导人，他们分别是：党主席金速卡，副主席波红（Pol Hom）、莫淑华（Mu Sochua）和杨才英（Eng Chhai Eang）①。但是，这些新任领导人是否能担当起救国党的重任，达到与执政党势均力敌的状态，并保持2013年的选举成果或者更胜一筹，目前来看还是一个未知数，前景不容乐观。

4. 新生的其他党派

除上述几个早期成立到现在仍然有影响力的党派外，在最近几年成立了一些新的党派，这些党派有不少是从上述党派离开而成立的新党派。如高棉民族团结党，其党主席是涅文才，原本是拉那烈领导的奉辛比克党的副主席，因与拉那烈的政见有很大分歧，在2016年2月成立高棉民族团结党，虽然在一开始因党徽与奉辛比克党党徽相重叠，未被内政部批准，但之后他们重新设计了自己的党徽，最终获得内政部批准，从而成为新的在野党。另一个较有影响力的新党派则是民主社会蜂窝党，该党在2015年9月成立，9月9日宣布蒙速农（蜂窝电视台台长）当选为该党主席。蒙速农原为桑兰西领导的救国党骨干成员，也因政见不合，为备战2018年的大选而脱离救国党，成立新党。再有就是相对成立较早也较激进的在野党——由孙斯雷洛塔领导的高棉人民力量党，该党主席结束了7年的流亡生活，于2015年10月9日经国王赦免之后回到了柬埔寨王国，而其早先被捕的3名骨干成员也被释放，也是为了备战2018年的大选，得到赦免回国参加大选。看起来，这些小党的出现有着围攻救国党的趋势②。

二、2018年党派政治人物的影响力

1. 强势的执政党人民党主席——洪森

洪森（Hun Sen）出生于1952年8月5日，是柬埔寨首相，兼柬埔寨人民党领袖。他是现今东南亚国家中在位时间最长的国家领导人。

洪森出生于柬埔寨中南部湄公河中游的一个村庄，父亲是潮州华人农民，在

---

① 柬埔寨救国党选举金速卡为党主席——洪森致函祝贺［EB/OL］. 闽南网，http：//www. mnw. cn/news/world/1613789. html，2017 - 03 - 02.

② 定竞选方针——救国党备战下届大选［N/OL］. 柬埔寨星洲日报，http：//www. camsinchew. com/node/43037？tid = 5，2015 - 10 - 07.

6个孩子中排行第三。洪森13岁时已到首都金边就学。当时为柬埔寨王国刚刚获得独立时期，但其内战不断，洪森在18岁那年，也就是1970年，投笔从戎，加入红色高棉（柬埔寨共产党）的游击队，进入红色高棉游击队以后，由于表现出色，历任连长、营长、团长。洪森在1975年4月16日的一次战斗中失去左眼，因此需要佩戴假眼代替[①]。1975年红色高棉获得统治权之后，采取了极端主义的手段，不仅对党内外围人员进行了极其残酷的镇压，对党内骨干人员也进行了大清洗，许多领导人在短期内遭到迫害，这样的做法令洪森对波尔布特政权感到绝望。因此，在柬埔寨共产党东部大区一系列领导人深深感到岌岌可危也将遭到清洗的情况下，洪森与第二十区党委书记谢辛、省委书记韩桑林等地区领导人，于1977年6月越境投靠越南，并迅即成为反对红色高棉势力的重要领袖。1978年5月12日，在越南人民军第七军区的帮助下，在越南同奈省锦美县龙交乡正式成立了125团，洪森是其指挥员。1979年1月7日，随着越军攻入金边，推翻了红色高棉政权。次日宣布成立柬埔寨人民共和国革命委员会，韩桑林为该委员会主席，洪森为委员会副主席兼外交部部长。随后，在长期担任国家领导人期间，其官职越升越高，权力也越来越大。

1991年10月，柬埔寨人民革命党更名为柬埔寨人民党，洪森当选为副主席。该党政党纲领修订为：实行自由市场经济和多党民主，保证公民的一切人权。同时，提出以佛教为国教，对外要实行经济开放。洪森在1992年被授予五星上将军衔，兼任柬埔寨王国政府总理。不仅如此，他还是柬埔寨全国最高的国家委员会委员，担任王家武装力量联合总司令。1993年，在联合国主持下，柬埔寨举行全国大选，大选结果为奉辛比克党取得58席，人民党51席，由于没有单一政党过半数，需要筹组联合政府。最终妥协的结果是设置了两个首相职务，拉那烈为柬埔寨王国政府第一首相，洪森出任第二首相，同时兼任柬埔寨王家军联合总司令，继续担任国家领袖职务。

由于洪森与拉那烈的政治理念和价值观取向有着较大差异，洪森于1997年7月5日解除拉那烈第一首相职务并使其被迫流亡国外，该事件被称之为"7月事件"。在1998年7月26日的柬埔寨第二次全国大选中，洪森领导的人民党取得64席，获得过半数的议席。不过，其后在西哈努克的调解下，人民党与奉辛比克党重新达成和解协议，双方同意开展全面合作。同年11月25日，拉那烈当选国民议会议长，洪森任首相并负责组阁。

2003年7月27日和2008年的7月下旬，柬埔寨分别举行了第三届大选和第四届大选，在这两次大选中，人民党均胜出，洪森也继续连任首相。在其执政的

---

① 洪森：没有左眼的政坛强人〔EB/OL〕. 新浪新闻，http：//news. sina. com. cn/w/2003 - 08 - 01/10231456863. html，2003 - 08 - 01.

最近十几年中，柬埔寨的国民经济、人民生活水平和国际地位均有不同程度的改善，社会也渐趋稳定。洪森首相与中国一直以来保持了较良好的关系。自 1991年 7 月首次到中华人民共和国访问后，就曾多次访华。洪森 2010 年 12 月 12 日再度访问中华人民共和国。访华期间，时任国务院总理温家宝与他举行了会谈，中柬两国达成重要共识，一致同意建立中柬全面战略合作伙伴关系，并签署了13 个双边合作文件。此外，时任国家主席胡锦涛和全国人大常委会委员长吴邦国也分别会见了洪森。2014 年 5 月 18 日的亚信上海峰会上，习近平主席在上海会见了柬埔寨首相洪森。①

综上所述，洪森在柬埔寨国内的政治地位目前无人可以比拟，作为执政党领袖掌握政权数十年，经历过许多政治动荡，但每次都能够顺利闯关。因此，接下来的 2018 年大选，他所代表的人民党获胜概率也十分大。

2. 坚韧不拔的救国党领袖——桑兰西

其名翻译为桑兰西或沈良西，他比洪森早出生 3 年，于 1949 年 3 月在金边出生，家族为政治世家。他是柬埔寨具有代表性的华人政治家，组建了救国党，也曾多年担任柬埔寨救国党主席。而且，在 2013 年柬埔寨国会大选中，桑兰西领导救国党取得了历史性的胜利，赢得 55 席，仅次于人民党的 68 席，成为第二大党，也是最大的反对党。

桑兰西的大半生都在与当政者进行抗争。因此，他在柬埔寨具有很高的政治威望，尽管他并没有获得过长久的国家政府职务，但他几乎是柬埔寨一位家喻户晓的反对派政治人物。他热衷于政治，主要源于他生长在一个政治世家。桑兰西的父亲桑萨里曾在 20 世纪 50 年代初担任柬埔寨副首相，也是西哈努克亲王的亲密朋友，还参加过 1954 年的日内瓦和平谈判，为柬埔寨的独立做出过贡献。后来与西哈努克政见不和，最后渐行渐远而决裂，在 1959 年初逃离柬埔寨去了南越，而桑兰西的母亲受此牵连，一度被投入监狱。1965 年，已经 16 岁的桑兰西随父母辗转到法国巴黎定居，并在巴黎努力读书，获得了多个经济和金融学位，后在一些法国投资公司中担任高级职务。

不过桑兰西一直对政治十分感兴趣，并不满足于自己所学专业的职业发展，而是非常关注柬埔寨国内的政治动态。1981 年，他还在巴黎就参加了西哈努克亲王组织的奉辛比克运动，成为该组织最早的成员之一。1992 年他参与组建奉辛比克党并返回柬埔寨。当 1993 年奉辛比克党获得第一次全国大选的胜利时，桑兰西当选为柬埔寨暹粒省国会议员，并出任国家财政部长。但是，时隔 1 年与奉行比克党产生政治上的分歧，当国会召开会议，对奉辛比克党进行不信任投票

---

① 习近平会见柬埔寨首相洪森 ［EB/OL］. 搜狐新闻，http：//news. sohu. com/20140518/n3997116 52. shtml，2014 - 05 - 18.

时，桑兰西投下了不信任票，因此在 1994 年 10 月被罢免财政部长职位。在此之后不久的 1995 年 5 月，他脱离了奉辛比克党，自己组建了一个新党，称之为高棉民族党，并担任党主席。到了 1998 年，更名为桑兰西党。在第二次柬埔寨大选中，当时的桑兰西党获得 14% 的选票和议会席位，是可以参与政府执政的。但无奈的是，最终进行权力分配时，其大选盟友奉辛比克党突然宣布与人民党建立两党联合政府，桑兰西党沦为反对党。在 2003 年的第三次大选中，又出现同样的情况，桑兰西党获得了 22% 的选票，奉辛比克党仍然与桑兰西党联手抵制这次大选结果，有过与执政党长达 1 年的僵局，但是最后奉辛比克党重蹈覆辙，再次妥协，与人民党合作，桑兰西党继续被排除在政府和国会领导机构之外。由于长期抵制柬埔寨人民党执政，桑兰西被认为是人民党主席、柬埔寨现任首相洪森最激进的批评者。为此，他曾经两度流亡国外被赦免，而第三次流亡国外还未得到赦免。

纵观桑兰西一生，他是一个具有坚韧不拔性格的人。本来有着可能登上柬埔寨最高政治舞台的可能，在 2013 年的大选中已经充分展现了其所领导的救国党的实力，但是因其执政党领袖洪森太过强大，占据天时地利，即便是经过 1 年的抗争，最终还是妥协于执政党，采取了折中路线。总之，桑兰西在经过 20 余年与执政党的斗争后，最终 2017 年还是败下阵来，因为执政党修改了《政党法》，其中增加一条规定："犯罪"之人不能担任党派领袖。由于他目前是戴罪之身，因此桑兰西不得不选择辞去救国党主席一职，他公开声明说是为了救国党不失去在 2018 年参加大选的机会。但我们以为这一选择或许是经过数十年政治斗争的煎熬，有些厌倦了政治角力的残酷性所致，毕竟他也是一个接近 70 岁的人了。然而，他的这一选择究竟能否给救国党带来 2018 年大选的一线生机，仍然还是一个未知数。

3. 强硬的救国党现任主席——金速卡

金速卡（1953—），出生于茶胶省三局县，前柬埔寨人权党领导人，在 2008 年大选中，柬埔寨人权党获得 3 个国会席位，从而跻身国会。2012 年与桑兰西党合并成立柬埔寨救国党，并任救国党副主席，后于 2014 年 7 月 22 日当选柬埔寨国会第一副主席。但 2015 年由于其与明星偷情一案，牵扯出做伪证等问题，被原告告到法院，法院已经接受该案子的审理，并向金速卡发出了逮捕令，要求金速卡去法庭接受质询。国会也因此于 2015 年 5 月 30 日召开全体会议，以金速卡因官司缠身未能履行职责为由以 68 票赞成的结果通过撤销金速卡国会第一副主席职务的决定。2016 年 9 月 9 日金速卡因两次拒绝出庭应讯，最终被金边市初级法院宣判"拒绝出庭"罪名，由于担心被警方逮捕，金速卡自 2016 年 5 月 26 日起，便居住在救国党总部而不出门。这样给他的行动带来很大的不方便，同时也给救国党的正常运转带来很大障碍。2016年末，其"拒绝出庭"罪获得赦免。2017年3月初，救国党主席桑兰西辞去了主席职位，他顺理成章地被选为现任救国党主席。但是长期以来，他的政见与桑兰西不够合拍，在性格上也有着很大差别，他似乎更为强硬，也更为激进，由于他原本为人权党领袖，所以始终与桑兰西有些貌合心不合。

虽然金速卡在2017年3月2日当选为救国党主席，但是对于该情形的转换，柬埔寨王国社会各界有着许多的议论，对其领导救国党参与大选并不看好。有人认为此次救国党换帅，是因为洪森与金速卡有秘密的交易交换条件。事情可以追溯到2016年12月4日由洪森出面呈请国王赦免金速卡，最终金速卡获得国王赦免。在2017年3月金速卡当选为救国党主席一职时，外界传出有电话录音为证，金速卡与洪森首相有利益交换条件。当然，金速卡对此做出了强烈的否认①，随后桑兰西也做出解释，自己辞去党主席，是为了避免救国党遭到解散，并不是利益交换的结果。也有评论认为，金速卡担任救国党主席，只会让救国党此次大选以失败而告终，其竞选成果会远低于2013年的大选，因为追随金速卡的成员和民众不如桑兰西多，其影响力远小于桑兰西。

4. 悲情的奉辛比克党主席——拉那烈亲王

诺罗敦·拉那烈亲王（Norodom Ranariddh），出生于1944年1月2日，柬埔寨前国王诺罗敦·西哈努克的次子。他也是现任柬埔寨国王诺罗敦·西哈莫尼的异母兄长。

1993年7月，拉那烈亲王出任柬埔寨临时民族政府联合主席。9月任柬埔寨王国政府第一首相，11月被册封为亲王。1997年7月初被罢黜第一首相职位，流亡国外。1998年11月任第二届国民议会议长至2006年，其后退出奉辛比克党，另组建自己的政党。

2007年3月13日，被判处欺诈罪。柬埔寨金边市法庭认定，拉那烈利用奉辛比克党成员对他的信任，在担任其党主席期间，将出售该党总部原址的360万美元据为己有，同时还把奉辛比克党总部新址的所有权登记在自己名下。故法庭以欺诈罪缺席判处拉那烈入狱服刑18个月，并判处他支付15万美元赔偿金给奉辛比克党②。2008年9月25日被赦免回国③。2009年1月宣布退出政坛④。2014

---

① 洪森首相出面求情　国王赦免柬救国党代主席金速卡 ［EB/OL］．环球网，http：//world.huanqiu.com/article/2016－12/9766096.html，2016－12－02.

② 柬奉辛比克党前主席拉那烈被缺席判处18个月徒刑 ［EB/OL］．新华时政，http：//www.xinhuanet.com/politics/，2007－03－13.

③ 国王下旨特赦拉那烈 ［EB/OL］．光明网，http：//www.gmw.cn/01gmrb/1998－03/22/GB/17639%5EGM4－2208.HTM，1998－03－22.

④ 武传兵．拉那烈退出政坛　宣告柬王室从政历史终结 ［J］．当代世界，2009（3）：30－32.

年，拉那烈复出政坛，创立君主主义人民社会党①。2015 年，他重返奉辛比克党，并当选为奉辛比克党主席②。

2015 年 4 月 25 日，诺罗敦·拉那烈亲王在磅湛省波礼初县慰问基层党员，慰问期间他公开驳斥柬埔寨反对党柬埔寨救国党主席桑兰西，通过 7 号公路返回金边途中发生交通意外。当时有一辆逆行的运土翻斗车猛撞拉那烈的车队，导致吴坡拉王妃等 6 人受伤，拉那烈乘坐的 X5 宝马豪车和保镖用的一辆丰田皮卡车损坏严重，拉那烈在车上有惊无险。事后，肇事车司机趁乱逃跑，拉那烈亲王和吴坡拉王妃随后转乘另一辆汽车前往金边。

2016 年初，奉辛比克党涅文才脱离成立新党，使奉辛比克党的力量再一次被削弱。因此，奉辛比克党要想在 2018 年的大选中获得议席，可能又成为了泡影。可见拉那烈真是一个悲情的政党领袖，从推翻红色高棉之后的第一次大选获胜以来，他所领导的政党是越战越衰，但却从他所领导的政党中衍生出许多新党以及党的领袖，包括桑兰西，其影响力远胜于他。

三、2018 年大选结果展望

按照大选规则，柬埔寨将进入县、乡选举阶段，从 2016 年开始，各政党之间展开了博弈，从历年参与选举的政党来看，除主要党派如人民党、救国党、奉辛比克党参加之外，还会有其他一些小党派参与，但这些党派多数为临时组合的，没有太明确政党纲领以及政治取向的党派组织，多数小党派只是为了争取获得县、乡的席位而做出努力，一旦大选结束，这些党派的活动几乎终止。因此，在 2018 年的大选即将到来之时，柬埔寨内政部也发出通告，要求尚未登记注册的党派尽快办理登记注册手续，据统计约有 67 个党派，但其中有 23 个党派还未注册登记③，据 2017 年 3 月 6 日公布的结果，全国共有 12 个政党参加 2017 年 6 月 4 日的乡分区理事会选举。

1. 历次大选结果回顾

根据对柬埔寨五次大选结果的整理（见表 2 - 1），可以发现出柬埔寨政党之间的政治生态特征。第一，人民党一党独大的趋势越来越明显；奉辛比克党逐步没落，力量逐步分散；桑兰西党虽然有上升的趋势，但是由于党内内部矛盾，使得该党出现分裂；人权党于 2005 年成立，虽然时间不长，但其发展势头也是不

① 柬埔寨拉那烈亲王宣布成立新政党［EB/OL］. 新华时政，http：//www. xinhuanet. com/politics/，2014 - 06 - 06.

② 拉那烈重返奉辛比克党担任主席［EB/OL］. 新华时政，http：//www. xinhuanet. com/politics/，2015 - 01 - 19.

③ 内政部呼吁 23 政党尽快注册 备战 2017 年乡分区理事会选举［N/OL］. 高棉日报，http：//cn. thekhmerdaily. com/article/17027，2016 - 07 - 26.

容小觑的。第二，如果柬埔寨的反对党不能结盟，无法合成一个整体，就无法挑战人民党一党独大的地位。第三，参选政党越来越少，党派之间的斗争越来越理性和合法化。第四，我们也应该看到，由于柬埔寨实行多党民主制，每次大选都成为柬埔寨高度敏感时期，总会发生一些有违社会安定的事件，但这不足以影响柬埔寨国内政治整体的和平稳定和发展。第五，随着2012年桑兰西党与人权党合并成为救国党，其政党格局又发生了显著变化。第六，人民党和反对党之间的斗争依然是柬埔寨政坛的主要内容，但目前最大的政治对手仍然是救国党。

表2-1 柬埔寨五届大选结果

届次	第一届	第二届	第三届	第四届	第五届
时间	1993年5月23日	1998年7月26日	2003年7月27日	2008年7月27日	2013年7月28日
有效票数（万）	401	490	527	601	967
投票率	89.56%	93.74%	83.22%	74.01%	69.61%
参选政党数（个）	20	39	23	11	8
人民党获得的议席（个）	51	64	73	90	68
奉辛比克党获得的议席（个）	58	42	26	2	0
桑兰西党—救国党获得的议席（个）	—	16	24	26	55
其他政党获得的议席（个）	佛教自由民主党10；莫里纳卡党1	0	0	拉那烈党2；人权党3	0
选区数量（个）	21	23	24	24	24

注：1993年国会议席为120个，1998年为122个，此后为123个。

资料来源：根据各种报道、期刊等资料整理。

2. 2017年乡分区理事会选举的基本态势

据悉，柬埔寨王国在2017年3月6日正式发布通告，柬埔寨王国参加2018年大选的电子注册选民一共是7865033人，分属1646个乡分区。柬埔寨王国注册有45个政党，其中有几个政党因为有诉讼案件不能参加大选①。各党派参加乡

---

① 全国共有12个政党报名参选［EB/OL］. 微信，http://mp.weixin.qq.com/s?_biz=MzA5M TE3ODMwMg==&mid=2656066528&idx=8&sn=2f0a7a030d164aded357f0d479359ff0&chksm=8ba4afb1b cd326a77d1b1e9ed191d5043c418ba78c045d32150578e7de081b109e04d1acd4a6&mpshare=1&scene=23&srcid=0324XuAVfGvxbfuPjw75eoxT#rd，2017-03-06.

分区理事会详情如表 2 - 2 所示。

表 2 - 2　柬埔寨王国 2017 年乡分区理事会政党参选一览表

政党名称	参加乡分区数	政党名称	参加乡分区数
人民党	1646	救国党	1646
奉辛比克党	804	民主联盟党	787
民众社会蜂窝党	223	基层民主党	27
柬埔寨国籍党	53	高棉国家团结党（由高棉民族团结党与社会党结盟而成）①	662
民主共和党	16	柬埔寨青年党	19
高棉力量党	28	原住民民主党	18

3. 2018 年大选格局的基本判断

就目前的政党格局来看，主要还是人民党、救国党以及奉辛比克党三党有着竞争执政党的格局，但是总体上人民党因为掌握了国家政权，很多方面具有事实上的操作空间，人民党获胜的可能性大于其他党派，而救国党虽然在 2013 年取得了长足的进步，仅一步之遥就能跻身于执政党的行列，但在 2018 年却未必那么乐观。其主要理由可以从如下几个方面进行分析：

（1）选举系统存在漏洞。柬埔寨的选举系统存在许多漏洞和缺陷，不是非常健全，其主要表现在：一是选举机构不健全。从全国选举委员会的工作来看，全国选举委员会的成员推选就不具有公开透明的程序，同时全国选举委员会也不能授权于所有的行政机构，如公社选举委员会负责选民注册，全国选举委员只有解释权，所有注册程序和规则都是由公社选举委员会来掌控的，而公社选举委员会的成员大多为人民党所控制，很显然对于其他党派非常不利，其公信力也大打折扣。二是选民登记注册的准确性问题。从 2013 年大选的过程来看，有些选民自认为自己的登记注册是正确的，但在选举时才发现自己的名字并不在名单上。柬埔寨国内外一些关于柬埔寨选举的调研报告指出，仅有 77.3% 的登记选民名字是有效的②。可见，仅这一漏洞就会为选举带来很多不可避免的差错。也正因如此，2013 年反对党救国党就选民登记问题认为人民党有作弊行为。三是媒体导向问题，柬埔寨的媒体基本上都还是迎合政府的口味。四是政府权利资源被滥

---

① 高社两党结盟迎战选举 ［N/OL］. 柬华日报，http：//www.jianhuadaily.com/index.php? option = com_ k2&view = item&id = 24593，2017 - 01 - 18.

② 秦硕. 柬埔寨选举制度改革研究 ［D］. 广西民族大学，2015.

用。按照法律，国家公务员、军队人员应该处于中立的立场，不应参与党派的活动，但现实情况是大多数地方的主管人员、皇家军队的首领以及警察首领和执政官员均兼任人民党的职务，这显然很容易利用公权力获取各种竞选资源，其他党派则无法获得。五是席位分配数已经10余年未发生变化，但是人口数变化很大，如果仍然采用最高平均数来分配席位会产生不公平。

（2）执政党：一党独大。如前所述，洪森是一个政治强人，经过数十年的磨炼，政治手腕已经非常老辣。仅从他能在红色高棉极端统治下，成功逃脱并成为金边政权的核心人物，而且最终没有受到任何指责，并在拉那烈领导的奉辛比克党获得大选胜利的情况下，他能够让拉那烈从第一首相的位置上被迫离职，并利用"7月事件"，驱使拉那烈流亡海外，最终让自己登上第一首相位置，就足以证明洪森的强势和精明的政治手腕。人民党在洪森的领导下，一党独大的趋势已经形成。虽然在2013年，人民党的竞选席位有滑坡现象，在救国党拒绝接受大选结果的状况下，洪森提出了"对话文化"，使在野党最终妥协。因此，在与其他党派的竞争中，人民党占据了天时地利的优势。

（3）在野党生存环境差，官司缠身。目前能与人民党抗衡的反对党就是救国党，但救国党主席桑兰西被洪森政府指控他因为柬埔寨、越南边界问题犯有伪造公文罪和传播不实新闻罪，自于2010年9月23日被判罪行成立，判处10年徒刑。因此，桑兰西常年流亡国外，在2013年虽然得到国王的赦免，在大选前的最后一星期回国参加大选，相当于缺席参加大选，结果其席位数还比2008年增加1倍多，达到了55席，仅与人民党席位数68席相差13席，不过最终结果还是败选。虽然救国党进行了强烈的抗争，举行全国的万人大游行，但在2014年洪森采取了温和的手法与桑兰西进行"对话文化"，让救国党主席进入国会担任副主席而达成妥协，使其抗争未能完全达成愿望，而且该"对话文化"在2015年底再度破裂，桑兰西不得已又重新流亡国外，据悉目前洪森宣称不再会对桑兰西进行赦免①，这也就意味着桑兰西无法回到国内参加2018年的大选，同时他还有另一桩毁谤罪官司未最后裁决②。国内的代理主席金速卡也因为一桩被控与"明星偷情"的官司，不愿意参加应讯，而住在了救国党的办公室，已经有数月不能迈出办公室的大门，因一出门可能遭到法院逮捕，有可能被判不愿出庭罪。同时，金速卡在议会的副主席职位也被罢免。虽然，救国党发起了"18

---

① 桑兰西的侮辱是不能接受的 洪森重申不为桑兰西申请特赦 ［N/OL］．高棉日报，http：//cn.thekhmerdaily.comarticle/17315，2016－08－06.

② 桑兰西诽谤罪·韩桑林不满赔款太低 ［N/OL］．東埔寨星洲日报，http：//www.camsinchew.com/node/47162？tid＝5，2016－08－06.

万人手指签名"运动，向国王请愿要求数十万人的大游行活动，最终因被法院鉴定有假手指印①，大游行也被迫流产，而且还有可能遭到起诉②。目前，除在柬埔寨由救国党发起的"黑色星期一运动"有些声势之外，其余的抗议之声均不是那么强烈，总体上救国党的势头不如2013年，其局面是两个救国党主席"一个是进不来，一个是出不去"。可见，救国党领导人处于一个极度尴尬的局面。显然对于大选前的竞选活动以及造势运动是十分不利的。

（4）在野党自身内部矛盾重重。从历史上来看，与执政党有着竞争力的党派，除后起之秀桑兰西党——救国党之外，还有奉辛比克党其在历史上的选举中曾经超越过人民党，也就是在1993年的第一次大选中，但最终未能独立执政，还是与洪森领导的人民党联合执政，在1997年拉那烈还被洪森赶下第一首相的位置，而由洪森担任第一首相职务。可见，在政治手段上奉辛比克党无法向洪森挑战。最关键的问题是，该党派本来是西哈努克组建的党派，由于西哈努克的声望获得了柬埔寨人民的信任，但是后来该党派一直存在多次的分裂，甚至党主席拉那烈也好几次脱离该党。因此，该党派最大的败笔就是不团结，各自为政，经常处于分崩离析状态，党的内聚力十分缺乏。该党派成员主要由皇室成员和具有高官背景的人组成，在分裂的过程中也壮大了不少新党派，如现在的救国党就是从该党派中分裂出来的桑兰西党和人权党合并的党派，目前的发展势头已经远远超过奉辛比克党，奉辛比克党在前一届的大选中惨败，未获得一个席位。虽然在2015年奉辛比克党党魁又从自己组建的拉那烈党回到了奉辛比克党担任党主席，但是分裂的局面仍然未能改变，此时拉那烈与奉辛比克党的副主席涅文才又发生分歧直至分裂，涅文才已从奉辛比克党退出，并组建了自己的新党，且得到内政部的批准，已经正式成立。该举动对于奉辛比克党来说又是一次严重打击，再加之拉那烈为此抗争奔波多年，奉辛比克党的力量不仅没有壮大，反而越来越削弱，因此生理和心理上的抗压能力以及年龄的增长也会使其斗志减弱。因此，即使参加大选其胜算也不是太大，也有可能重蹈2013年大选覆辙。

（5）近年社会经济发展较为平稳，执政党赢得部分民心。人民党作为执政党，虽然作为亚洲有着第二长执政历史时间（30年）的党魁洪森，已经足以引起柬埔寨各党派以及政治民主国家的国际舆论的不满，但是近年来柬埔寨的社会经济发展确实也有了长足的进步，有近10年的时间国内GDP的增长率均在7%

---

① Sek Odom. Ministry Says It Found Proof of CNRP Thumbprint Forgery［EB/OL］. Cambodiadaily, https：//www.cambodiadaily.com/news/ministry - says - it - found - proof - of - cnrp - thumbprint - forgery - 116355/，2016 - 08 - 06.

② 救国党万人请愿书·内政部：作弊［N/OL］. 柬埔寨星洲日报，http：//www.camsinchew.com/node/47169？tid＝5，2016 - 08 - 06.

左右，人均 GDP 已经达到了 1000 美元以上，所以在 2016 年 7 月，世界银行组织已经将柬埔寨从世界最贫穷国家的名单中删除，这也就意味着柬埔寨再也不是世界最贫穷国家之一，也足以说明柬埔寨这些年来在经济方面取得了较大的成功。除此之外，基础建设、改善民生方面也均有很大进步。这样一来，在国内还是得到了相当多的老百姓的支持，同时在国际上和东盟内部建立了一定的正面形象①。这一切均为人民党在 2018 年奠定了继续获得大选成功的基础。

第四节　本章小结

　　综观上述，自 1993 年民选第一次柬埔寨王国政府以来，柬埔寨王国的政治体制基本趋于稳定，但是每到大选之年，其执政党和在野党的分歧总是愈演愈烈。然而，无论如何，执政党人民党基本上处于一党独大的局面，即使在 2013 年救国党取得了令人刮目相看的成果，但终究还是未能登上执政的舞台。在经历了 4 年的抗争后，救国党不仅未能强大起来，反而呈现变弱的趋势，主席桑兰西因《政党法》的修改而不得不辞职，上任的救国党主席金速卡其实也是戴罪之身，尽管获得国王特赦，但在某一天又有可能被追诉其所犯之罪，仍然有受限于《政党法》新修改条文的可能，恐不能担任国家领导人。拉那烈一直是一个悲情的在野党主席，所领导的奉辛比克党遭遇了许多次分裂，甚至在 2013 年的大选中一个席位也没有获得，可见他在 2018 年的大选中是不大可能有翻身的余地的。其他小党派即使参选也完全不能与执政党抗衡，而且还将分散救国党的选票，不利于救国党。因此，按照现在的趋势往前行，如没有特别意外情况的发生，人民党在 2018 年的大选中获胜的可能性非常大，而且席位数要高于 2013 年的第五届大选结果。就如人民党发言人速恩山所说，"目前救国党几近分裂，其势力和人气已经在走下坡路。而反对党目前处于求生状态，没有办法攻击对手"②。

　　①　Cambodian PM heads to Laos for ASEAN Lifetime Achievement Award ［EB/OL］. Freshnew, http：//m. en. freshnewsasia. com/index. php/1681 – cambodian – pm – heads – to – laos – for – asean – lifetime – achievement – award. html, 2016 – 08 – 06.
　　②　救国党正走下坡路？ ［N/OL］. 高棉日报, http：//cn. thekhmerdaily. com/article/17014, 2017 – 03 – 29.

第三章　经济发展

　　柬埔寨从 1953 年 11 月正式独立至今，经济发展取得了一定的成就，但始终没有摆脱贫穷和落后的总体状况，目前仍然是典型的落后农业国。柬埔寨也是东南亚国家中工业发展最不发达的国家之一，其工业基础薄弱、门类单一、规模小、技术落后、基础设施不健全、对国际市场依赖性较强，工业在柬埔寨国民经济中的地位仍较低。第三产业作为柬埔寨经济发展中的重要组成部分，由于基础设施不完善等，其发展也呈现后劲不足之势。近年来，为了发展农业，柬埔寨始终把农业发展作为国家经济发展战略的重中之重，经过不懈的努力，柬埔寨的农业有了长足的进步。自 1989 年起，柬埔寨政府实行了对外开放的自由市场经济政策，积极加入"南部经济走廊"建设、柬埔寨—老挝—越南"发展三角"建设、大湄公河次区域建设。同时，随着发达国家将劳动密集型产业逐步向东南亚转移，加快了对柬埔寨的投资和贸易，使得柬埔寨的经济得到了迅速发展。

第一节　宏观经济发展

一、GDP 总额及增长率变化

　　迄今，柬埔寨的经济增速稳定，经济形势良好。GDP 从 1994 年的 27.91 亿美元增长到 2015 年的 180.5 亿美元，12 年增长了 5 倍有余。如图 3 - 1 所示，1994～2000 年，柬埔寨的 GDP 变化不大；2000～2015 年，GDP 持续稳定增长，GDP 增速在 2005 年和 2009 年经历了大起大落，2005 年由于人奉两党建立了联合政府，柬埔寨国内政治稳定，经济呈现高速增长；2009 年由于全球经济金融危机的影响呈现大幅下降。近年来 GDP 连续 5 年保持 7% 以上的增长，人均 GDP 也保持 5% 以上的增长。

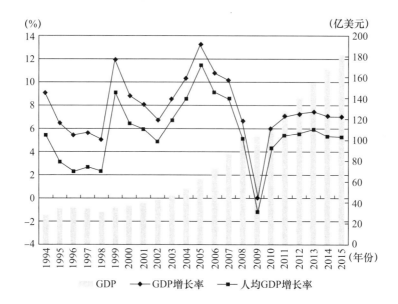

图3-1 1994～2015年柬埔寨GDP增长及其与人均GDP增长率变化趋势

资料来源：世界银行数据库，http：//data. worldbank. org. cn/indicator/NY. GDP. MKTP. CD？locations = KH.

到2015年，柬埔寨的GDP突破180亿美元，同比2014年的167.78亿美元增长7.07%；人均GDP达到1225美元，同比2014年的1138美元增长8.4%。外汇储备49.26亿美元，可满足4.5个月产品和服务进口需要；全年国家预算收支结余18723.44亿瑞尔，约合4.62亿美元；预算执行收入118125.3亿瑞尔，约合29.16亿美元，同比增长12.1%，占GDP的15.76%；预算执行支出156995.29亿瑞尔，约合38.76亿美元，同比增长10.8%；财政赤字38869.99亿瑞尔，约合9.6亿美元，占GDP的比重为5.19%。2015年柬埔寨通货膨胀率3.5%[①]，连续5年维持在较低水平，美元兑瑞尔汇率为4040∶1，2015年瑞尔虽较2014年贬值0.7%，但整体保持稳定，维持在4050∶1左右[②]。根据国际货币基金组织发布的《世界经济展望》报告，尽管全球经济增长放缓，但柬埔寨2016年和2017年的经济仍然保持强劲增长态势。

二、产业结构现状

柬埔寨产业结构的主要特点是：服务业、旅游业在国家经济中占据重要地

[①] 柬埔寨去年通货膨胀率1.2% ［N/OL］. 金边晚报，http：//www. jinbianwanbao. cn/news/9360. html，2016 - 01 - 28.

[②] 2015年上半年柬埔寨经济形势及下半年走势［N/OL］. 金边晚报，http：//www. jinbianwanbao. com/List. asp？ID = 19587，2015 - 11 - 02.

位，农业基础薄弱，工业仍处于现代化发展的初级阶段，制衣业为柬埔寨唯一占主导地位的制造业。柬埔寨经济主要依靠的仍是成衣、旅游、建筑和农业四大领域。如图 3-2 所示，柬埔寨农业增加值占 GDP 的比重近 5 年来呈现下降趋势，而工业增加值和服务业附加值占 GDP 的比重呈现上升趋势，制造业增加值占 GDP 的比重变化不明显，以此实现平稳发展。2015 年，农业占经济总量的 29%，主要农产品有稻米、橡胶、玉米、木薯等；工业占 26.2%，主要行业是出口导向的成衣服装业；旅游相关产业为主导产业。农林牧渔业增长 1%，占 GDP 比重从 2012 年的 33.5% 下降至 2015 年的 29%，其中，农业比重下降到 17.1%，渔业比重从 7.2% 下降到 6.9%。工业增长 8.7%，占 GDP 比重从 2012 年的 22.9% 提高到 2015 年的 26.2%。其中，纺织、成衣、制鞋业占比从 9.8% 提升至 10.5%，建筑业占比从 6.5% 稳步提升至 8.8%。服务业增长 9%，占 GDP 比重达到 39.4%，其中，贸易占比从 2012 年的 6.2% 提高到 2015 年的 8.9%，酒店及餐饮业占比从 2014 年的 5.14% 提升至 2015 年的 5.36%，房地产和商业占比从 2014 年的 6.16% 提升至 2015 年的 6.26%①。

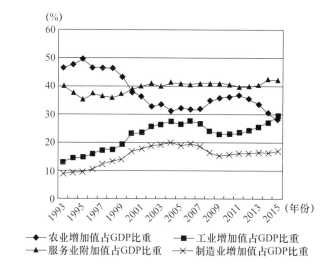

图 3-2　1993~2015 年柬埔寨三大产业增加值占 GDP 比重变化趋势

---

① 世界银行数据库，http://data.worldbank.org.cn/indicator/NV.AGR.TOTL.ZS? locations = KH.

第二节　国内主要产业的发展现状

作为第一产业，农业在柬埔寨的经济发展中有着举足轻重的作用，柬埔寨一直致力于农业的发展，始终把农业发展作为国家经济发展战略计划的重点。由于农业在柬埔寨经济中占重要地位，被柬埔寨政府列为优先发展产业，受技术落后、设备老旧的影响，柬埔寨农业一直属于粗犷型发展方式。针对柬埔寨农业今后的可持续发展问题，柬埔寨政府表明在未来的政策中将进一步提升农业在国民经济中的地位，完善农业基础设施，扩大种植、养殖规模，防范病虫灾害，加强人才培养，推动农业私有化经济发展，强化监管，抑制非法占有土地以及毁林开地的现象①。如今，柬埔寨由一个粮食进口国变成了一个粮食出口国，其粮食作物、经济作物的产量持续增加，除了种植业，林业、畜牧业和渔业在政府的有力监管和大力扶持下也得到了极大的发展。

一、农业

1. 农业总体发展变化趋势

柬埔寨农业发展具有优越的先天条件，其土壤质量优良，可耕种土地面积大，气候条件适宜，农业种植发展潜力巨大。柬埔寨农业的种植作物以水稻为主。此外，还有木薯、甘蔗、热带水果等诸多特色经济作物。橡胶业在柬埔寨农业收入中占了很大部分，畜牧业和水产业也各占有少部分比例。如图3-3所示，1994～2013年，柬埔寨的农业用地从1994年的45700平方公里增长到2013年的58000平方公里，增长了12300平方公里，农业用地占土地面积的比重从25.89%增长到32.86%；耕地面积从1994年的370万公顷增长到2013年的414.5万公顷，增加了44.5公顷，耕地面积占土地面积的比重从20.96%上升到23.48%。

2015年柬埔寨全国人口155.79万人，面积18万平方公里，农村人口占总人口比例为79.28%，比1994年下降4.55个百分点。2015年农业增加值达到48亿美元，农业增加值占GDP的比重为28.25%，同比下降7.16个百分点。由于遭遇旱灾，稻谷产量受到影响，总产量为9227021公吨②，较上年下降近10万公

---

① 黄昌. 柬埔寨农业现状及发展机遇 [J]. 农家科技，2008 (4)：53.
② 2015年柬埔寨大米产量小幅减少 [EB/OL]. 金农网，http：//www.chinagrain.cn/dami/2015/12/29/201512298285336012.shtml，2015-12-29.

吨。柬埔寨自 2011 年开始稻谷产量逐年增加,但最近两年开始出现下滑,农副产品的生产面积为 67138 万公顷,经济植物种植面积共 11783 万公顷,同比 2014 年减少 458 公顷①。截至 2015 年,柬埔寨全国橡胶的种植面积为 388955 万公顷,同比增长 8.7%。此外,2015 年的养殖业也保持增长,共有 2856 个养殖场,饲养的牲畜达到 800 万只,同比增长 29%。同时农林渔业部成立了 516 个渔民社区,成员约有 33.2 万人,成立水产资源保护区 561 个。

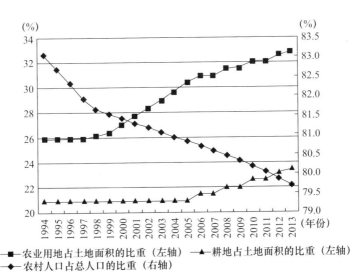

图 3-3 1994~2013 年柬埔寨农业发展指标变化趋势

资料来源:世界银行数据库,http://data.worldbank.org.cn/indicator/AG.LND.AGRI.ZS? locations=KH.

2. 农产品出口发展现状

虽然农产品产量连续下降,但柬埔寨农产品的出口量稳定增加。2015 年柬埔寨一共有 66 种农产品远销国际市场,出口 4157252 万吨,与 2014 年相比增长 20%。这些农产品包括木薯片(2266261 万吨)、鲜木薯(570520 万吨)、大米(538396 万吨)、橡胶、甘蔗、腰果、黄豆、红玉米、绿豆、芝麻、芒果、花生和胡椒等。其中在大米出口方面,如图 3-4 所示,2015 年柬埔寨大米出口 538396 万吨,与 2014 年同期的 336000 万吨相比,增长 39.1%。中国是最大的进口市场,占出口量的 20%。其次为法国,占 14%,波兰、马来西亚各占 11%,

① 柬埔寨全国雨季稻收获逾 700 万吨[EB/OL].一点资讯,http://www.yidianzixun.com/home?page=article&id=0CpxJX7V,2016-01-21.

分列第三、第四名①。

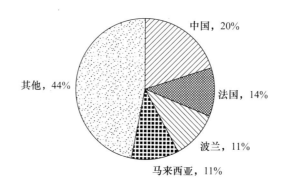

图 3 - 4　柬埔寨 2015 年大米出口国家分布及其比例

渔业方面，截至 2015 年 11 月，柬埔寨淡水和海水的渔业产品出口量为 8500 吨，相比上年同期的 1.1 万吨，降幅为 23%②，柬埔寨的渔业产品主要出口到的国际市场有中国、新加坡、日本、韩国、澳大利亚、美国、泰国、越南和俄罗斯等。截至 2015 年 11 月，柬埔寨的橡胶的生产量达到 110785 万吨，出口量为 12.6 万吨，其出口主要国家和地区包括马来西亚、越南、中国、韩国和欧盟等，但出口价格为 1030 美元/吨，较上年下滑了 700~800 美元/吨③。木薯出口吨数较上年增长 20%。

3. 制约农业发展的瓶颈

虽然柬埔寨农业发展潜力巨大，但仍面临着许多发展瓶颈，柬埔寨农业技术落后，机械化程度低，目前稍有改善，约有 26 万公顷的土地（耕种面积的 10%）开始了机械化耕种，单位产量有了较大提高，达到 2.8 吨每公顷。同时由于基础设施的不完善，农民灌溉、用电的成本很高，机械化的耕种方式并没有给农民带来收入上的提升，反而增加了农民的负担，使得农民收入的稳定性变得更加脆弱。另外，柬埔寨有大量的土地适合种植经济作物及热带水果，但由于种植未形成规模化，使得产出无法统计。柬埔寨森林资源较丰富，森林覆盖率达到 50%，但这一数据在 40 年前为 73%，为了减少乱砍滥伐的现象，柬埔寨已经颁布森林开采禁令以及森林保护的相关法律，从目前来看，其保护成效显著。

---

① 2015 年柬埔寨大米出口量近 54 万吨增长四成　中国是最大进口市场　占出口总量 20% ［N/OL］. 金边晚报，http://www.jinbianwanbao.cn/news/9217. html，2016 - 01 - 08.

② 前 11 月柬埔寨渔业出口量下跌 23% ［N/OL］. 华商日报，http://huashangnews.com/，2015 - 12 - 31.

③ 柬埔寨出口橡胶每吨降至 1030 美元 ［N/OL］. 金边晚报，http://www. jinbianwanbao. cn/news/9291. html，2016 - 01 - 15.

由于社会经济基础薄弱，农业基础设施贫乏，抵御自然灾害能力差，农业技术和农业机械化水平很低，生产力低下，农业生产仍处于粗放式、广种薄收和"靠天吃饭"的落后局面。农产品种植结构单一、产量低，许多农产品种植仍以原始耕作、种植、管理方式为主。农产品的生产、加工、市场和销售等都处于较落后的状态。目前作为柬埔寨农业主打产业的大米、木薯等优势农产品出口领域，依然面临着诸如种植与收割技术、收购与加工、电力供应、水利、仓储、运输等基础设施不足，卫生检疫和市场信息不对称等亟待解决的问题。这些都是严重制约柬埔寨农业发展的瓶颈问题。因此，如柬埔寨政府能加强水利基础设施建设，增加农业科技投入，让农民实施科学种田，提高种植和管理技术，增加农业机械比重，增强抵御自然灾害能力，柬埔寨的农业将会在短期内有快速发展[①]。

二、电力工业

能源尤其是电力，是柬埔寨政府极度关注，并在效率、安全，以及生产、供应、利用、管理和可持续性的透明度方面都给予高度考量和重点优先发展的产业。柬埔寨电力工业十分落后，由于缺乏维护，又经历了长期的战争，电力设施遭损坏和破坏严重、发电设备陈旧、装机容量小。柬埔寨王国政府为解决电力供应短缺的局面，放宽投资水电建设政策，鼓励国外私人企业到柬埔寨投资兴建水电站，以实现稳定可靠的电力供应。根据柬埔寨国家发展规划，柬埔寨未来电力发展目标是：2020 年基本实现全国农村电力化，2030 年实现全国至少 70% 家庭有电可用[②]。在柬埔寨王国政府的中期规划中，计划开发所有具备潜力的水电站，并通过大型火电及天然气发电厂实现能源供应多元化，减少对价格昂贵的石油的依赖性，降低发电成本。

目前，柬埔寨在扩展电力网络发展方面取得了巨大的进步，如图 3－5 所示，2015 年柬埔寨全国供电量增至 53.51 亿度，同比增长 9.8%，其中，国内发电 44.09 亿度，同比增长 50.94%，占总供电量的 82.40%；进口 9.42 亿度，降低 51.7%，其中从越南进口 8.03 亿度、泰国进口 1.39 亿度。水力发电 21.56 亿度，增长 22.5%，全部来自中资水电项目；燃煤发电 21.28 亿度，增长 182.2%，其中 69.2% 为中资企业火电项目所发（见图 3－6）。水火（煤）电替代进口能源趋势明显，初步形成全国电力自主供应格局，柬埔寨国家电力公司购

---

① 曾祥山，韩福光，李智军. 广东柬埔寨农业国际合作模式探讨［J］. 农业与技术，2013（11）：210－211.

② 项继来，叶浩亮. 柬埔寨水电项目投资现状分析［J］. 国际工程与劳务，2015（12）：58－60.

电成本大幅下降，使得柬埔寨降低电价成为可能①。

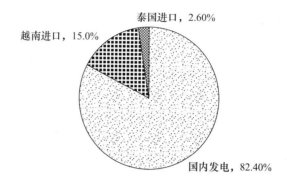

图 3-5 2015 年柬埔寨电力进口分布

资料来源：中华人民共和国驻柬埔寨王国大使馆经济商务参赞处网站，http：//cb. mofcom. gov. cn/article/zwrenkou/201605/20160501310896. shtml.

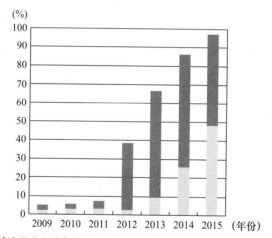

图 3-6 2009~2015 年柬埔寨电力供应分布

资料来源：2009~2013 年数据来源于世界银行数据库，http：//data. worldbank. org. cn/indicator/EG. ELC. HYRO. ZS？locations = KH；2014~2015 年数据来源于中华人民共和国驻柬埔寨王国大使馆经济商务参赞处网站，http：//cb. mofcom. gov. cn/article/zwrenkou/201605/20160501310896. shtml.

---

① 柬埔寨 2015 年宏观经济形势及 2016 年预测［EB/OL］. 驻柬埔寨经商参处，http：//cb. mofcom. gov. cn/article/zwrenkou/201605/20160501310896. shtml，2016-05-01.

1. 电力电网建设现状

近年来，柬埔寨政府加强了 115kV 输电网的建设，提高了电网建设的水平，在国内形成了以电力来源为基础的局域输电网多点布置的态势，将从邻国（越南、泰国及老挝）进口以及国内自身柴油发电获得的电力，通过 115kV 输电网络输送给邻近各省。目前，柬埔寨局域输电网络主要包括：2005 年以后，在外资企业帮助下，柬埔寨政府开始进行 230kV 线路建设，目前从达岱→额勒赛→欧桑→菩萨→金边北线路与西哈努克港→金边南线路已投入使用，雨季可完全满足金边用电需求，并有富余，如表 3 – 1 所示①。

表 3 – 1 柬埔寨已投入运行的输电网及变电站

系统名称	输电网	变电站
南部地区输变电系统	230kV：271km（x2） 115kV：219km（x1）	共 8 座，其中金边市 4 座、茶胶省 1 座、实居省 1 座、西哈努克省 1 座
西部地区输变电系统	115kV：216km（x1）	共 4 座，其中波比市 1 座、斑迭棉吉省 1 座、马德望省 1 座、暹粒省 1 座
连接南部地区及西部地区输变电系统	230kV：PP – BTB：297km（x2）OS – PS：175km（x2）	共 4 座，其中磅清扬省 1 座、菩萨省 2 座、马德望省增设 1 座
连接金边—磅湛输变电系统	230kV：126km（x2）	共 2 座，其中金边市增设 1 座、磅清扬省增设 1 座
总计	115～230kV：1304km	18 座，覆盖 13 个省市

资料来源：中华人民共和国驻柬埔寨王国大使馆经济商务参赞处网站，http：//cb. mofcom. gov. cn/article/zwrenkou/201508/20150801082421. shtml.

截至目前，柬埔寨输变电网已覆盖全国 12 个省市（见表 3 – 2），柬埔寨正在兴建金边市—波萝勉省—柴桢省的输变电网，以及暹粒省—磅同省—磅针省的输变电网。这两条输变电网建成后，柬埔寨输变电网可以覆盖全国 20 个省市，将极大地改善沿线省市的电力缺乏状况，尤其是广大农村地区的缺电状况，为提高当地人民生活水平发挥重要作用。

① 柬埔寨国家电力电网建设现状分析［EB/OL］. 南博网，http：//www. caexpo. com/news/info/focus/2015/08/18/3649905. html？click = asdfghjkl，2015 – 08 – 18.

表 3 – 2　柬埔寨已规划正建设（或待建设）的输电网及变电站

项目	输电网	变电站
磅清扬—桔井—上丁电网	230kV：240km（x2）	在桔井省和上丁省各新建 1 座
金边—西哈努克电网	230kV：198km（x2）	在西哈努克省新建 1 座
金边—柴桢电网	115kV：155km（x2）	在波萝勉省和柴桢省各新建 1 座
磅针—磅同—暹粒电网	230kV：250km（x2）	在磅同省和暹粒省各新建 1 座
磅同—柏威夏电网	230kV：130km（x2）	在柏威夏新建 1 座
班迭棉吉—奥多棉芷电网	230kV：103km（x2）	在奥多棉芷新建 1 座
建设项目总计	115～230kV：1076km	增设 9 座变电站及覆盖另外 7 个省份

资料来源：中华人民共和国驻柬埔寨王国大使馆经济商务参赞处网站，http：//cb. mofcom. gov. cn/article/zwrenkou/201508/20150801082421. shtml.

2. 水电站建设运营现状

目前，柬埔寨所有大型水电项目均为中国企业投资建设，截至 2014 年底，中资电力企业投产装机容量达到 1064.1 兆瓦，但全年发电量仅 20.5 亿度，折算利用小时不足 2000 个小时。扣除当年投产的达岱水电站与鄂尔多斯鸿骏公司的西哈努克港火电影响因素，其余水电站全年发电量为 17.64 亿度，装机容量为 682.1 兆瓦，折算利用小时不足 2600 个小时，而大部分水电站设计利用小时数均在 3500 个小时左右，实际发电量仅及设计的 74.3%，与设计相差甚远[①]。因此，总体来说，由于电网影响，出力受限，中资电力企业实际发电量与其签署的电力购售合同（PPA）相差较大，投入与产出严重不匹配，其经营面临很大困难。截至 2015 年，中资企业在柬埔寨电力领域投资的重大项目有 8 个建成项目，1 个在建项目，总装机容量 132.72 万千瓦，总投资 27.19 亿美元，如表 3 – 3 所示。

表 3 – 3　中资在柬埔寨电力领域重大投资项目

序号	项目	开工建设时间	总投资（亿美元）	总装机容量（万千瓦）	年平均发电量（亿度）	年均每度电价（美分）	竣工时间
1	基里隆 I 号水电站	2001 年 4 月	0.1924	1.2	0.53	—	2002 年 5 月
2	甘再水电站	2007 年 9 月	2.8	19.32	4.98	8.0	2011 年 12 月
3	基里隆 3 号水电站	2009 年 3 月	0.6653	1.8	0.7668	8.1	2013 年 4 月
4	斯登沃代水电站	2009 年 11 月	2.55	12	5.02	7.14	2013 年 6 月

①　柬埔寨国家电力电网建设现状分析［EB/OL］. 驻柬埔寨经商参处，http：//cb. mofcom. gov. cn/article/zwrenkou/201508/20150801082421. shtml，2015 – 08 – 17.

序号	项目	开工建设时间	总投资（亿美元）	总装机容量（万千瓦）	年平均发电量（亿度）	年均每度电价（美分）	竣工时间
5	额勒赛河下游水电站	2010年4月	5.5811	33.8	10.20	7.35	2013年12月
6	达岱水电站	2010年3月	5.4	24.6	8.49	7.45	目前投产发电
7	西哈努克港7×135W燃煤电厂	2011年1月	6.2	—	—	—	2014年7月（第一机组）
8	桑河二级水电站	2013年11月	10	40	19.7		在建
9	金边至马德望输变电网	2009年11月	1.13	—	—	—	2012年4月

资料来源：中华人民共和国驻柬埔寨王国大使馆经济商务参赞处网站，http://cb.mofcom.gov.cn/article/zwrenkou/201508/20150801082421.shtml.

3. 电力发展面临的困难与问题

首先，柬埔寨发电量的迅速增加是为了满足不断膨胀的耗电量的必然需求，因为经济增长国家电网得以扩大，使得电力能够向更多的人提供，柬埔寨的整体电力需求也因此在1年间上涨约20%。受限制于输电线路的建设状况，无论是城市还是农村，电力供应的质量均不够稳定，难以保证24小时不间断供电。截至2014年底，全国共有339个公司获颁电力服务营业执照，在指定区域内经营电力服务。2011~2014年，柬埔寨人均年使用电量增长了5倍多，由55度升至286度，用电普及率也提升了2.5倍，由17%升至42.7%。虽然用电条件有所改善，但不足50%的用电普及率仍然反映了柬埔寨国内电力设施的匮乏。目前柬埔寨国内有电力供应的城市除首都金边外，主要为各大省城。燃油灯或电瓶仍是农村照明所采用的主要手段，但近年来农村用电普及率也有所提高。2011年，有5899个村庄（占全国村庄比例的41.92%）约24%的居民可用上电。2014年，有8489个村庄（占全国村庄比例的60.3%）约42.7%的居民有电可用。

其次，由于电网建设滞后，广大农村仍无法享受廉价（上网价低于0.08美元/度）的国产水电、火电发电成果。供电价格远高于国际标准，平均电价约为0.17美元/千瓦时，大部分居民未能享受稳定、低廉的供电。截至2014年底，在电力供应商中，使用柴油发电的电力服务持证商共43家，电力供应覆盖696个村庄，约27911户家庭，但电价处于每度2000瑞尔（约合0.50美元）至3700瑞尔（约合0.93美元）的高水平。偏远的住户会继续依赖于燃油或是电池，电力分布的基础设施尚未能满足上升的发电能力，这些都导致了高成本的电力，对经济的快速发展形成了阻碍作用。

最后，柬埔寨电网容量小，电网规划滞后，全国电网尚未形成，电源端与负荷端不匹配，大部缺电与局部电力富余两种对立问题共存。据估算，金边负荷已占全网的60%～80%，但容量也仅有约500兆瓦。而柬埔寨目前水电、火电已投产装机容量总计1164兆瓦，电量消纳将存在较大困难，雨季水电站频繁弃水导致本应带来效益的水资源白白流失，企业的巨额投入难以收回。已签协议锁定利用小时数的火电厂无法达到预期利用小时，企业预期效益难以实现。

柬埔寨是一个过于依赖大型水电站和化石燃料火力发电的国家，因此它应该通过具有成本效益的非水电可再生能源技术（形成较少的社会环境问题）使其发电组合更具多样性。东南亚国家的地理位置使太阳能将会成为其极具潜力的新能源，柬埔寨也不例外。柬埔寨政府计划到2030年使全国70%的人口能用上电，决定使用光伏、风能等替代能源来满足每年10%的用电增长。为推进太阳能，柬埔寨政府已将太阳能发电设备的进口税从40%降低至7%，并向农村提供了300万美元贷款以购买太阳能设备。要实现上述目标，柬埔寨需要投入大量资金。现阶段，世界银行等国际金融组织和一些国家的援助资金仍然是柬埔寨进行基础设施建设的重要资金来源之一。柬埔寨同韩国等国家正加强相关的合作，以满足本国对电力的需求。

三、纺织与成衣、皮鞋制造工业

成衣制造业是柬埔寨工业的主导产业，已形成一定的规模，产品主要出口欧美市场，2008年虽然政府已在税收、简化法律程序等方面出台了一系列措施帮助成衣出口，但该行业受打击还是比较严重的，较多工厂倒闭。目前柬埔寨政府所采取的支持制衣业发展的政策、措施很少，只有推迟征收制衣和制鞋厂的盈利税到2017年，以帮助业主解决资金周转的问题这一项而已。工厂方面还需要政府提供更好的政策支持，才能保证制衣工业的稳定发展。

1. 纺织与成衣、皮鞋制造工业发展现状

柬埔寨的制造工业相当落后，除了一些简单的五金机械制造和设备维修、组装企业外，主要以劳动密集型产业为主，目前柬埔寨的工业主体靠成衣制造和建筑业支撑，近5年来结构无大变化，主要原因是柬埔寨外来和国内的投资基本集中在上述两个领域。图3-7为1993～2015年柬埔寨制造业增加值的变化趋势，1993年柬埔寨的制造业增加值为2.18亿美元，2015年制造业增加值为28.9亿美元，比1993年增加了122.57%。从总体上来看，2009年之前柬埔寨制造业增加值稳步上升，2009年受金融危机的影响，制造业的增加值有所下降，2009年之后又持续上升。而成衣和制鞋业是柬埔寨最大的制造产业，占国内生产总值的

40%。2015 年柬埔寨共有 160 家工业企业在工业与手工业部注册，企业总数达到 1450 家，共创造 85.95 万个就业岗位。其中，制衣制鞋业新增 72 个项目，企业数量达到 1007 家，同比增长 10%，创造 75.42 万个就业岗位，同比增长 10.4%①。2015 年柬埔寨的工业增加值增长 8.7%，占 GDP 比重从 2012 年的 22.9% 提高到 2015 年的 26.2%。其中，纺织、成衣、制鞋业占比从 9.8% 提升至 10.5%。

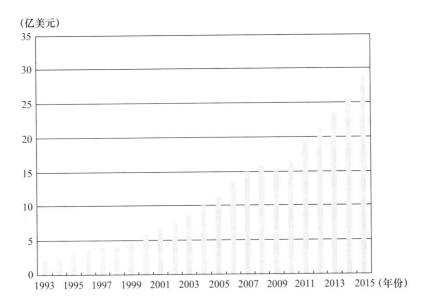

图 3 - 7　1993～2015 年柬埔寨制造业增加值变化趋势

资料来源：世界银行数据库，http：//data. worldbank. org. cn/indicator/NV. IND. MANF. KN? locations = KH.

柬埔寨的服装和鞋子占出口比重高达 58%，2015 年出口额达到 71.7 亿美元，同比增长 18%，欧盟仍是柬埔寨制衣制鞋业最重要的出口市场，全年柬埔寨对欧盟出口总额达 32.7 亿美元，增长 39%，占比达到 45.6%；而美国出口份额下降约 30%。由于受到外国竞争及劳工成本上涨的影响，柬埔寨服装出口于 2015 年 2 月、3 月及 5 月出现萎缩趋势，唯在下半年出口表现明显好转。根据柬埔寨国家银行报告，2015 年 1 月至 10 月，柬埔寨服装出口总额达 49.44 亿美元，较上年同期的 44.9 亿美元增长 10.11%；鞋子出口则继续保持强劲增长，柬埔寨 2015 年出口增长 17%，主要是因为稻米与鞋类的出口大幅增加，其中鞋类出口

① 柬埔寨 2015 年宏观经济形势及 2016 年预测［EB/OL］. 驻柬埔寨经商参处，http：//cb. mof-com. gov. cn/article/zwrenkou/201605/20160501310896. shtml，2016 - 05 - 04.

增长 21%，而纺织品则剧跌 17%。2016 年，柬埔寨已崛起成为欧盟第五大服装和纺织品出口国，超越邻国越南。柬埔寨 2010 年成衣在欧盟的市场占有率是越南的 1/2，但随着柬埔寨经济的稳定增长，柬埔寨凭借着欧盟最惠国（MFN）的关税待遇和廉价的劳动力，吸引了大量外国厂商在柬埔寨设厂，使得柬埔寨成衣出口逐年增长，其中主要为中国的厂商。

2. 纺织与成衣、制鞋工业面临的问题

虽然服装制造业是柬埔寨最重要的支柱产业之一，服装产品出口也占到该国出口总额的大半，然而制衣工业的发展道路却是坎坷不平，甚至许多工厂面临破产的困境。2015 年共有 130 家工厂破产关门。受世界经济疲软，国内劳动力成本上升等影响，2016 年开年以来，柬埔寨 60% 的制衣企业开工不足，有很多工厂开始压缩减资，表现最突出的就是一些工厂变相地裁减工人、减少生产线作业量、技术人员流失到越南等国家[1]。同时，另有 150 家工厂 2016 年计划停产，主要原因包括劳工费增加、工会组织罢工问题、竞争力低等[2]。这些因素都导致部分工厂生产出现问题，开支和收入水平不平衡等。

可以说，2015 年纺织业是柬埔寨出口创汇的最大来源产业，全国成衣和制鞋厂每个月向工人发放 1.2 亿美元薪资，1 年薪资多达 14.4 亿美元，解决了 70 万人的就业问题。自 2013 年开始，柬埔寨政府应国内劳工组织要求先后两次为纺织行业工人提高最低工资标准至 128 美元。2016 年，根据柬埔寨成衣和制鞋工人底薪制，工厂工人目前的基本工资已从 128 美元调涨至 140 美元[3]。虽然工厂工人的福利不断地获得改善，但该行业最低工资标准仍较越南等国偏低。据研究，工资标准较低的原因可能与进口商有关，由于柬埔寨的纺织产品多数销往欧盟，而欧盟经济却遭遇欧元贬值等金融问题，因此欧盟进口商要求降价，否则将减少订单，甚或取消。

3. 越南、柬埔寨加入 TPP 对柬埔寨纺织制造业的影响

2015 年 10 月 5 日，越南加入美国主导的"跨太平洋伙伴关系协定"（TPP），TPP 协议成员国 GDP 总计占全球经济的比重约 40%，协议实施将对全球经济贸易产生重大影响，参加国家包括澳大利亚、新西兰、日本、加拿大、墨西哥、智利、秘鲁、新加坡、越南、马来西亚、文莱、美国，共 12 国。目前，东盟经济共同体已建成，TPP 协定也正在积极向前发展，TPP 原则上要求 100% 废除关税，

---

① 经济欲更上层楼——产业必须多样化［N/OL］. 华商日报，http：//www. 7jpz. com/article - 41407 - 1. html，2016 - 03 - 08.

② 柬埔寨去年进出口总额破 200 亿美元增长 13% 劳工费增高 竞争力低 制衣业今年面临困境［N/OL］. 金边晚报，http：//www. jinbianwanbao. cn/news/9362. html，2016 - 01 - 28.

③ 劳工部长毅森兴：工人福利不断改善［EB/OL］. 新文网，http：//news. news - com. cn/a/20160126/7249429. shtml，2016 - 01 - 26.

其内容比自由贸易协议（FTA）更为广泛，自由化程度也更高。除消除关税等贸易壁垒的内容外，还包括实现人员、资金流动的自由化，保护知识产权，改善经营环境等内容。越南加入 TPP，意图凭借美国向其提供无配额和零关税的最惠国待遇，使其自身更多的产品能够进入美国市场。

2016 年，美国和东盟国家领导人非正式会议后，此前被"跨太平洋伙伴关系协定"（TPP）拒之门外的柬埔寨，突然表示已受邀加入 TPP。一方面，柬埔寨整体经济规模有限，且由于加入 WTO 的时间较短，经济开放程度不高，加入 TPP 是柬埔寨融入世界经济的良好机遇，加入 TPP 尽管能对纺织成衣业带来利好，但却不利于本土纺织成衣行业的发展。另一方面，TPP 成员国越南在纺织成衣领域的竞争力反而会对柬埔寨带来压力，限制柬埔寨在美国市场的贸易发展潜力[1]。但随着特朗普的上台，美国退出 TPP，越南吸引外国投资的条件缺失，在一定程度上避免了一些在柬埔寨设厂的厂商将工厂转移至越南的情况发生，降低了柬埔寨制衣制鞋业资金外流的风险。

服装制造业所遇到的问题，从大形势来讲，是世界经济低迷的结果，而从小环境来看，是柬埔寨 20 多年来单一产业发展的结局。因此，在新的世界经济环境下，柬埔寨应当把目光转向更为先进的轻工制造业，比如汽车、摩托车零配件、电子元件等，使柬埔寨的工业能进一步融入世界产品供应链中，减少对服装业的依赖。正如柬埔寨国家经济委员会的一位顾问说，如果柬埔寨想保持每年 7% 的经济增长势头，制造业必须多样化，转入更先进的生产制造。

四、旅游业

第三产业在柬埔寨国民经济中占了半壁江山，而旅游业又是柬埔寨第三产业最重要的经济增长支柱。旅游业是多年来柬埔寨政府重点发展的产业，被柬埔寨政府列为国家六大战略发展产业之一，其带动了相关产业的发展，旅游景区、旅游交通、酒店和餐饮业为柬埔寨的 GDP 做出了重要贡献。

1. 柬埔寨旅游总体发展趋势

柬埔寨全国的旅游景点共有 1300 余处，其中包括 100 余处自然景观，1161 个历史文化圣地和约 40 个休闲胜地。其拥有吴哥窟等一系列世界名胜，游客人数平均每年增加 17%，收入已达到每年 30 亿美元的规模，占 GDP 的 15% 以上。由于旅游业辐射范围广，带动性强，被柬埔寨视为服务业发展的核心推动力，带动了与其相关产业的快速发展。迄今，柬埔寨全国有 735 家酒店、1739 家旅馆、616 家成年人旅游娱乐场、2310 家饭店和餐馆。

---

① TPP 请"柬"，是否赴约？［EB/OL］. 中国东盟传媒网，http：//www. cacom. cn/show － 42 － 6145 －
1. html，2016 － 07 － 14.

旅游业作为柬埔寨的支柱产业，其市场发展状态在 1993～2015 年一直呈现不断上升趋势，如图 3-8 所示，柬埔寨的入境旅游人数总体呈指数上升的趋势，但近 4 年来有所放缓。从近 10 年来看，柬埔寨入境旅游人数翻了一番，2016 年已突破 600 万人次，从增长率方面看，1997 年和 2003 年出现负增长，这是由于 1997 年金融危机造成经济的不景气，使得柬埔寨对国外游客的吸引力降低，造成了当年柬埔寨入境旅游增长率为负的情况。2003 年 1 月底金边发生骚乱事件，巴厘岛发生恐怖袭击事件，泰国是柬埔寨重要的客源国，柬泰关系的紧张抑制了部分来自泰国的客源，加之"非典"的影响，导致当年入境游客人数减少。但 1997 年和 2003 年入境旅游人数的负增长并没有给柬埔寨的国际旅游带来长远的负面影响，柬埔寨旅游业的调节能力很强，这一点从 1998 年和 2004 年的入境旅游人数增长率的强势提升即可看出。从酒店入住率来看，其总体趋势是逐渐增加的，2015 年的入住率最高达到 70.2%，比 1995 年增加了 89.73%，入境游客的平均停留天数近 10 年来也保持在 6～8 天，如图 3-9 所示。

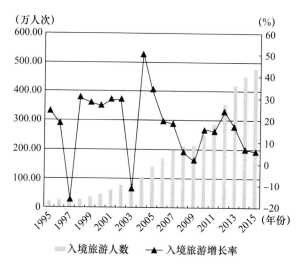

图 3-8 柬埔寨入境旅游人数及增长率变化趋势

资料来源：柬埔寨旅游部统计，http://www.tourismcambodia.org/.

国际旅游收入呈现不断上升的趋势，从图 3-10 可以看出，从 1995 年的 1 亿美元增加到 2015 年的 30.12 亿美元，20 年间增加了 30 倍，其增长显著。柬埔寨旅游市场的长期增长从侧面显示了柬埔寨国内环境逐渐稳定、经济发展水平逐步提升的趋势。2008 年全球金融危机爆发，柬埔寨的国际旅游收入不仅没有降低，反而有所增加。2008 年柬埔寨服务业产值为 40.68 亿美元，占 GDP 的 39.7%，国际旅游收入为 15.95 亿美元，旅游收入占 GDP 的 17.24%。

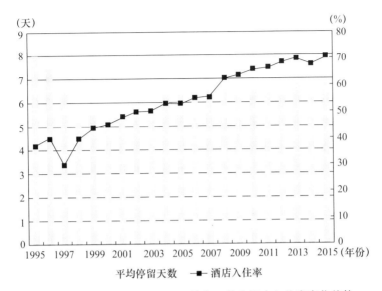

图 3 - 9　柬埔寨入境游客平均停留天数和酒店入住率变化趋势

资料来源：柬埔寨旅游部统计，http://www.tourismcambodia.org/.

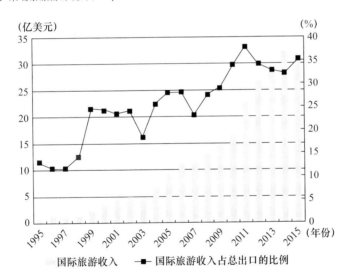

图 3 - 10　柬埔寨国际旅游收入及其占总出口比重变化趋势

资料来源：1995 ~ 2014 年数据来源于世界银行数据库，http://data.worldbank.org.cn/indicator/ST.INT.RCPT.XP.ZS? locations = KH；2015 年数据来源于中华人民共和国驻柬埔寨王国大使馆经济商务参赞处网站，http://cb.mofcom.gov.cn/article/zwrenkou/201605/20160501310896.shtml.

2. 柬埔寨旅游客源市场分布格局

2015 年，柬埔寨全国共接待外国游客 477.52 万人次，同比增长 6.1%，其中 75% 来自亚太区（东盟占 44.3%），18.2% 来自欧洲，7.2% 来自美国，其余则来自非洲及其他国家；增速较上年回落 0.9 个百分点；出境游客 119 万人次，增长 24.9%。旅游收入 30.1 亿美元，占 GDP 的 16.3%，创造 62 万个就业岗位。通过空港入境游客 247.6 万人次，其中，金边机场入境游客 106.1 万人次，同比增长 15.6%，占 22.2%；暹粒机场入境游客达 141.5 万人次，增长 4.4%，占 29.6%，详情如图 3-11 所示。

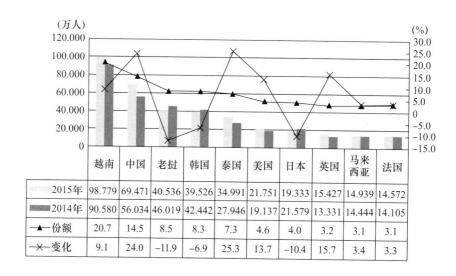

	越南	中国	老挝	韩国	泰国	美国	日本	英国	马来西亚	法国
2015年	98.779	69.471	40.536	39.526	34.991	21.751	19.333	15.427	14.939	14.572
2014年	90.580	56.034	46.019	42.442	27.946	19.137	21.579	13.331	14.444	14.105
▲份额	20.7	14.5	8.5	8.3	7.3	4.6	4.0	3.2	3.1	3.1
✕变化	9.1	24.0	-11.9	-6.9	25.3	13.7	-10.4	15.7	3.4	3.3

图 3-11　柬埔寨十大旅游客源市场旅游人数变化趋势

资料来源：柬埔寨旅游部统计，http://www.tourismcambodia.org/.

越南、中国、老挝、韩国和泰国为前五大游客来源国，其中中国游客 69.5 万，同比增长 24%，占到柬埔寨入境游客的 14.5%，仅次于越南的 98.8 万，后者的增速是 9.1%，占到柬埔寨入境游客的 20.7%；老挝、韩国赴柬埔寨旅游的人数分别下降 11.9%、6.9%，分别占到柬埔寨入境游客的 8.5% 和 8.3%；泰国赴柬埔寨旅游的人数增长速度最快，达到 25.3%，占到柬埔寨入境游客的 7.3%。另外，美国、日本、英国、马来西亚、法国赴柬埔寨旅游的人数占到入境总游客的 18%。

3. 柬埔寨旅游发展面临的问题

不可否认，由于柬埔寨仍然有一些不稳定因素，加之自身经济发展较为落后，其旅游业的发展也存在一些亟待解决的问题。

首先，由于柬埔寨的著名景点为吴哥窟，因此多数游客选择吴哥窟的所在地暹粒省作为旅游目的地，据统计有 50% 的游客选择暹粒省作为旅游目的地，虽然也有部分游客选择金边等城市，但柬埔寨仍面临旅游目的地单一的问题。入境游客集中在部分景点，一方面对于这些景点形成巨大的压力，另一方面也不利于国内旅游行业的整体发展。因此，柬埔寨政府及相关部门应当逐步开发国内的旅游资源，完善旅游基础设施，扩大具有吸引力的旅游景区、景点，进而推动全国旅游业的均衡发展。

其次，以铁路、公路、供电、供水、通信等为主的旅游基础设施落后。柬埔寨战乱导致的基础设施落后仍是制约柬埔寨发展的最大因素，同时也是制约旅游业发展的重要因素。虽然柬埔寨通过十余年的努力修复了许多公路等基础设施，但铁路、供电、供水等基础项目仍需要继续改进或修复，这对旅游业的发展产生巨大的限制作用。

最后，旅游业的性价比较低，导致柬埔寨旅游价格较高的一个重要因素是机票价格较高。游客在选择旅游目的地时，则更倾向于选择旅游成本低的其他周边国家，旅游成本也较大地影响了柬埔寨旅游发展的竞争力。

第三节　柬埔寨的对外贸易发展趋势

一、柬埔寨对外贸易总额和进出口额的变化趋势

近年来，柬埔寨的对外贸易保持增长，贸易逆差下降。如表 3 - 4 所示，2010 ~ 2015 年柬埔寨的贸易总额不断上升，从 2010 年的 104.72 亿美元增长到 2015 年的 205.34 亿美元，5 年内增长了近 100 亿美元，从贸易总额的增长率来看，自 2012 年开始总体呈现下降的趋势；2010 ~ 2015 年柬埔寨的出口总额和进口总额也是直线攀升，出口总额从 2010 年的 43.63 亿美元增长到 2015 年的 89.9 亿美元，增长了 1 倍多，进口总额从 2010 年的 61.09 亿美元增长到 20.15 年的 115.44 亿美元，增长了 88.97%，尤其在 2013 年出口出现了猛增趋势，增长率达到 25.68%，而进口增长率出现下降，所以当年的逆差增长率出现了极大的负增长，2014 年出口增长率出现回落，2015 年再次回升；2010 ~ 2015 年柬埔寨的贸易逆差出现波动变化，呈现交替增减的变化，2015 年贸易逆差为 25.54 亿美元。

表 3 - 4　2010 ~ 2015 年柬埔寨进出口总额　　　单位：亿美元，%

年份	贸易总额	增长率	出口总额	增长率	进口总额	增长率	贸易逆差	增长率
2010	104.72	—	43.63	—	61.09	—	17.46	—

年份	贸易总额	增长率	出口总额	增长率	进口总额	增长率	贸易逆差	增长率
2011	114.7	9.53	48.7	11.62	66	8.03	17.3	-0.92
2012	136.3	18.83	54.9	12.73	81.4	23.33	26.5	53.18
2013	158.8	16.5	69	25.68	89.8	10.32	20.8	-21.51
2014	181.35	14.2	76.96	11.54	104.39	16.25	27.43	31.88
2015	205.34	13.29	89.9	16.81	115.44	10.59	25.54	-6.89

资料来源：中华人民共和国驻柬埔寨王国大使馆经济商务参赞处网站，http：//cb.mofcom.gov.cn/article/zwrenkou/.

二、柬埔寨对外贸易市场发展现状

2015 年，柬埔寨对外贸易总额达 205.34 亿美元，同比增长 12.6%。其中，出口 89.9 亿美元，同比增长 16.7%；进口 115.44 亿美元，同比增长 9.6%。贸易逆差缩小约 3 亿美元，2014 年贸易逆差为 27.43 亿美元，2015 年下降至 25.54 亿美元，下降约 10%。主要出口产品为服装、鞋类、大米、橡胶和木薯等，其中服装鞋类出口 71.7 亿美元，同比增长 14.5%，出口占比接近 89.9%；引人注目的大米出口 54.48 万吨，较上年增长 17.7 万吨，增幅达 48.1%；橡胶出口 12.87 万吨，增长 31.6%；木薯出口 36.4 万吨，增长 29.1%。主要进口产品为服装原材料、建材、汽车、燃油、机械、食品、饮料、药品和化妆品等，主要贸易伙伴为美国、欧盟、中国、日本、韩国、泰国、越南和马来西亚等。

如图 3-12 所示，柬埔寨在 2000～2014 年对高收入经济体出口商品的百分比处于绝对高的优势，15 年内绝大部分保持在 80% 以上，高收入经济体是柬埔寨主要的出口市场。相对而言，向发展中的经济体出口商品的比重较低，其中向东亚和太平洋地区出口商品的百分比在 2000～2008 年比较平稳，2008 年以后比重不断上升，最高达到 2014 年的 16.29%。中国作为柬埔寨在东亚和太平洋地区重要的贸易伙伴和投资来源地，对推动柬埔寨对外贸易增长做出了重要贡献。根据中国海关数据，2015 年双边贸易额为 44.3 亿美元，增长 18%；其中，柬埔寨对中国出口额为 6.7 亿美元，占柬埔寨 2015 年出口总额 78.67 亿美元的 8.5%。此外，向拉丁美洲和加勒比海地区、中东和北非地区、南亚地区的商品出口虽然比重较小，但在 2000～2014 年也有所上升。总体上来讲，柬埔寨对外商品出口主要集中在高收入经济体及东亚和太平洋地区，2014 年占比达到 96%。

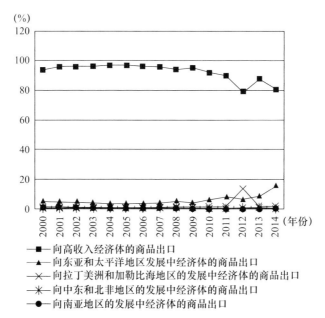

图 3 - 12　柬埔寨向不同类别经济体或不同地区出口商品占
商品出口总额的百分比

资料来源：世界银行数据库，http：//data. worldbank. org. cn/indicator/TM. VAL. MRCH. CD. WT.

　　如图 3 - 13 所示，柬埔寨的进口市场主要分布在高收入经济体及东亚和太平洋地区的经济体，拉丁美洲和加勒比海地区、中东和北非地区、南亚地区、撒哈拉以南非洲地区进口商品的比重虽有所上升，但比例仍比较小。可以看出，自 2000 年以后进口比重的变化分为两个阶段：第一阶段为 2000 ~ 2007 年，柬埔寨从高收入经济体进口的商品比重高于东亚和太平洋地区，从高收入经济体进口的比重保持在 50% ~ 60%，从东亚和太平洋地区发展经济体进口的比重保持在 40% ~ 50%；2007 年以后，柬埔寨从高收入经济体进口的比重不断下降，在 2014 年下降到 30% 以下；相反，从东亚和太平洋地区进口的比重呈现持续上升的趋势，在 2014 年达到 70% 以上，这表明东亚和太平洋地区发展中经济体已经发展成为柬埔寨最主要的进口市场。

三、柬埔寨对外贸易未来发展趋势

　　自 2002 年柬埔寨获得 WTO 最惠国待遇后，柬埔寨的出口逐渐呈现增长的趋势，尤其是对于中国农产品的出口。东盟自由贸易区的建成和中国—东盟自由贸易区的实施，为柬埔寨同东盟国家和中国的双边贸易提供了巨大的机遇，使柬埔寨的双边贸易逐渐呈多元化发展趋势。中国给予柬埔寨特殊优惠关税待遇，使得

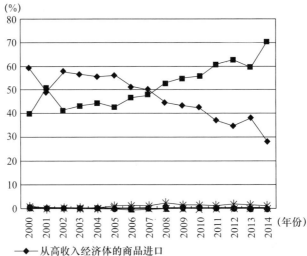

图 3-13　柬埔寨从不同类别经济体或不同地区进口商品
占商品进口总额的百分比

资料来源：世界银行数据库，http://data.worldbank.org.cn/indicator/TM.VAL.MRCH.CD.WT.

出口中国的柬埔寨农产品持续增长，降低了柬埔寨对于欧盟和美国等高收入经济体的依赖。但柬埔寨的出口仍是以服装类产品为主，由于柬埔寨服装产品出口获得了美国和欧盟的优惠待遇，以及加拿大的免配额免关税优惠，所以，相比于服装产品出口的规模增长，农产品的出口仍受限制于滞后的农业经济发展，且短期内不会大额增长。

柬埔寨的进口来源国主要是中国和东盟国家，进口的商品大多为工业制成品和工业原料，受限于缓慢的经济发展，进口的商品结构较为单一，进口的规模较小。随着东盟经济一体化和中国—东盟自由贸易区的实施，柬埔寨将越来越倾向于从中国和东盟国家进口商品，其商品结构也将逐渐多元化。

第四节　国际投资在柬埔寨的变化

来自中国、日本、韩国、欧盟等国家和地区的投资增长也帮助柬埔寨在经济、军事、教育、交通、医疗等方面取得极大改善，据柬埔寨发展理事会公布的数据，2015 年柬埔寨吸引投资 46.4 亿美元，较上年增长 18%①。在国际货币基金组织（IMF）和世界银行（WB）所排的 177 个国家债务表排名榜上，柬埔寨列第 133 位，反映了其债务负债额处于低水平，也意味着其金融体系的稳定。

一、柬埔寨的投资发展趋势

外国直接投资净额是指柬埔寨从国外获得的外国直接投资净额减去柬埔寨对世界其他国家的对外直接投资净额之差，由图 3 - 14 可知，1999～2015 年，柬埔寨的外国直接投资净额一直保持为负值状态且差额持续变大，这种变化可以从以下两个方面来解释：一方面由于柬埔寨的投资来源国受到经济下行趋势的影响，由此减少对柬埔寨的投资；另一方面由于柬埔寨的经济发展迅速，对外投资逐渐扩大。

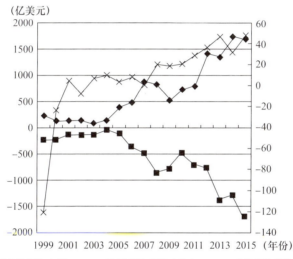

图 3 - 14 柬埔寨外国直接投资净流入和对外直接投资净流出变化

资料来源：世界银行数据库，http：//data. worldbank. org. cn/indicator/BN. KLT. DINV. CD? locations = KH.

从整体上来看，柬埔寨的外国直接投资净流入呈现上升的趋势，2008 年全球爆发经济金融危机，短期内柬埔寨的外国直接投资并未大幅下降，而是在 2008 年之后的某段时期受到了经济危机的长期影响，经济呈现下行趋势，出现不同时期外国直接投资净流入的阶段性下降。首先是 2008～2009 年，其次是 2012～

---

① Freshnew. Cambodia Attracts Investment Worth 4. 64 bln USD in 2015, up 18 pct ［EB/OL］. http：//en. freshnewsasia. com /index. php/499 - cambodia - attracts - investment - worth - 4 - 64 - bln - usd - in - 2015 - up - 18 - pct. html，2016 - 02 - 02.

2013 年和 2014～2015 年。研究显示，主要是因为一些柬埔寨的投资者更注重追求 "短平快" 的经济利益，所以 2008 年的外国直接投资并未下降；而且，在柬埔寨投资的以中介机构为主，它们在获取政府的投资许可后并不直接投资，而是把执照卖给其他的投资者，以此快速产生经济效益[①]，所以经济危机发生时柬埔寨的外国投资并未直接下降。另外，柬埔寨的对外直接投资净流出从 1999 年到 2015 年可以说发生了质的飞跃，一是突破了零的界限，二是 2008 年全球经济危机并没有波及到这个转型发展中的国家。总体上，柬埔寨的对外直接投资不降反增，主要得益于柬埔寨经济发展处于急剧上升时期。相关数据显示，柬埔寨过去 20 年的平均增长率是 7.7%，在世界银行列出的 "世界八大增长最迅速经济体" 中，柬埔寨排名第六位。

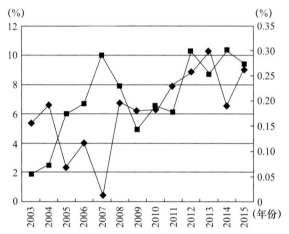

图 3 - 15　柬埔寨外国直接投资净流入和对外直接净流出占 GDP 比重变化

资料来源：世界银行数据库，http：//data. worldbank. org. cn/indicator/BX. KLT. DINV. WD. GD. ZS？ locations = KH.

这种变化也可由柬埔寨的外国直接投资净流入和对外直接净流出占 GDP 的比重的变化趋势显示。由图 3 - 15 可知，柬埔寨的外国直接投资净流入和对外直接投资净流出占 GDP 的比重差异较大。2003～2015 年，净流入所占 GDP 的比重保持在 0.3% 以内，净流出的比重则在 10% 以内；从变化趋势来看，形成两种趋势：其一，在 2004 年、2013 年，净流出占 GDP 的比重达到波峰，相对应的净流

① Chap Sotharith. Trade, FDI and ODA between Cambodia and China/Japan/Korea, Economic Relations of China, Japan, Korea witn the River Basin Countries ［R］. BRC Research Report No. 3, IDE - JETRO Bangkok Research Center, 2010: 16.

入所占 GDP 的比重达到波谷；其二，在 2007 年、2010 年、2014 年，净流入所占 GDP 比重达到峰值，相对应的净流出所占 GDP 的比重则处于低谷。一方面，柬埔寨投资净流入和投资净流出对经济的推动作用呈现此消彼长的趋势；另一方面，柬埔寨的投资净流入对柬埔寨经济增长的作用更大。

二、外国对柬埔寨投资份额变化

1994～2006 年柬埔寨吸引国外投资前十大来源地分别为：马来西亚、中国、韩国、中国台湾、美国、泰国、俄罗斯、新加坡、中国香港、法国，中国排名第二；到 2015 年，柬埔寨吸引国外投资前十大来源地包括中国、英国、新加坡、越南、马来西亚、日本、泰国、韩国等，中国超越马来西亚成为柬埔寨最大的外国直接投资来源国。2015 年柬埔寨的投资总额达到 4644 百万美元，同比增长18%，亚洲投资占柬埔寨投资总额接近 90%。如表 3－5 所示，2011～2015 年柬埔寨本地投资稳居投资总额第一位，到 2015 年，柬埔寨的本地投资占国家投资总额的 2/3 以上，并成为带动柬埔寨投资经济发展的主力；2011～2015 年中国作为柬埔寨最大的投资国，其在柬埔寨国外投资中所占的比重最大，其地位并未发生变化，但投资比例发生了变化。

表 3－5　柬埔寨 2011～2015 年投资比例　　　　　单位：十亿美元

年份	2011		2012		2013		2014		2015	
总额	5.7		2.9		4.9		3.9		4.6	
排名	国家	投资占比（％）	国家	投资占比（％）	国家	投资占比（％）	国家	投资占比（％）	国家	投资占比（％）
1	柬埔寨	41.24	柬埔寨	42.08	柬埔寨	66.80	柬埔寨	64.00	柬埔寨	69.28
2	中国	30.55	中国	20.69	中国	15.68	中国	24.44	中国	18.62
3	越南	11.99	韩国	9.89	越南	6.10	马来西亚	2.18	英国	3.00
4	英国	4.30	日本	9.15	泰国	4.37	日本	1.72	新加坡	2.18
5	马来西亚	4.20	马来西亚	6.04	韩国	1.76	韩国	1.66	越南	1.92
6	韩国	2.91	泰国	4.53	日本	1.59	越南	1.26	马来西亚	1.61
7	美国	2.47	越南	2.89	马来西亚	1.04	英国	1.13	日本	1.28
8	日本	1.15	新加坡	2.59	新加坡	1.03	新加坡	0.89	泰国	1.18
9	澳大利亚	0.43	英国	0.51	英国	0.43	泰国	0.88	韩国	0.21
10	新加坡	0.28	美国	0.42	法国	0.27	澳大利亚	0.51	加拿大	0.19
11	其他	0.48	其他	1.21	其他	0.94	其他	1.36	其他	0.52

资料来源：柬埔寨发展理事会，http://www.cambodiainvestment.gov.kh/investment - enviroment/investment - trend.html.

如图 3-16 所示，2015 年柬埔寨的前三大投资来源国分别是中国、英国、新加坡。主要投资领域是农业、工业、基础设施、旅游业等。其中中国对柬埔寨的投资额总体是上升的，但投资份额整体呈下降趋势，保持在 15%～30%，自 2011 年的 30.55% 降低到 2013 年的 15.68%，2014 年有所回升，2015 年再次降低到 20% 以下。从变化趋势上来看，可以发现 2012～2015 年中国对柬埔寨的投资份额变化，同柬埔寨的外国直接投资净流入占 GDP 的比重变化趋势十分接近，2011～2015 年，外国直接投资净流入占 GDP 的比重保持在 10% 以内，整体呈上升趋势，逐年增减交替变化。表明中国近年来是柬埔寨最大的投资国，并对柬埔寨的经济发展发挥极大的作用，而且中国对柬埔寨的投资领域广泛，尤其是柬埔寨西哈努克港经济特区，作为中柬经贸合作的标志性项目，其目前发展迅速。

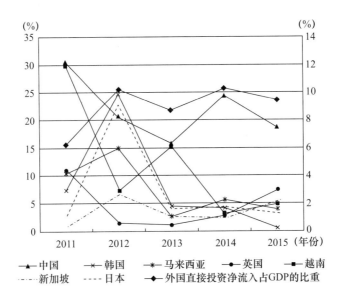

图 3-16　柬埔寨本地投资和国外投资份额变化图

资料来源：柬埔寨发展理事会，http://www.cambodiainvestment.gov.kh/investment-enviroment/investment-trend.html.

另外，英国作为 2015 年柬埔寨第二大投资来源国，其对柬埔寨的投资份额变化呈现反弹趋势，2011～2013 年，投资份额逐年降低，到 2013 年达到谷底，自 2014 年开始上升，相比于柬埔寨的其他投资来源国，目前英国的投资份额呈现上升的趋势。2016 年 6 月 24 日，英国"脱欧"成功。柬埔寨企业研究院研究表示，英国至少需要 2 年的时间完成"脱欧"谈判，"脱欧"在短期内不会对柬埔寨造成影响，所以柬埔寨应当尽其所能确保投资环境具有吸引力；政治学教授苏占塔认为，英国"脱欧"对柬埔寨可能是好事，如果柬埔寨建立明确的管理和领导体制，可能吸引更多的英国投资者。但无论如何，未来国外投资对柬埔寨的影响尚无法预料。

东南亚对柬埔寨的主要投资国有越南、马来西亚、新加坡、泰国等。如图3－16所示，越南对柬埔寨的投资份额最大时达到12%（2011年），其原因可能是，2011年柬埔寨和越南关系交好，两国之间具有很多互补性的发展领域。根据越南计划与投资部统计，截至2011年底，柬埔寨成为越南第二境外投资国，越南企业对柬埔寨投资项目达112个，实际投资7.6亿美元。2015年越南在柬埔寨投资项目182个，协议资金总额为28.5亿美元。截至2016年，越南在对柬埔寨投资国家行列中位居第五，仅次于中国、日本、韩国和马来西亚。越南在柬埔寨投资项目涵盖电信、食品、卫生、农业、农产品加工业等领域，最大投资项目包括橡胶种植项目、METFONE电信公司以及医院等项目，最具代表性的领域是农业、工业，其价值达到9.58亿美元。最近几年，柬埔寨和越南因为边境主权归属问题矛盾冲突时有发生，越南对柬埔寨的投资份额出现下降趋势。除了中国、日本、韩国跻身柬埔寨近年的十大投资来源国，马来西亚、新加坡在柬埔寨的国外投资中也占有举足轻重的地位。总体上，马来西亚、新加坡的投资份额表现为起起落落，但马来西亚的投资份额呈现下降趋势，而新加坡的投资份额呈现上升趋势。

迄今，日本是向柬埔寨援助最多的国家之一，但日本企业在柬埔寨的投资并不多。"二战"后60多年来，日本对柬埔寨的直接投资基本裹足不前[1]，2012年是日本对柬埔寨投资份额的峰值年，投资份额达到9.15%，此前后都保持在2%以内，2012年"钓鱼岛"事件引发中日关系恶化，加快了日企另辟蹊径的步伐，低廉的劳动力以及低税收制度使得柬埔寨成为日企规避中国风险的"China plus one"优越候选地，在柬埔寨的日本企业大约比2011年增加了两倍[2]。

韩国对柬埔寨的投资始于1992年，当时主要集中在制造业和缝制业，2000年中期以后开始扩大到矿产、建筑、房地产等行业。图3－16显示，5年来其投资柬埔寨份额变化趋势同日本相似，在2012年达到峰值9.89%，此前后都在3%以内。相关研究显示，韩国对柬埔寨投资增加的主要原因是柬埔寨的政治和社会趋于稳定，同时中国、越南等投资国的人力成本增加所致；另外，2012年韩国作为美国亚太战略的前沿立足点，不同程度地参与到以美国为轴心的安全网络中，客观上使作为中日"钓鱼岛"领土争端背后的美国同盟网络得到加强。值得一提的是，近年来经贸方面作为柬埔寨最大的服装和鞋子出口市场，政治方

①　毕世鸿等. 柬埔寨经济社会地理［M］. 广州：中国出版集团，2014：261.
②　柬埔寨成为日企分散中国投资风险的优选地［EB/OL］. 驻柬埔寨经商参处，http：//jp. mofcom. gov. cn/aarticle/jmxw/201211/20121108420871. html，2012－11－08.

面作为南海问题上希望加强同柬埔寨的区域安全合作的美国，对柬埔寨的投资份额十分少，2012年投资份额仅为0.42%，2013～2015年未进入柬埔寨十大投资来源国行列。

总而言之，2011～2015年，中国仍是柬埔寨最大的投资国，英国、新加坡对柬埔寨的投资份额呈现上升的趋势，中国、韩国、马来西亚、越南、日本对柬埔寨的投资份额呈现下降的趋势；中国对柬埔寨的投资份额变化，同柬埔寨的外国直接投资净流入占GDP的比重变化相似，其投资份额是柬埔寨其他投资国投资份额的几倍乃至几十倍，具有绝对的竞争力。

三、外国对柬埔寨投资地区和行业分布

据世界银行报告，2010～2014年，柬埔寨吸引外来直接投资公司达716家，其中74%的公司看好柬埔寨享有29个国家所给予的优惠关税和免配额等优势，这使柬埔寨更具有投资竞争优势。柬埔寨的外来直接投资主要分布在马德望省、磅湛省、贡布省、千丹省、戈公省、西哈努克省、暹粒省，其大多涉及制衣、制鞋、农业种植加工等。根据柬埔寨相关法令，各省、直辖市设立了相应的投资小组委员会（PMIS）批准QIPs，表3-6反映了柬埔寨部分省的外国投资比例和行业。

表3-6　柬埔寨主要省份投资委员会批准的QIP

投资地区	投资者	投资企业数量	投资行业
马德望省	柬埔寨	3	酒店建造运营，农产品加工
	柬埔寨（90%）、马来西亚（10%）	1	建筑
	柬埔寨（51%）、美国（49%）	1	农业种植
磅湛省	柬埔寨	5	橡胶种植、木薯加工
	柬埔寨（51%）、越南（49%）	2	橡胶种植、饲料加工
	柬埔寨（51%）、日本（49%）	1	橡胶加工
千丹省	柬埔寨	1	矿业
	中国（金边政府控制中）	2	食品加工、塑料袋加工
	柬埔寨（51%）、日本（49%）	1	摩托车组装
暹粒省	荷兰	1	眼镜制造

资料来源：柬埔寨发展理事会，http：//www.cambodiainvestment.gov.kh/investors-information/provincial-data.html.

表3-6显示，柬埔寨对于投资于本国的国外企业基本保持绝对的控制权，

美国、越南、日本都采取"与本地共同投资，本地投资控股"的投资参与形式，中国于千丹省投资的加工企业虽然持股 100%，实际仍然是由柬埔寨政府控制。主要省份的国外投资者主要有美国、越南、日本、马来西亚等国家，都有着各自的投资重点。美国投资于具有农业投资机会的马德望省；越南主要投资于橡胶种植；日本主要投资于橡胶加工和摩托车组装（依赖于千丹省优良的交通）。

四、柬埔寨国外投资面临的挑战

目前外国对柬埔寨的投资仍面临许多问题。首先，基础设施落后，投资建设成本高是阻碍国外投资的主要因素之一。据统计，柬埔寨的劳动力成本相比周边的越南、孟加拉等国家较高，再加上水、电、交通、通信等基础设施条件差，使国外投资商对柬埔寨的投资望而却步。其次，受制于国外投资相关的政策制度、不健全的法律法规、国外投资商的制度保护缺乏等。柬埔寨无经济法庭，法律制度的执行者素质不高，贪腐受贿现象屡见不鲜，市场经营秩序混乱，国外投资者迫切希望能够建立维护国外投资商的商业法庭。

投资柬埔寨不得不面临的另一个现实问题即是工会组织及其活动，其一方面关系到企业劳动工人的利益，另一方面受到反对党、西方发达国家、非政府组织（人权组织、国际劳工组织）的支持，工人如若进行罢工、示威、游行，容易增加企业成本，也容易给企业造成巨大的经济损失。

除此之外，由于柬埔寨的经济发展主要依赖国外援助和投资，柬埔寨在处理两者之间的矛盾过程中往往更注重援助，而忽视了投资。例如，迫于美国和国际劳工组织对于人权的压力，柬埔寨在处理劳资纠纷或指定政策时更偏向于保护劳动者的权益，却忽视了投资方的利益；又如，柬埔寨政府中断了与投资者签订的森林开发和加工木材的合约，也是受到来自国际援助机构和 NGO 关于保护环境的压力。

第五节　经济特区的发展

一、经济特区的分布格局

2005 年 8 月 11 日，曼哈顿国际股份有限公司（台资企业）投资开发的柬埔寨第一个经济特区——曼哈顿（柴桢）经济特区，在柬越边境的柴桢省境内正式开建，柬埔寨首个经济特区建设进入具体实施阶段。目前，获柬埔寨政府批建的经济特区有 30 个（见表 3-7），主要分布在金边、西哈努克、贡布、戈公、柴桢等省市，其中 11 个经济特区正在运营，由中柬合作的西哈努克港经济特区是投资规模最大的特区。柬埔寨经济特区内的企业可享受税收、设备和原材料进口、产品出口等方面的一系列特殊优惠政策，吸引了大批外国企业投资。据统计，柬埔寨境内经济特区 2014 年出口总值为 6.72 亿美元，2015 年出口总值达到 12 亿美元，同比增长 78%。目前，经济特区已经成为了投资者投资柬埔寨的集中地，各经济特区内投资增速明显。

表 3-7　柬埔寨的主要经济特区

序号	特区（SEZ）	所在省份	序号	特区（SEZ）	所在省份
1	Thary Kampong Cham	Kampong Cham 磅针省	13	Kampong Saom SEZ	Preah Sihanouk 西港
2	Tai Seng Bavet	Svay Rieng 柴桢省	14	P（SEZ）I C	Svay Rieng 柴桢省
3	Manhattan（Svay Reing）曼哈顿特区	Svay Rieng 柴桢省	15	Kiri Sakor Koh Kong	Koh Kong 戈公省
4	Goldfame Pak Shun	Kandal 千丹省	16	SNC	Preah Sihanouk 西港
5	Doung Chhiv Phnom Den	Takeo 茶胶省	17	Stung Hav	Preah Sihanouk 西港
6	D&M Bavet	Svay Rieng 柴桢省	18	Sihanoukville 西哈努克经济特区 1	Preah Sihanouk 西港
7	Kampot	Kampot 贡布省	19	Sihanoukville SEZ 2	Preah Sihanouk 西港
8	Phnom Penh 金边经济特区	Phnom Penh 金边市	20	Sihanoukville Port	Preah Sihanouk 西港
9	Poi Pet O Neang	Banteay Meanchy 斑迭棉吉	21	MDS Thmorda	Pursat 菩萨省
10	Neang Kok Koh Kong	Koh Kong 戈公省	22	NLC	Svay Rieng 柴桢省
11	Suoy Chheng	Koh Kong 戈公省	23	Try Pheap Ou Ya Dav	Ratanak Kiri 拉达那基里省
12	Oknha Mong	Koh Kong 戈公省	24	Hi - Park	Svay Rieng 柴桢省

序号	特区（SEZ）	所在省份	序号	特区（SEZ）	所在省份
25	Shandong Sunshell Svay Rieng	Svay Rieng 柴桢省	28	Dragon King Bavet	Svay Rieng 柴桢省
26	Zhong Jian Jin Bian Jing Ji Te Qu	Kampong Chhnang 磅清扬省	29	Sovannaphum	Kandal 千丹省
27	Sanco Cambo	Banteay Meanchey 斑迭棉吉	30	Svay Rieng GIGA Resource	Svay Rieng 柴桢省

二、主要经济特区的发展现状

1. 西哈努克港经济特区

西哈努克港经济特区是中柬合作建设经济特区的典范，也是中国实施"走出去"发展战略的重大举措，成为中国商务部首批境外经济贸易合作区之一。其是由江苏太湖柬埔寨国际经济合作区投资有限公司联合柬埔寨国际投资开发集团共同建设开发的，全区总投资额 3.2 亿美元，规划面积 11.13 平方公里。在两国的共同努力下，特区已实现通路、通电、通水、通信、排污（五通）和平地（一平），生产、生活配套设施也已构建完成。截至 2016 年 3 月，入驻特区的企业达到 96 家，企业来源分布如图 3-17 所示，西港特区由此形成了以纺织服装、机械电子、高新技术产品为主导产业的经济特区。

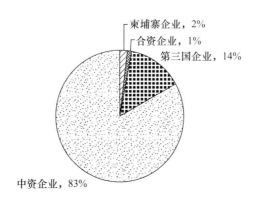

图 3-17　西港特区主要入驻企业分布

中柬双方对于西港特区的建设都寄予厚望。习近平曾指出，在"一带一路"倡议的框架下，为了加强中国同东盟国家的互联互通，更要推进对西港特区的建设和发展。柬埔寨首相洪森也亲切地称西港特区为自己的"亲儿子"，他希望西港特区能够发展成为像深圳一样的发达经济区，并带动其他区域的发展。目前，西港特区已被柬埔寨列为国家级经贸合作区，由于其引入了包括柬埔寨发展理事会、海关、西哈努克省政府、商检等"一站式"的行政服务窗口，园区内企业有关投资申请、生产、进出口的各种手续，不用出园区便可高效率地进行办理，成为柬埔寨经济特区发展的典型。此外，西港特区除对入园企业生产材料进出口关税全免外，还为企业提供6～9年的所得税免税期，部分产业关税全免（见表3－8和表3－9）。这些措施大大提高了西港经济特区对企业的吸引力，使其在柬埔寨各经济特区中发展名列前茅。

表3－8　柬埔寨经济特区的具体税收优惠政策

税种	具体内容
出口税	免税
进口税	用于生产的机械设备、建筑材料、零配件、原材料
企业所得税	可获得6～9年的免税期，免税期过后所得税税率为20%
增值税	生产设备、建筑材料等增值税税率为0
	原材料：服务于出口市场的企业，增值税率为0；服务于内销市场的产业，增值税率为10%

资料来源：柬埔寨发展理事会，http：//www.cambodiainvestment.gov.kh/investors – information/trade – and – custom.html.

表3－9　西港特区部分产业关税

		中国		柬埔寨	
家纺		中国—加拿大	13%～17%	柬埔寨—加拿大	0
箱包		中国—日本	8%	柬埔寨—日本	0
鞋类	PU类	中国—日本	8%	柬埔寨—日本	0
	真皮类		21.5%		0
洗澡布		中国—美国	40%～100%	柬埔寨—美国	3.7%
洗涤海绵		中国—日本	3.9%～5%	柬埔寨—日本	0

资料来源：柬埔寨发展理事会，http：//www.cambodiainvestment.gov.kh/investment – enviroment/gener-alized – system – of – preferences – gsp.html.

2. 金边经济特区

金边经济特区位于金边机场附近，距金边市中心18公里，占地357.3公顷，目前共有 83 家公司在运作，出产包括服装和汽车零件在内的一系列多元化产品，是柬埔寨最大的工业园区，是柬埔寨第四家上市公司。自 2006 年成立以来，柬埔寨王国政府出台了《四角战略》第三阶段政策，出台多项优惠政策吸引各国企业进入特区投资。特区里的企业来自全球 15 个国家，其中大部分是日本企业，多家美资企业也在这里投资，企业职工共约 2 万人。凭借着 Laurelton Diamonds、Aprati Foods 及 Coca - Cola 等几家知名厂商，特区发展步伐已加速。据当地海关总局报告，2015 年向金边经济特区企业征收的税务高达 500 万美元，而 2016 年首季则为 190 万美元，较 2015 年同期增长了 76%。2016 年 5 月 30 日，金边经济特区正式挂牌上市，成为柬埔寨第四家上市企业。2011 年成立的柬埔寨证券证交所，只有 3 家上市公司，金边水务局、昆洲国际（制衣厂）和金边港口。金边经济特区向公众发售 1157 万股，占公司股票总数的 20%，通过公开售股活动，金边经济特区可筹集 825 万美元，而公司市值也将达到 4200 万美元。特区的上市将能吸引更多的外资企业进驻，同时公司已经购买位于柬泰边境波比市的 53 公顷土地，并正在将其所有产权转移给旗下新成立的全资子公司，准备兴建波比经济特区。近年来，柬埔寨经济特区吸引外资呈增长趋势，在柬埔寨经济特区投资的外商主要来自日本、中国、马来西亚、新加坡等国家和地区，涉及服装、制鞋、电子、农产品加工等领域。

三、投资建设经济特区面临的问题

对于投资者来说，柬埔寨存在着不可回避的劣势：基础设施不健全，有的地方电网不通、公路不通，甚至连供水都不能保证，其成本费用很高。例如，相比国外企业，柬埔寨国内企业投身于经济特区的热情却并不高涨，因为国内企业认为经济特区虽然有许多优惠政策，但与租地费和运输费相比，费用还是相当高，导致国内企业望而却步。电费昂贵成为企业入驻经济特区的最大障碍，目前经济特区开发商都是自行发电，收费为每度 0.20 ~ 0.28 美元。因此，投资者除了需要了解清楚相关的政策、法律等情况，还需要到现场考察调研，就基础设施、市场需求等方面做细致调查。

另外，投资者与当地政府、企业、民众的文化、利益冲突也是投资者需要接受的挑战，而西港特区就是避免冲突、解决问题的典型范例。西港特区构筑了两地企业抱团分工协作的开发新格局，避免了以往中国企业在海外"单打独斗，水土不服"的尴尬，把中国优势企业迫切"走出去"的意愿与柬埔寨当地经济发展的阶段性需求进行了有效对接。同时，这些出境企业十分尊重当地的法律法规和文化习俗，并通过公益事业给当地百姓增加"印象分"，如红豆集团与当地小学开展结对帮扶等公益活动，为西港经济特区的顺利发展营造了良好的外部环境。

第六节　本章小结

　　毋庸置疑，近10年来的柬埔寨王国，其经济发展势头非常强劲。在2015～2016年，国民生产总值（GDP）一直保持7%左右的增长速度，而且在2016年从最不发达国家名单中被剔除，这表明近年来柬埔寨的经济发展取得了令人瞩目的进步，生活水平得到了一定程度的提高。从国家产业来看，仍然是以制农业、农业、旅游业作为支柱产业，对外贸易还是保持强劲的增长势头，但国内财政支出依然缺乏，经济投入还是更多依赖于国际投资，基础设施仍然薄弱，如交通设施、电力设施、水利设施等还亟待加强建设。同时，柬埔寨经济特区的发展取得了实质性的进步，尤其是西港经济特区的良好示范作用，以至于柬埔寨国家领导人提出要将西港经济特区建成为"柬埔寨的深圳"。但是，柬埔寨人民的生活水平还不是那么富裕，尤其是农村地区的乡村居民生活还十分贫困，因为主要依赖于农业生产，而农业生产的好坏主要依靠天气。因此，柬埔寨发展经济的道路还不那么顺畅，国家政府还需努力前行。

第四章 防务与安全现状

　　柬埔寨王国建立于公元 1 世纪，是历史悠久的文明古国。但是在这个灾难深重的国度，战乱从 20 世纪 70 年代开始就一直牵绊着它的步伐，如今虽已步入和平年代，但是战争带来的伤痛以及对经济的持续影响仍然成为这个国家发展的一种束缚。柬埔寨的边境线曲折而绵长，与越南、泰国、老挝等国接壤，柬埔寨与这些国家曾经的战火虽已熄灭，但存在边境线划分不明确等遗留问题。经历了战火的洗礼之后，柬埔寨如今的领土主权问题基本得到解决，为了使得国家获得长久的和平与稳定，柬埔寨对国防建设高度重视，尽管国防体制几经编整后已大致稳定。在经济及技术捉襟见肘的情况下，柬埔寨积极寻求与他国合作，并推进军队建设上升到了新的层次。但是，因国内政局不稳，在一定程度上影响着国家的发展。同样国内的社会动荡环境也影响着这个贫穷国家的安全和稳定发展。

第一节　国土安全

一、领土安全

　　在 2015 年，柬埔寨已经完成与泰国、越南和老挝的陆路边界 467 块界碑勘界立碑工作，其中柬越界碑完成最多①。整体而言，柬埔寨与老挝的关系较为稳定，与越南则有较多的边界争端，与泰国的边界冲突主要因为柏威夏寺而起。

　　1. 柬老边界友好协商

　　2015 年至 2016 年上半年，柬埔寨与老挝的关系稳定，未出现边界争端，双方均表示要尽快完成陆地边界线的勘定及立碑工作，共同建设出一条和平、友谊

---

　　① 勇平. 去年柬埔寨边境勘界立碑 467 块［N/OL］. 柬华日报，http://www.jianhuadaily.com/，2016 - 03 - 16.

与发展的边界线。两国政府都遵守了 2009 年 11 月 25 日签署的边境协议，并表示要共同治理好边境安全。苏庆副总理、松高西牢旺部长与老挝就边境贸易、武器交易、贩卖人口、跨国犯罪等问题进行了磋商，并表示将拓展在教育领域的合作。

2. 柬越边界存在摩擦

柬越边界问题"错综复杂"，柬埔寨与越南存在交界的省份有 9 个，边界线总长 1228 公里①。2015 年，柬越双方一直致力于两国边界的勘定以及立碑工作，并取得了长足进展。柬越边界线总长 1270 公里，两国计划建立的界碑共计 314 块，截至 2015 年底已经完成了 282 块，也就是 89% 的工作量②。

虽然柬埔寨的国家政体在历史的长河中几经变迁，但如今与越南却长期保持着友好关系，尤其是现任总理洪森，与越南有着极深的渊源关系。尤其是"下柬领土"的长期争议时常搅动着柬越关系。

虽然两国之间的边界一直存在争议，但对两国的经济往来并没有造成太大的影响，贸易往来及游客往来均稳定，越南已经成为柬埔寨的第三大贸易伙伴③。柬埔寨与越南计划在两国边境特本克蒙省棉末县与泰宁省交界处建立互贸市场，这将有利于两国关系的友好发展和边境人民生活水平的提高④。

2016 年 11 月 4 日，柬埔寨和越南边界联合委员会在金边召开会议，讨论两国的"领土交换"问题。两国之所以会进行领土交换，是因为当年法国殖民者在进行边界划分时，并没有考虑实际情况，一些高棉的村庄被划入了越南的领土，同样一些越南的村庄被划入柬埔寨，这不仅给当地居民的生活带来诸多不便，更可能为边界矛盾埋下祸根。早在 2011 年 4 月 23 日，柬越两国政府就签署了关于"换地问题"的备忘录，以平等互换、不影响居民生活为原则。根据测量结果，共有 916.7 公顷的"越南国土"被柬埔寨管辖，同时有 2160.6 公顷的"柬埔寨国土"被越南管辖。

总之，最近 5 年来，柬越双方虽然没有太大冲突，但是领土纠纷事件还是时有发生，在剩余的陆地边界勘界立碑工作完成后，两国将把边界问题的重心转移

① 阮志强. 柬越两国土地交换将成焦点 [EB/OL]. https://mp.weixin.qq.com/s?__biz=MzA-wOTc0MDQ2Mg==&mid=2656377704&idx=2&sn=e9c56b6da03d59ed2bb6b1c11f31afab&chksm=80fab2a9b78d3bbfbeac0647283942adc9f8d5fde1ff51f0f27fe958811805ec25da87f52ba5&mpshare=1&scene=23&srcid=0626YodB1ENTjRsa9ee2xBVM#rd, 2016 – 11 – 01.

② 勇平. 去年柬埔寨边境勘界立碑 467 块 [N/OL]. 柬华日报, http://www.jianhuadaily.com/, 2016 – 03 – 16.

③ 植林. 柬越边界争议不影响两国口岸往来 [N/OL]. 高棉日报, http://cn.thek – hmerdaily.com/article/12261, 2015 – 07 – 23.

④ 蔡仁毅. 柬越两国将在特省边境建市场 [N/OL]. 高棉日报, http://cn.thek – hmer – daily.com/article/10886, 2015 – 04 – 20.

到海域界线。洪森总理强调，柬埔寨王国政府拥有明确的立场，即以国际法和国家法律为准则，促使柬越两国的边界线明确且正确，彻底解决法国殖民统治时代遗留下来的边界问题，全面解决两国陆界和海界问题，使之不再存在纠纷①。

3. 柬泰边界存在争端

柬埔寨与泰国之间的领土争端主要集中于柏威夏寺。公元889年，吴哥王国第四位君主耶索华曼一世主持修建了柏威夏寺，地址就选在柬埔寨与泰国边界的扁担山脉，并坐落于悬崖之上，在王朝的数次更迭与国力逐渐演变的过程中，柬埔寨与泰国曾因对柏威夏寺的管辖权而引发争议。

二、领海安全

1. 完善领海法治，护卫"蓝色国土"

当前，海上安全问题已经成为了世界普遍关注的问题，东盟及周边国家的海洋问题矛盾日益突出。柬埔寨位于中南半岛的南部，西南濒临泰国湾，海岸线长约460公里，长期以来不断受到海盗、非法移民、海洋污染、武器及商品走私等违法犯罪活动的影响，对国家安全及经济发展造成了极大的负面影响。从2015年开始，柬埔寨国防部开始着手制定《领海安全法》，并为此成立了专门的联合小组，该法案出台之后为本国的领海安全提供了基本的法律保障。

在《领海安全法》出台之前，柬埔寨的海上安全问题一直由国家领海安全委员会负责，该组织为打击海上犯罪，维护国家领海安全做出了巨大贡献。此外，柬埔寨国防部在许多岛屿上都建立了站点，对海上安全进行实时监控，并计划在戈公省建立更多站点，以维护柬埔寨海上安全②。

随着柬埔寨的建设与发展，国家安全大环境有了很大改善。不过，近年来潜藏在东盟部分国家海洋安全方面的问题日益凸显。目前东盟及周边国家国土安全的热点问题，多涉及海洋国土安全。在这种情况下，缺少维护领海安全的基本法律，柬埔寨的"蓝色国土"将缺乏有力的保障武器。

近年来，领海经济安全成为柬埔寨王国政府关注的重点。但是，柬埔寨目前的国力使得海上执法水平受限，只能在戈公等沿海岛屿设立一些检查站，出动海军维护近海安全的频率很低，难以有力打击海洋犯罪行为，保护海上运输。因此，急需一部规范化的领海安全法。

此外，2005年柬埔寨领海内发现石油和天然气，这一发现无疑将对无油无

① 柬越陆地勘界立碑工作量已完成近90% 两国将着手划清海域界线［N/OL］.高棉日报，ht-tp：//cn.thekhmerdaily.com/homepage/detail/14327，2015－12－28.
② 周吉培.国防部计划制定《领海安全法》维护国家安全和海洋权益［N/OL］.高棉日报，ht-tp：//www.jinbianwanbao.com/List.asp？ID＝17365，2015－01－06.

气的柬埔寨产生重要的经济影响，而部分海域油气资源地带却与泰国交接，虽然两国总理对此问题进行过探讨，但是无论是采取合作方式还是清晰划界的方式对资源进行开采，都需要柬埔寨出台一部与领海安全相关的法律，从而占据主动地位，更好地维护国家经济利益。

领海安全不仅对国家经济发展有重要影响，而且是国家生存与发展的最基本问题。历史上，柬埔寨与越南、泰国都有过领土纠纷问题，相对于领土纠纷问题，领海问题却很少被人提及。事实上，柬埔寨与越南的部分领海划界问题一直没有得到解决，柬埔寨以法国殖民时代的领海划线为依据，提出设立"历史水域区"概念的主张，以维护柬埔寨的主权，但是越南对这样的划分方式却不以为意。因此，一部《领海安全法》确立了本国领海主权，是对国家尊严的捍卫。

维护主权领土完整以及海洋权益是柬埔寨矢志不渝的努力方向。面对象征着主权与财富的"蓝色国土"，柬埔寨王国政府深知海洋对经济发展的推动作用，海洋战略正在得到国人和政府的重视。一个正确的海洋战略和一部《领海安全法》是国家平稳快速发展的必要条件。柬埔寨的经济正在快速发展，《领海安全法》是有效维护海洋国土和海洋利益的重要保障。除此之外，拥有与海岸线、海洋领土、海洋利益相匹配的海空军事力量也是柬埔寨国防建设的重要任务①。

2. 坚持独立政策，避免卷入他国领海争端

柬埔寨的宪法中规定，坚持独立不结盟政策，虽然规定如此，但想要坚守这一原则还是需要莫大的勇气和定力。在中国与日本的钓鱼岛问题中，日本曾多次试图劝服柬埔寨支持日本反对中国。日本是柬埔寨重要的援助国，在柬埔寨的军队培训及基础设施建设、文化、教育等领域给予了其不少援助，是仅次于中国的援助国。但是柬埔寨政府并没有被迷惑，在中国南海问题上始终坚持独立政策，坚决不卷入他国的领海争端，客观上支持了中国。

第二节 国防体制

一、领导与指挥体制

1949 年，柬埔寨建立了王家军，但实际上由法国控制，直至国家取得独立，王家军才转为柬埔寨国王直接领导，此后部队经历数次整编，下设总参谋部和国防

---

① 张照. 制定领海安全法保护"蓝色国土"［N/OL］. 高棉日报, http://cn.thekhmerdaily.com/home/detail/9327, 2015－01－12.

委员会。1993 年 6 月，奉辛比克党、人民党和自由民主佛教党三大党派共同组成了柬埔寨的武装力量，最高司令是西哈努克亲王，但他并不负责军队的指挥工作。而后，拉那烈和洪森被任命为柬埔寨王家军队、警察部队、准武装部队和公安部队的联合总司令。柬埔寨王国政府成立后，上述武装力量被统称为高棉王家军①。

　　柬埔寨王国武装部队总司令部是柬埔寨的最高军事决策机构。宪法规定："国王是国家军队最高司令，但不指挥军队。"国防部是总司令部的办事机构，也是军队的最高行政机关，下设总参谋部。全军的作战指挥、技术保障和后勤供应都由总参谋部负责，新闻局、通信局、对外联络局、军事法院和军事检察院等单位都由国防部管理。柬埔寨武装力量称为柬埔寨王家军，由陆军、海军、空军、特种部队和宪兵部队构成。总司令通过国防部对所有武装力量实施领导和指挥。除了柬埔寨民军不实行军衔制外，其他各政权、各派别的军队均实行将、校、尉官三级军衔制。如图 4 - 1、图 4 - 2、图 4 - 3、图 4 - 4、图 4 - 5、图 4 - 6 所示，分别为柬埔寨王家军军徽、柬埔寨王家陆军军徽、柬埔寨王家海军军徽、柬埔寨王家空军军徽、柬埔寨王家宪兵部队军徽和柬埔寨王家空军机徽②。

图 4 - 1　柬埔寨王家军军徽

　　① 柬埔寨军事力量详表［EB/OL］. 战略网军事，http：//www. chinaiiss. com/military/view/6，2017 - 05 - 03.

　　② 卓志沐. 柬埔寨武装力量徽标［EB/OL］. 福建国防教育网，http：//mil. fjsen. com/2016 - 10/14/ content_ 18574678_ 9. htm，2016 - 10 - 14.

图 4 - 2　柬埔寨王家陆军军徽

图 4 - 3　柬埔寨王家海军军徽

图 4 - 4　柬埔寨王家空军军徽

图 4 - 5 柬埔寨王家宪兵部队军徽

图 4 - 6 柬埔寨王家空军机徽

二、军事指导思想

1. 《2000 年柬埔寨国防白皮书》

2011 年，柬埔寨政府正式发布《2000 年柬埔寨国防白皮书》，白皮书认为，柬军在维护国家领土主权完整、结束国内分裂斗争、实现国家恢复和重建、保持国家政治稳定及维护民族团结等方面做出了突出贡献。同时，白皮书给出了柬埔寨军队建设的指导思想。在任务方面，白皮书要求柬埔寨军进行军队改革，努力提高军队素质，以更完美的姿态和更积极的心态投入到国家的建设当中，维护来之不易的良好政治局面，同时发展与邻国和本地区国家军队的良好合作关系。在建军路线上，白皮书提出要将柬埔寨军建设成为一支绝对忠于祖国、遵守宪法，能够捍卫国家领土、主权和领土完整，能够维护和平、稳定和社会安全的军队。"确保国家安全、促进国家发展"是柬埔寨国防政策的基石，并为此主张化解与其他国家的矛盾，保持与传统盟国的关系，积极发展东盟合作，维护周边安全，同时争取大国的支持和援助。白皮书还认为，一个温和、中立的柬埔寨是东南亚乃至全世界的福音①。

2002 年，柬埔寨发布了国防战略回顾报告，认为为了更好地实现柬埔寨政府的国防目标，有必要加强认识柬埔寨武装力量的角色和作用。《2006 柬埔寨白皮书》重申了柬埔寨军的地位、作用，指出柬埔寨军在今后要通过参与国际社会的维和和人道主义行动来提高柬埔寨的国际地位。

2. 柬埔寨"四角战略"

2004 年 7 月 16 日，柬埔寨第三届王国政府首相洪森提出了以优化行政管理为核心的国家发展"四角战略"。"四角战略"是三角战略的延续与发展，在三角战略稳定局势、重建经济、融入国际社会三大主题的基础上，"四角战略"以优化行政管理为核心，以加快农业发展、加强基础设施建设、吸引更多投资和开发人才资源四大主旨为发展目标。十多年过去了，王国政府认为以增长、就业、平等和治国效率为核心的"四角战略"依然适用于柬埔寨第五届政府（2013～2018 年）。如今，"四角战略"已经进入了第三发展阶段，王国政府将继续落实《国防白皮书》中有关军队的政策和计划，其中包括分配社会特许权土地给复员军人，以及进行军队改革，尤其是落实裁军计划。意在提高和加强柬埔寨军事能力，促使柬埔寨军人能够完成各种任务，使其成为一支责任意识强、懂法律、重视人权、掌握现代科学技术、全心全意为人民服务，能够守护国家和人民安全的合格队伍②。

3. 维和部队维护世界和平

联合国维持和平行动是国际社会促进国际和平与稳定的重要手段，维和行动一般由联合国安理会决定，由会员国提供人员，并得到会员国的资助，1988 年诺贝尔和平奖的获得使得联合国维和部队的作用得到公认。作为维和部队的受益国以及会员国，柬埔寨从 2006 年起向世界各国派遣维和部队，其主要任务是维修机场和道路、排雷、医疗救助等。在 10 年的时间里，已经有 16 批逾万名军人参加联合国维和行动，7 个国家从中受益，即乍得、黎巴嫩、中非、叙利亚、南

---

① 卢光盛，李晨阳，翟健文，李涛. 列国志·柬埔寨［M］. 北京：社会科学文献出版社，2014：227－228.

② 柬埔寨王国政府"四角战略"［EB/OL］. http：//cb. mofcom. gov. cn/aarticle/ddgk/zwminzu/2004
12/20041200318821. html，2017－06－24.

苏丹、苏丹和马里。

维和行动是国际交往中互利共赢的重要举措，王国政府对此高度重视，洪森总理对柬埔寨维和部队的人道救济精神表示高度赞誉，每次柬埔寨维和部队出使他国执行任务前，王国政府都会对其进行短期训练，与此同时，包括中国、美国、日本、法国、印度和澳大利亚在内的许多国家都曾给予柬埔寨维和部队训练与支持①。

三、国防政策

1. 军事政策三阶段

在西哈努克时期，柬埔寨的对外军事政策共经历了以下三个阶段：第一个阶段是从独立到日内瓦会议结束，在这一时期，柬埔寨的军事政策重点集中在前殖民宗主国法国，法柬两国签订的军事协议规定柬埔寨为法国提供军事基地，法国为柬埔寨提供军事顾问指导训练。第二个阶段是 1955～1963 年，美国取代了法国在柬埔寨的军事援助国地位，在这 8 年里，美国给予了柬埔寨大量的军事援助，其中包括负责训练柬埔寨军的军事顾问和 8370 万美元的军事援助。由于西哈努克坚持实施和平中立的外交政策，美国没有加大对柬埔寨的军事援助，而是设法推翻西哈努克政权。第三个阶段为 1963 年以后，柬埔寨的军事政策开始倾向于社会主义阵营的国家，并得到了中国、苏联、越南、南斯拉夫等国的军事援助。

2. 军事机密安全——内政部拟制定《保密法》

2015 年 1 月，柬埔寨内政部宣布了制定《保密法》的计划，《保密法》是保守国家秘密，维护国家安全的重要法律依据，是国防工作的重要内容。与此同时，《信息安全法》草案的修订计划也已经开始。世界上的发达国家一般都早已制定了《保密法》，而柬埔寨作为相对落后的国家，国防工作正逐渐步入正轨。柬埔寨的保密培训工作得到了越南的支持与赞助，越南承诺为提高柬埔寨公务员的保密能力而提供赞助培训，目前已有上百名警官被送至越南接受培训。在保密问题上接受他国的援助是否妥当，这一问题也受到了相关人士的质疑，毕竟保密工作对国家安全牵涉重大，再者，柬埔寨与越南的部分领土及领海划界问题尚未得到根本解决，柬埔寨政治独立分析家速杜先生表示，他支持国家制定《保密法》，只要它能够保护国家利益，但是他不希望该法律的制定有越南的介入②。

3. 柬埔寨王国政府高度重视王家军

（1）洪森高度重视王家军心理健康教育。长期以来，洪森总理对王家军全

① 钟杰威. 柬维和部队第二批装备起运中非［N/OL］. 高棉日报，http：//cn. thekhmerdaily. com/home/detail/9280，2015 - 01 - 09.

② 内政部拟制定《保密法》［N/OL］. 金边晚报，http：//www. jinbianwanbao. com/List. asp? ID = 17621，2015 - 01 - 30.

军的心理教育工作高度重视。王家军代表的是柬埔寨的国家安全，仅拥有强大的作战能力是不够的，更重要的是拥有健康的心理、正确的价值观。如今在柬埔寨的政坛上，依然存在着反对势力，虽然不能执政，但是他们常常利用一些政治事件进行煽动，如若引导不当，不仅会对民众的观念造成影响，甚至有可能动摇军人们的观念。因此，对军队进行正确而及时的教育就显得尤为重要。此外，军民之间的情感联系也十分重要，军队和人民是国家的利益共同体，军队守护人民的生命财产安全，同时军队也需要人民的支持，而军队心理教育将在很大程度上加强军队与人民的情感交流，提升人民对政府领导工作的信任度。国防部国务秘书年帕上将强调，尤其是要加强年轻士兵的能力、道德与技能培养工作，树立他们坚定的爱国精神①。

（2）洪玛内承诺陆军军官招募公平甄选。国防军官招募可以为国家的军队输送新鲜血液，是一个国家保持国防力量的重要举措。2015年，柬埔寨报考军官的条件是：柬埔寨籍，年龄18～25岁，高中以上文化水平，没有犯罪记录，身体健康，男性身高1.6米以上，女性身高1.5米以上。招募令一经陆军副总司令洪玛内的专页发出便得到了广大民众的积极回应，网民们表达了希望报考及对招募工作表示支持。然而，还是有网民担心舞弊问题。军官的招募影响军队的整体素质，关系到国家安全和社会稳定，所谓无风不起浪，有网民表示曾经亲身经历过报考时被索取费用。陆军副总司令洪玛内对该问题表现出了高度的重视，承诺军官考试将以透明、公正、公平的原则进行，确保拥有真才实学的人才考得上。而招生委员会也会将这一原则贯彻到底，遏止过去所有的腐败现象②。

（3）谢达拉将军口误引争议。2015年7月29日，柬埔寨王家军副司令、驻守柏威夏古刹战区的谢达拉将军发表讲话时强调，柬埔寨王家军是执政的"人民党"的武装力量。不管是有意为之还是无心之失，谢达拉将军的这番话还是在社会上引起了轩然大波。柬埔寨《宪法》第23条规定，国王陛下是王家军最高统帅，王家军总司令被任命用来指挥这支王家军。洪森当时强调，武装部队的责任是负责保护国家领土主权，保护《宪法》和合法政府。因此，针对谢达拉将军的言论，网上热评说他不懂国王、藐视宪法。更有人留言认为，"王家军的责任是保护国家和人民，如果是人民党拥有，那谁来保护国家和人民"。

一方面，时政评论员评论说："军队属于国家，应维护国家利益，而不是维护政党利益。"认为谢达拉将军的言论有违宪法，更有王室成员认为他的话等于

———————
① 吴天．国防部上将：军队团结阻分裂［EB/OL］．http：//www. jpzhs. com/forum. php? mod = viewthread&tid = 197443&extra = page%3D1，2015 - 07 - 28.

② 吴天．国防部招募陆军军官 洪玛内：将公平公正甄选［N/OL］．华商日报，http：//www. jpzhs. com/forum. php? mod = viewthread&tid = 198132&extra = page%3D1，2015 - 08 - 31.

废除国王机构和宪法。另一方面，人民党急于灭火，呼吁大家不要断章取义，认为谢达拉将军的本意是军队有义务维护并实施政府推行的政策与施政纲领。人民党也强调，现任政府是由人民党执政，因此军队不可能去保护其他政党。

4. 核武器政策——柬埔寨承诺绝对不让核扩散

2016 年 5 月 17 日，在洪森总理和梅德韦杰夫总理的共同见证下，俄罗斯国家原子能公司总经理基里延科和柬埔寨环保部长赛森安签署了建立柬俄和平利用核能合作联合工作组、在柬埔寨建立核能信息中心的合作备忘录。双方就和平利用核能展开了深入探讨。洪森总理表示，柬埔寨是负责任的国家，承诺绝对不让核扩散。同时，核能是一种强大的能源，对其合理利用将会成为人类的一大福利。柬埔寨目前的一些落后地区还饱受供电不足的困扰，因此合理利用核能对柬埔寨的经济发展能够起到极大的促进作用。但是目前柬埔寨国内十分缺乏相关人才，俄罗斯承诺为柬方提供相关的技术培训，双发的合作前景十分广阔①。

5. 边境合作政策——柬泰两国加强边境信息共享

2015 年 3 月，柬埔寨新闻部部长乔干那烈 11 日上午与泰柬边境军队协调中心主任基提柏（Kitipol Prasertsook）举行会谈。泰方建议新闻部加强两国边境信息互享合作，第一时间通知泰方相关消息。近年来，尽管有着柏威夏寺权属争议，但柬泰两国政府一直保持良好的沟通，致力于化解过去发生的各种矛盾，尤其是在传媒方面，信息共享使得两国在完善国防系统上更加得心应手，同时也成为深化两国友谊的重要举措②。

第三节　军事安全

一、国家军事力量

1. 基本概况

到目前为止，柬埔寨拥有的武装力量总人数在 18 万人左右。洪森总理及国防部高度重视军队的心理教育，强调王军是"人民党"的武装力量，严厉打击

---

① 周吉培. 柬俄总理就核能合作进行会谈　柬承诺绝对不让核扩散［N/OL］. 高棉日报, http: // cn. the khmerdaily. com/article/16186, 2016－05－19.

② 柬泰将加强边境信息互享合作协调两国边境事务［N/OL］. 高棉日报, http: //cn. thekhmerdaily. com/home/detail/10309, 2015－03－13.

任何煽动、分裂军队团结以及企图推翻合法王国政府的犯罪行为①。2016 年，为维护社会秩序和政局的稳定，洪森总理决定扩充警察队伍，新增 4536 名警察新兵。在性别比例方面，柬埔寨国家警察总署决定提高 20%～30% 的女警，以满足出入境检查的需要②。如今柬埔寨双方政治力量不断地进行明争暗斗，军队是人民党执政力量的基础，是与救国党抗衡的重要保障，因此人民党的领导人对军队力量的巩固及思想的统一都高度重视。除了巩固国防力量，王家军陆军第 70 旅特种部队培训出一支专业救援部队——"711 援救部队"，用于应对车祸、火灾、空难、楼屋坍塌和自然灾难等紧急救援任务。由于经济、基础设施及法律教育等方面的原因，柬埔寨的车祸率一直居高不下，近年来火灾、雷电等自然灾害也时有发生，成立救援部队对维护社会安定、保护人民的生命财产安全有着十分重要的意义③。

2. 兵役制度

自柬埔寨独立以来，其兵役制度几经变换。独立之初，实行募兵制度，规定乡村中凡是年龄在 18～30 岁的人，都应该在农村参加民兵训练，在校青年学生也要接受军事训练。同时还规定"皇家社会主义青年团"的军事训练义务是为配合正规军作战做准备。

在金边政权时期，柬埔寨实行义务性军事服役制度，规定年龄在 18～35 岁的柬埔寨男性公民需义务在军队服役 5 年。1985 年后因国家人力匮乏，将服役期限延长了 3 年，并规定妇女也有服兵役义务，主要参与防御工事的建设。

1993 年柬埔寨皇家政府军建立后，实行义务兵役制，规定 18～35 岁的健康男子必须服役 18 个月，其中陆军服役年龄为 5 年。

3. 军警政策

（1）军警与中央强化联盟关系。柬埔寨军警是国防力量的重要组成部分，2005 年柬埔寨建立了军警与中央政府部门之间的联盟关系，在这十多年的时间里，联盟关系稳定并取得了多项成果。这在很大程度上得益于柬埔寨政府的领导。自联盟建立起来，柬政府不断地对联盟关系进行调整和改进，并且十分关注军警、武装人员的生活条件。多年来，政府的多个部门都积极给予军警关怀和慰问，关心他们生活上的困难，并给予了大量帮助。柬埔寨国防部长狄班强调，虽然目前柬埔寨与周边国家的关系友好，但是前线部队仍然应该时刻保持警惕，坚

---

① 子兴．谢达拉将军强调：王家军是"人民党"的武装力量［N/OL］．柬华日报，http：//www. jianhua daily. com/，2015－07－29.

② 邓泯玫．国家警察总署计划增女警数量 主要建立特殊女警力［N/OL］．高棉日报，http：//cn. thekhmer daily. com/article/15252，2016－03－07.

③ 第 70 旅成立专业救援部队"711 援救部队"举行演习［N/OL］．金边晚报，http：//www. jinbian wanbao. com/ List. asp？ID＝19022，2015－08－04.

守岗位，保卫家园，而军警与中央政府的良好联盟关系，对于捍卫国家主权以及维护社会秩序都发挥着十分重要的作用①。

（2）国家警察总署计划建立特殊女警力。2016 年，柬埔寨警察总署表示将增加全国女警数量，增加比例为 20%～30%。目前柬埔寨的女警比例较小，只占警察总人数的 5%，并且大部分女警都只从事室内办公作业，很少外出执勤。而随着社会的发展，对女警的需求日益凸显，尤其是出入境女性游客的检查工作是男性警察所无法完成的。在其他一些执勤任务中，女警的优势明显大于男警，甚至是无法替代的。因此，增加女警比例对维护社会的安定和国家安全来说起到非常重要的作用。在应征女警的条件方面，国家警察副总监兼保卫局局长杜那洛表示，新增女警应满足身高 1.65 米以上，身体素质良好，且通过相应的考试。在招募工作结束后，警察总署将建立一支特殊的以女警为主力的队伍。这将有利于完善柬埔寨国家的安全体系，增强社会稳定性。

二、军事演习及培训

1993 年柬埔寨联合政府成立后，柬埔寨军队一方面注重自我提高，不断完善军队训练体系，另一方面积极向东盟及西方国家学习先进军事管理技术，并获得了大量资金、装备和技术方面的支持。目前，柬埔寨的科研及培训体系已经相对完善。在科研方面，有军事科学院；在军事培训方面，主要有士兵训练学校、综合士兵学校、综合技术学校、综合军官学校和破译训练学校等。近年来柬埔寨和美国展开了较为密切的军事合作，柬埔寨皇家武装力量还接受了澳大利亚、法国、马来西亚、印度尼西亚等国的训练和其他军事援助②。

1. 与美国关系微妙

（1）以往合作密切频繁。在军事演习及培训方面，柬埔寨积极与其他国家合作，其中与之合作最为频繁的是美国军队，美国多次向柬埔寨提供军事法律、扫雷、潜水等方面的培训，为柬埔寨军队能力的提升提供了宝贵的理论及实践经验。柬埔寨王家海军和吴哥哨兵先后与美国进行了海上军事演习，其中美国军队与柬埔寨王家军联合在贡布省举行人道主义军事演习，并被命名为"太平洋天使（Pacific Angel）2016"，旨在提高部队在维护和平和人道主义救援方面的能力③。

自 2006 年以来，美国为柬埔寨军队提供培训并定期举行联合军演。2015 年

---

① 昊天. 军警与中央强化联盟关系［N/OL］. 华商日报，http://www. jpzhs. com/forum. php? mod = viewthread&tid = 197484&extra = page%3D1，2015－07－30.

② 卢光盛，李晨阳，翟健文，李涛. 列国志·柬埔寨［M］. 北京：社会科学文献出版社，2014：241－242.

③ 邓泯玟. 柬美"太平洋天使"军演正式开始［N/OL］. 高棉日报，http://cn.thekhmerdaily. com/article/16499，2016－06－10.

美国国际开发署（USAID）正式宣布向柬埔寨提供退伍军人援助，帮助他们提升生存技能，更好地在社会上立足。1991 年，美国退伍海军 BobbyMuller 在柬埔寨创立了柬埔寨国际退伍军人组织，至今已有 3 万名残疾人从中获得培训服务。2015 年 8 月，美国陆军军队为柬埔寨王家军提供了为期 1 周的军事法律培训，在提高柬埔寨王家军的军事法律水平、执法效率及人力资源方面发挥了重要作用[①]。2015 年 9 月，美国驻柬埔寨大使馆临时代办朱莉出席了柬埔寨为期 5 天的海军反恐演习，大大提高了柬埔寨海军的实战能力[②]。同年 9 月柬埔寨扫雷中心和美国慈善基金会在金边市国家运动场的游泳池上展开了"潜水"演习，以期组建一个擅长潜水的工作小组，清除柬埔寨水下未爆的炸药。在发展与大国的军事关系问题上，柬埔寨将侧重点放在亚太地区有重大影响力的大国上。在关于美国的国防政策上，柬埔寨认为发展对美关系对其经济发展有着重要作用，但同时又反对美国干涉其内政。

（2）取消"吴哥哨兵"军演，原因扑朔迷离。柬美两国有着长久的军事合作传统，两国间的军事合作演习——"吴哥哨兵"军演自 2010 年起，持续了 7 年之久，期间从未间断。2010 年 7 月举行的"吴哥哨兵 2010"除柬美两国之外，还有来自法国、英国、俄罗斯、日本等 20 多个国家的近千名官兵参与。此后，"吴哥哨兵"联合军演逐渐从多边演习转变为双边演习。2013 年的"吴哥哨兵"联合军演持续两周，参与的柬方军官兵和美方军官兵分别为 232 人和 91 人；"2014 吴哥哨兵"军事演习于 4 月 21～30 日举行，柬美参与人数分别为 370 人和 100 人，2014 年该项联合军演注重于人道主义救援及救灾活动，并加入了实弹演习；2016 年 3 月 25 日，柬美联合军演落幕，参与演习的陆军共 508 名，其中柬王家军有 400 名，演习规模达到旅团级，并首次加入无人侦察机收集情报项目。王家陆军副司令占速撒塔中将在军演闭幕时指出，这项活动已持续举行 7 年，并于 2014 年开始加入实弹演习，之后规模一年比一年壮大，从最初的连团级到营团级，目前已达到旅团级，而演习的目的主要是为了应对自然灾害和人道主义救援，并非针对某一个国家。

这一持续了 7 年的联合军演是柬美双方提升作战能力的重要举措。然而，2017 年 1 月，柬方却宣布将计划举行的第八次联合军演推迟举行，虽然柬埔寨政府一再强调这是因为柬方要忙于国内事务，尤其是国内的地方选举和为期半年的禁毒行动，但这一行为还是引起了政治家和评论家们的热议。英国《金融时报》

---

① 勇平. 美宣布向柬埔寨退伍军人组织提供援助　将帮助残疾人进行技能培训［N/OL］. 柬华日报，http：//www. jianhuadaily. com/，2015 - 07 - 13.

② 植林. 海军军官参加反恐培训［N/OL］. 高棉日报，http：//cn. thekhmerdaily. com/，2015 - 09 - 02.

称，2017 年是中国与美国争夺东南亚影响力的关键时刻，柬埔寨在这时取消和美国的联合军演，不得不让人想到这是希望与中方建立更为密切的关系。而柬方政府则坚称这与对华关系无关，柬埔寨防务部的发言人说，柬方并没有停止和美国的合作，这件事和中美两国都没有关系，柬方不靠拢任何国家。实际上，与中美两国保持良好的关系也是洪森政府一直以来的战略。

2. 与中国关系源远流长，迫切加强合作

在与中国的关系方面，柬方认为两国之间的关系源远流长，而现阶段正是发展与中国友好关系的大好时光，因此迫切希望加强两国之间的军事合作。2015 年中国国防白皮书《中国的军事战略》也明确指出，中国将矢志不渝地走和平发展道路，同世界各国加强军事合作，为世界的和平稳定做出更多贡献。中国驻柬埔寨大使李武官表示，中国和柬埔寨是长期以来的真诚朋友，一直以来都能相互支持相互信赖，多年来中柬两国和两军关系取得了长足发展，两国都有意于秉持共同、综合、合作、可持续安全的新理念，进一步提升两国的全面战略合作伙伴关系[1]。2001 ~ 2015 年，中国国防部已应柬方邀请，先后 10 次向柬埔寨王家军医院派遣 10 批医疗专家组，为王家军医院培养医疗技术骨干，并援助了一批先进的医疗设备，为改善王家军医院的医疗设备、提高医护人员的医疗水平做出了贡献。

3. 柬越争端不影响合作

在与越南的关系方面，虽然两国存在历史上的领土争端，目前也存在一些小摩擦，但这并没有影响两国之间的国防合作。柬埔寨王家军队陆军司令 Meas-Sopheas 大将强调，越南国防部一直在各个领域上给予柬埔寨国防部及时有效的帮助与支持，使得柬埔寨国防的基本建设工作不断完善和进步，对柬埔寨王家军队的发展壮大，实现国防安全提供了重要帮助。2014 年，越南向柬埔寨提供总值为 2100 万美元的国防援助资金[2]，并且援助资金有上升趋势。

4. 澳大利亚继续向王家军提供英语培训

为了提高柬埔寨王家军的英语水平，以增强其国防能力和执行维和任务的能力，澳大利亚持续向柬方提供英语培训援助。军队的文化水平对其综合能力来说是至关重要的，尤其是在如今的信息时代。柬埔寨的王家军不仅担负着守卫国家安全的任务，而且也是维护世界和平的重要一员，在出使维和任务的过程中，良好的英语水平是顺利完成任务的保障。澳大利亚作为以英语为母语的国家，在为其提供英语培训的过程中有着天然的优势，英语培训与其他军事培训一样有着重

---

① 本报记者. 中国驻柬大使馆武官发表军事战略专题演讲 [N]. 柬埔寨星洲日报, 2015 - 07 - 09.
② 由越南援建的柬埔寨坦克、装甲车修理厂落成 [N/OL]. 柬华日报, http://www. jianhuadaily. com/index. php/图片中心/时政要闻/item/15788 - 2015 - 03 - 01 - 13 - 54 - 57, 2015 - 03 - 01.

要的战略意义。柬方对澳大利亚所提供的英语培训援助表示感谢，而澳大利亚则对柬方军人高度负责的精神以及取得的进步表示肯定①。

5. 与其他国家的军事合作

在与法国的军事合作方面，柬埔寨与法国有着历史上的传统关系，柬埔寨在白皮书中表示希望得到法国和欧盟更多的援助。近年来，法国向柬埔寨提供了一批通信器材和后勤物资。在与俄罗斯的关系方面，柬埔寨迫切希望加强与俄罗斯的军事合作。

第四节　社会安全

社会安全问题虽不是国家传统安全内容，但柬埔寨是一个积贫积弱的国度，且由于经历了红色高棉统治的一个特殊历史时期，许多国家安全问题隐藏在了社会问题当中。因此，我们认为有必要将部分近年来发生的重要社会问题即非传统安全问题纳入本专题讨论的范畴。

一、社会安全概况

柬埔寨作为世界上曾经最贫穷的国家之一，社会治安状况欠佳，在新鲜出炉的全球"法治指数"排名中，共有 102 个国家参与评选，柬埔寨排名第 99 位，位列倒数第四，位居东亚和太平洋区 15 个被评国家的末尾，成为了"法治最脆弱"的国家，法治水平甚至还不如刚摆脱军人政权的缅甸。法治指数是国际透明组织评估清廉指数的重要组成部分，随着法治指数的下降，柬埔寨的清廉指数堪忧②。

除了法治状况不佳，柬埔寨的国家稳定性也非常差，在"2015 年全球脆弱国家指数"评估中，柬埔寨于 178 个国家中位列第 46 名，在东盟国家中仅优于缅甸，属于脆弱国家之一。报告指出，柬埔寨政治、经济和社会的稳定程度比较低，因此柬埔寨在"全球脆弱国家指数"中排名比较靠后③。

近年来，暴力事件、罢工及示威、抢劫、性侵犯等犯罪行为成为社会稳定的

---

① 谢速杰会见澳大利亚驻柬武官　澳大利亚继续向王家军提供英语培训［EB/OL］. http：//www. jinbianwanbao. com/List. asp？ ID＝18339, 2015－04－24.

② 评比 102 个国家柬埔寨法治指数几乎垫底［N/OL］. 柬埔寨星洲日报, http：//www. cam－sin-chew. com/node/41350？ tid＝5, 2015－06－02.

③ 周吉培. 柬埔寨脆弱国家指数全球排名 46 位［N/OL］. 高棉日报, http：//cn. thek－hmerdai-ly. com/article/16784, 2016－07－06.

主要威胁，柬埔寨的整体社会治安水平有待提高。2015 年全国共发生示威事件 1500 起，其中首都金边市总共发生了 443 宗示威事件，相比 2014 年，则增加一宗。在 443 宗示威事件中，工厂工人罢工 222 宗，相比前年的 244 宗，减少 22 宗；非政府组织示威事件 44 宗，与前年相同；民众示威事件 110 宗，相比前年的 87 宗，增加 23 宗；政党示威事件 67 宗，相比前年的 47 宗，增加 20 宗。关于示威活动的目的，大部分都是为了表达政治诉求、土地纠纷、边界问题、工人底薪、人权和劳工问题等①。

二、土地纠纷

目前，柬埔寨土地纠纷问题严重，且受到各界的关注。柬埔寨有 4 个省的土地纠纷最多。据国内外非政府组织 2015 年 1 月 18 日的调查报告，马德望省、菩萨省、磅清扬省和实居省是柬埔寨全国土地纠纷最多的省份。因与民众个人的利益相关，所以问题不能轻易得到解决。柬埔寨非政府论坛（NGO FORUM）执行主任德万那拉表示，调查土地纠纷的目的主要是为了深入了解各省土地纠纷的受害者，特别是女性受害者②。

在所有的土地纠纷事件中，万谷湖土地纠纷事件尤为突出，已持续了将近 10 年的时间，在所有土地纠纷案中持续时间最长，造成的影响也最大。2014 年 11 月，7 名来自万谷湖的妇女在金边市政府门前示威遭逮捕，2015 年 1 月，金边市土地纠纷社区的民众甚至发起了"总动员"，向 10 个国家的大使馆请愿，呼吁各国关注此案。万谷湖民众饱受水灾威胁，正常生活难以得到保障，因此希望通过示威的方式得到当局的关注。此案不仅在柬埔寨国内产生了较大影响，也得到其他国家的普遍关注，其中美国希望就此案得到柬埔寨政府的解释。美国第一夫人米歇尔在 2015 年 3 月访问暹粒之际，来自金边的 50 多名土地纠纷居民多次来到美国驻柬埔寨大使馆前示威，要求米歇尔督促柬埔寨政府释放在狱中的 11 名捍卫土地的民众③。

近年来因土地纠纷事件而举行示威活动的情况越来越多，洪森总理甚至称柬埔寨已经成为"示威天堂"，他对民众的示威感到很不耐烦，甚至已经发出了警告。实际上，土地纠纷示威活动虽多，但大都来自同一批民众，有人认为是因为受到非政府组织的煽动而举行的示威活动。因此，看似纯粹的土地纠纷案实则卷

---

① 金边市工厂去年发生 443 宗示威［N/OL］. 柬埔寨星洲日报，http：//www. camsinchew. com/node/44544? tid = 5，2016 – 02 – 01.

② 莫尼洛. 柬埔寨四省土地纠纷问题最多［N/OL］. 高棉日报，http：//cn. thekhmerdaily. com/home – page/detail/13838，2015 – 11 – 19.

③ 没经费去暹粒找米歇尔　村民又到美使馆示威［N/OL］. 柬埔寨星洲日报，http：//www. camSin – chew. com/node/40522? tid = 5，2015 – 03 – 22.

入了政治力量的角逐斗争中，有的示威民众甚至得到了反对党派的示威培训与资助。在权力斗争的推波助澜下，土地纠纷案变得日趋激烈与复杂，由此将对柬埔寨社会及政权的稳定产生极大的影响①。

不过柬埔寨政府也在积极地解决这一问题，目前万谷湖的 22 户居民中已经有 16 户接受了政府的提案，仙女机构与暹粒居民土地纠纷案也随着洪森总理为 747 位居民送上"新年大礼"——之前存在争议的 115.41 公顷土地而宣告结束②。

三、罢工风潮

2014 年柬埔寨的罢工现象随着大选火药味的消散而刚有所减少，2015 年新年伊始，新的罢工风潮便席卷而来，创下了 13 年之最的纪录。1 月罢工总数为 18 起，平均每两天就有超过 1 家的工厂发生罢工，整个月因此而造成的损失非常大。2015 年第一季度的罢工数量达到 40 起，与同期相比增加了 70%。而且 40 起罢工事件均未遵守法律程序，属于非法罢工。2015 年上半年，金边市一共发生了 236 起罢工和示威活动，同比增长 30%。其中制衣和制鞋厂工人罢工 123 起、民间社会组织和工会 28 起、政党 24 起，其他 61 起示威活动由民众自发发起③。

2015 年 12 月，柴桢省巴域市曼哈顿经济特区部分工厂劳工进行暴力示威后，使得整个曼哈顿经济特区处于全面停业状态，已造成经济损失达数百万美元。罢工原因是工人不满 2016 年 140 美元的基本工资。随后，柴桢省巴域市的大成经济特区再次爆发暴力游行罢工事件，这次罢工尤为严重，有超过 9000 人参与其中，工人们甚至对工厂设备进行破坏，30 名工人当场遭到逮捕。柬埔寨制衣厂商会（GMAC）希望洪森总理出面干预，以免造成无法收拾的局面。

政府对罢工事件十分重视，王国政府副总理棉森婉 2016 年 1 月 29 日上午到柴桢省巴域市一家制衣厂开展慰问活动，并告诫工人提高辨识能力，切勿听信他人唆使进行罢工，否则最终损害的将会是他们自己的利益。而反对党主席桑兰西支持罢工的言论遭到了人民党的强烈谴责，认为这暴露了他蓄意煽动暴力、企图破坏社会稳定的本性。

2015 年 12 月末，约 2000 名工人走上街头，要求政府改善工作环境，并且将 2016 年拟发放的 140 美元的底薪提高至 207 美元。除了加薪外，工会和工人还要

---

① 土地纠纷村民频示威 总理警告别太过分 [N/OL]. 柬埔寨星洲日报，http：//www. camsinchew. com/node/40544? tid＝5，2015－03－24.

② 章达拉. 结束仙女机构与暹粒居民土地纠纷案 政府将 115 公顷地分给 747 户居民 [N/OL]. 高棉日报，http：//cn. thekhmerdaily. com/homepage/detail/10853，2015－04－20.

③ 今年上半年罢工、示威事件逾 200 起 [N/OL]. 金边晚报，http：//www. jinbianwanbao. com/List. asp？ ID＝18845，2015－07－08.

求政府修改刚通过的《工会法》和改善工作环境①。

制衣和制鞋业是柬埔寨最大的外汇收入来源产业，2015 年柬埔寨服装和纺织品总额达 55.66 亿美元，与 2014 年的 53.43 亿美元相比增长 4%；而鞋子出口总额为 52142 万美元，2014 年则为 44122 万美元。作为经济支柱产业，如今工人的薪资和福利都得到了很大的改善，罢工的原因主要是工作环境的恶劣以及部分商家不守法，但也不排除其他对政府不满之人蓄意煽动所为。

劳工仲裁委员会副主席棉尼明曾表示，非法罢工事件导致柬埔寨一年蒙受 9 千万美元至 1.2 亿美元的经济损失。他说，如果一家拥有 1000 名工人的工厂整个月发生罢工，将导致工厂损失上百万美元，加上因工厂无法准时交货，而遭到买家的罚款，更加重厂方经济损失。

目前柬埔寨的成衣制造业正面临着诸多挑战，其中包括用工成本的增加、订单的减少以及来自越南获得欧盟提供免进口税的竞争。再者，用工成本与柬埔寨相当的越南有着更高的生产效率，频繁的罢工事件无疑使得该行业雪上加霜，如果不能及时控制，那么这一主要经济支柱就有可能成为夕阳产业②。

2016 年，柬埔寨罢工事件明显减少，据劳工部的报告，2016 年上半年，柬埔寨的罢工示威事件共发生了 117 起，同比减少近 20%。该报告显示，前述的罢工示威活动在金边发生 79 起，另外还有 38 起是在其他省份发生，涉及 24579 名工人。这些罢工示威活动中封路示威活动有 7 起（金边 5 起和其他省份 2 起）、暴力示威活动发生 7 起（金边 2 起和其他省份 5 起）、游行示威活动 51 起（金边 23 起和其他省份 28 起），已解决的罢工示威活动有 109 起（金边 103 起和其他省份 39 起），未解决的罢工示威活动有 6 起（金边 4 起和其他省份 2 起）。

在 2016 年，罢工示威活动得到明显改善，主要还是归功于相关法律体系的日渐成熟以及执法效率的提高，其中《工会法》功不可没，它保证了工人的罢工示威行动必须在合法的情况下进行，否则会受到法律的制裁。从 2016 年 7 月开始，将会启动制衣和制鞋厂工人基本薪资谈判会，使该产业向着更为健康的方向发展③。

四、网络犯罪

在信息化时代，网络犯罪很明显涉及到国家安全环境。为了整顿网络环境，

---

① 苏旺尼. 不满明年基薪调整幅度　巴域市数万名工人示威抗议［N/OL］. 高棉日报, http：// cn. thekhmerdaily. com/homepage /detail/14180, 2015－12－18.

② 柬成衣厂商会：首季全柬发生 40 宗罢工事件　增长七成［N/OL］. 金边晚报, http：//www. jin-bianwanbao. com/List. asp？ ID＝18603, 2015－05－26.

③ 速杰达. 劳工部：《工会法》显效　上半年罢工示威同比减两成［N/OL］. 高棉日报, http：// cn. thekhmerdaily. com/article/16741, 2016－07－02.

柬埔寨内政部于 2015 年 9 月成立了反电子犯罪局，其主要任务是监管网络犯罪案件，该局与王国政府相关机构以及私营网络企业合作，通过网络系统追踪和调查不明人士的身份，并通过网络支撑技术处理收集足够的证据，依法追究利用网络进行犯罪活动的罪犯的责任。

2015 年 9 月，柬埔寨国家警察总署发言人谢占达乐表示，虽然反网络犯罪局已成立，但该局目前尚未委任相应的领导班子。他还说，国家警察总署已收到王国政府成立该局的指示，目前国家警察总署正在组建该局，将在近期内委任局长和副局长并尽快开展工作，保障国家网络的安全①。

目前来看，柬埔寨的网络安全令人担忧，利用网络对他人进行人身攻击或者威胁的事件时有发生。2016 年，洪森总理的网站两次受到黑客入侵，造成了重要数据的丢失并且受到了侮辱。洪森强调，此次黑客入侵事件一定是反对党所为。警方正在对此事件进行调查并且已经掌握了重要线索，这批黑客将在近期内遭到逮捕并移交法办②。

第五节　本章小结

历史上的柬埔寨曾经战火纷飞，步入和平年代的柬埔寨在国家安全方面仍然任重而道远。传统安全中的海域、陆地安全隐患不是太严重。柬埔寨王国政府多年来在外交方面的努力使其与老挝关系保持稳定，与泰国的领土争端也因时间太久，其冲突时有爆发，但并未造成更大威胁。但柬埔寨王国与越南的边界争端却因为卷入了国内政治力量的角逐而变得纷繁复杂，也成为了柬埔寨国家边境上最不稳定的因素。多年的战争导致了贫穷，几乎任何一个地方的社会治安都与经济的发达程度有着紧密的联系，作为世界上曾经最贫穷的国家之一，柬埔寨也成为了世界上"法治最弱"的国家。土地纠纷与罢工事件使得民众和政府的关系稍显紧张，并且很有可能沦为国家政治权力角逐的工具。为了维护社会稳定、保障人民安定有序地生活，柬埔寨政府也做了持续努力，并且取得了一定效果。

---

① 植林．内政部成立反网络犯罪局　整治网络环境［EB/OL］．高棉日报，http：//cn. thekhmerdaily. com/homepage/detail/12932，2015 – 09 – 10.

② 周吉培．洪森官网二度被黑客入侵　大量资料数据被窃［N/OL］．高棉日报，http：//cn. thekhmerdaily. com/article/16439，2016 – 06 – 07.

第五章　外交关系

柬埔寨位于中南半岛西南部，属于东南亚小国，具有独立自主的外交，其为了自身的发展，在大国之间走钢丝求平衡无可厚非，所以无论是面对"信任如树"的东方大国——中国，还是面对带着亚太平衡战略的美国，或是有着成熟且缜密的外交和文化渗透的日本与韩国，以及建交 60 周年的俄罗斯等，柬埔寨都以完全中立的态度在外交中做出了最具有其高棉特色的姿态。

第一节　柬埔寨外交概述

在过去数十年的岁月中，柬埔寨是一个饱经内战风霜和血雨腥风的国家，它曾被法国、日本殖民并被邻国越南侵略，之后又发生内战和震惊世界的红色高棉事件，这些刻骨铭心的记忆不仅深深烙印在高棉人民的心中，也对如今的政治外交走向做出了潜移默化的铺垫。1993 年，柬埔寨恢复实行君主立宪政体下的多党政治制度，当年 5 月，柬埔寨王国成功举行了第一次全国大选。新宪法明确规定，"柬埔寨是独立、主权、和平、永久中立、不结盟的国家"[1]。结束 30 来年的纷争和战乱，柬埔寨在巴黎协定后得以进入了和平建设时期。柬埔寨以宪法为方针大力推行开放与多元化的对外政策，以包容开放的姿态积极融入国际社会洪流当中，基于战后修复的考虑，不断地争取外援发展经济，开展经济外交，在和平共处五项原则基础之上，与其他国家建立和发展友好关系，以此促进国家的重建与发展。

首相洪森在其施政纲领的外交政策部分曾经做出如下声明，即柬埔寨奉行"独立、和平、永久中立和不结盟"的外交政策，反对外国侵略和干涉，主张相

---

① （柬文）《柬埔寨宪法》。

互尊重主权和独立。与此同时还强调在此基础上加强以下在柬埔寨宪法当中所列举的三方面的对外关系：

（1）"重视发展与毗邻国家的友好关系"。

（2）"与东盟国家发展双边和多边合作关系，促进东南亚地区的和平稳定与繁荣"。

（3）"发展与世界各个国家的友好合作关系"①。

若以2015～2016年的外交态势来解读柬埔寨王国多年来坚守的外交政策的话，仍然有着如下的总体印象。

在以洪森最具铁腕风范所执掌的柬埔寨政府下，柬埔寨以小国之躯平衡着世界大国之间的各种风波之中，对欧美等国，洪森首相从不以弱者和附属的姿态来应对，而在东亚地区国家的外交中，柬埔寨政府的外交也秉持永久中立原则，在各种国际事务当中或发声或保持中立的沉默。柬埔寨是一个刚刚从30年战乱中挣扎出来的国家，脱贫和发展经济依然是政府最先考量的方面，而小国在平衡上游的先决条件首先是要发展自己本身的实力，国民具有独立性的认同感，不被大国的舆论和意识形态同化，而柬埔寨在大国之间走钢丝似乎已经变得游刃有余，平衡外交在近几年与东亚以及欧美地区的国家交往中都表现得不俗。

第二节　执政党的外交政策

柬埔寨在面对国际与地区关系的问题上，所秉持的外交策略不论是在群雄角逐风云变幻的政治场上，还是在当今日趋严峻和激烈的南海问题上都有着不可忽视的影响力，其不仅在东盟方面，而且在中美日之间的纷纷扰扰的问题中都扮演着重要的地缘战略楔子的缓冲角色。有不少西方评论家都称柬埔寨与中国的关系不一般，而现任的柬埔寨外长贺南洪曾在一次访问中说，柬埔寨的外交政策"不会偏袒任何国家"。他表示："虽然柬埔寨是一个贫困的小国，但却拥有独立和主权。作为一个拥有良好道德、文化和数千年文明的国家，我们不会偏袒某个国家。"② 对美国，首相洪森也曾强调不会成为美国的附属品；对日本，柬埔寨也有着与中国"同样的战略伙伴合作关系"。由此可见，在外交政策上柬埔寨所奉行的准则还是相当明确的。人民党作为执政党也在其施政纲领的对外政策中表示

---

① 刘稚. 走进柬埔寨［M］. 昆明：云南美术出版社，2004：32.

② 赖筱青. 柬埔寨外交政策不偏袒任何国家［N/OL］. 联合早报，http://www.zaobao.com/real-time/world/story20160203 - 578303，2016 - 02 - 03.

奉行"独立、和平、永久中立和不结盟"的外交政策，反对外国侵略和干涉，在和平共处五项原则基础上，与世界上所有的国家建立和发展友好的外交关系。同时，柬埔寨同样主张互相尊重国家主权，在邻国的边界问题及国与国之间的争端问题上希望通过和平谈判解决。而自柬埔寨新政府成立后，确定了融入国际社会、争取外援发展经济的对外工作方针，加强同周边国家的睦邻友好合作，改善和发展与西方国家和国际机构关系，以争取国际经济和技术援助①。

截至 2016 年，柬埔寨已经与 107 个国家建交，其中有 62 个国家向柬埔寨派出大使，而常驻在柬埔寨金边的使馆已有 26 家。而柬埔寨方面总共向 22 个国家派出其大使，并开设 8 个领事馆，任命 3 个名誉领事②。1998 年 12 月 5 日，柬埔寨在联合国的席位被恢复。1999 年 4 月 30 日，柬埔寨正式加入东盟，即从原来的东盟观察员国家正式成为东盟的第十个成员国，柬埔寨也是最后一个成为东盟成员国的国家。

第三节　外交特征

1953 年，柬埔寨在赢得独立后虽然政治发展仍不稳定，但也进入到了一个全新的历史发展时期，柬埔寨身处中国、美国、俄罗斯等几个大国争霸的焦点地带，其周边的强邻如泰国、越南等国冲突也绵延不绝，即使在柬埔寨宣布独立之后，其仍然完全是一个农业国家，国家实力十分薄弱，冷战时期，西哈努克亲王为了防止柬埔寨这个小国家卷入大国冲突的旋涡而开始于 1955 年推行"中立外交"政策，这也成为了即使柬埔寨进入和平建设时期也同样遵从的永久性外交方针。

一、中立的柬埔寨

1954 年，日内瓦会议声明"柬埔寨王国政府将不与其他国家缔结任何协定"，1957 年，柬埔寨王国通过了中立法案，并将中立政策正式写入柬埔寨宪法，这已然成为了柬埔寨在国际社会外交当中特有的生存之道。严守中立的政策在一定程度上反映了高棉人民强烈要求和平、独立的愿望，同样也是执政党综合

---

① 柬埔寨的经济与外交状况［EB/OL］. 中国网，http：//www. china. com. cn/chinese/zhuanti/zgdm/444614. htm，2003－11－18.

② 中华人民共和国商务部. 柬埔寨［EB/OL］. http：//www. mofcom. gov. cn/article/Nocategory/201010/20101007197169. shtml，2010－10－20.

考虑保持柬埔寨的独立和领土完整这一基本利益，也从某种程度上反映了作为亚洲新兴民族独立国家的外交思维。关于中立政策，西哈努克曾解释说："我们所理解的中立是：一视同仁地对待和看待所有国家，不论其社会制度如何；对于所有的主要国家，不论它是东方国家、西方国家或者是中立国家，一律同等看待。中立地位要求我们在一切国家之间保持完全的平衡，抗拒一切压力，毫不畏缩，毫不退让。"但如果柬埔寨受到威胁，"我们将不惜牺牲以求独立和中立，我们唯一的雄心是维护祖先留给我们的财产，保证我们这个小国的和平和繁荣"。①柬埔寨是小国，所以坚持中立是上策，即继续与各方保持友好的合作关系。西哈努克知道柬埔寨的独立是来之不易的，现在的最高首相洪森更是深谙其道，永久中立的外交原则一方面意味着拒绝向任何势力靠拢，另一方面也阻隔了柬埔寨被卷入国际争端或大国纷争的旋涡当中。

二、经济外交——争取国际外援的实用主义

中立的外交政策给柬埔寨带来了和平，也带来了更多的外交援助。结束战乱的东南亚小国柬埔寨其实从本质上来说没有任何理由去偏袒一方，如果柬埔寨保持偏袒一方的立场，柬埔寨或许就会被动地卷入纷争当中无法自拔。在20世纪五六十年代，柬埔寨一直坚持中立的原则，所以柬埔寨从美国、中国、法国和苏联等大国中获得了很多的援助。当时的美国帮助柬埔寨修建从金边至西港的道路，而中国帮助在磅湛省兴建水泥厂，法国帮助兴建西哈努克市港口，苏联帮助兴建柬埔寨技术学院。站在自己利益的立场上，柬埔寨的中立的确实打实地使自己获得了很多的利益。

在经历长期苦难的战乱后，柬埔寨为了构建一个和平发展的国家，争取进入国际政治舞台，选择中立的外交。这为它打开了很多国际援助的大门，而这些国际援助由很多国家提供，包含中国、日本、美国、俄罗斯、澳大利亚等大国，也包括联合国的各种支援项目。早在冷战时期，中国就曾向柬埔寨提供不少军事援助来对抗西方阵营，这一阶段中国对于柬埔寨的援助基于国际主义与大国责任，对柬埔寨的援助几乎不考虑经济回报，尤其在军事上的援助所占比重较大，而这种在历史上的关系也一直延续到现在，目前中国是柬埔寨最大的军事援助国之一。战后和平建设时期，柬埔寨开放市场经济，对外打开大门，此时中国对柬埔寨的援助则强调尽国际主义义务并量力而行，讲究平等互利，军事援助比起从前大为减少，而在基础设施建设、水电站建设、铺路设桥，或政府单位建筑大楼等援助方面，中国都给予了柬埔寨很多的帮助。美日等国也都提供了一定援助，但

---

① 柬埔寨人民为何怀念西哈努克［EB/OL］.腾讯历史，http://view.news.qq.com/zt2012/xhnk/index.htm，2012－10－17.

附加了很多政治条件。如果柬埔寨不坚持外交中立的立场，在如此庞大的外援群中偏颇于任何一方都有可能使得自身的利益变成大国纷争当中的牺牲品。

柬埔寨自结束几十年战争后实现国家独立，进入和平建设阶段，真正的需求是希望通过外国的援助，能够成功借鉴他国的发展模式和经验，因地制宜地实现经济的独立和可持续发展。对于这个十分依赖外援的东南亚小国来说，外交政策十分重要和关键。通过外交来获得外援，不是依靠几个大国就能够走得顺风顺水的，所以柬埔寨一直坚持的中立外交是十分明智的选择，因为在如此复杂的国际环境中，如若偏颇于任何一方，都有可能使得自身的利益变成大国纷争当中的牺牲品。

第四节 柬埔寨与各国的外交关系

一、柬埔寨与东亚国家（中国、日本、韩国）的外交

结束战乱后的柬埔寨即使在其独立后政治发展也是处在非稳定状态，其政权更迭在早期较为频繁，其实行的民主多党制度也为政治发展添了几重复杂性。在这样的大环境影响下，中国与柬埔寨之间的关系虽然受其影响，经历了一些历史上的起伏，但从总体来看，在"和平、中立、不结盟"的外交政策基础上，奉行积极友善的对华政策也一直是柬埔寨所遵循的原则。对于东亚国家当中看起来对柬埔寨最"阔绰"的外交伙伴日本来说，援助外交一直是日本对于柬埔寨发展外交关系的一个最重要手段，而柬埔寨外交部也声明日本同样是其重要的战略伙伴。而韩国在 2009 年与柬埔寨建立战略伙伴关系，两国在文化贸易等方面都有着很多的互通往来，在近几年双方的合作都有着不俗的表现。

1. 中柬之交："信任如树"的中柬关系

（1）过去的中柬关系。要说起中柬之间的关系还得追溯至 1955 年 4 月，当时周恩来总理与柬埔寨国家元首西哈努克亲王在万隆亚非会议上结识，而这一交集即成为中柬两国友好关系在和平建设时期的一个全新的开端。1958 年 7 月 19 日，中柬两国正式建交。在 20 世纪五六十年代，西哈努克亲王曾经六次访华，期间得到了中国政府与人民的支持，两次在中国领导了柬埔寨人民争取其国家独立、民族解放的斗争，这样传奇而又精彩的交集实属罕见和不易。

冷战结束后，1990 年越南也开始从柬埔寨撤军，1991 年柬埔寨和平协议在巴黎签署，柬埔寨问题最终在国际社会的支持下以和平的方式得到解决，巴黎协

定也成为了柬埔寨脱离战乱进入和平重建时期的一个重大历史转折点。1993年，柬埔寨在联合国的监督和协助下，举行了恢复君主立宪制后的首次全国大选，柬埔寨王国新政府的诞生为这个饱经沧桑的东南亚小国掀开了历史的新篇章。中国与柬埔寨的关系也在其结束战乱后得到逐渐恢复并走进平缓上升的阶段。

冷战后，世界格局的改变和社会环境的剧变也让柬埔寨的对外政策随机转变，表现其在秉持一贯的独立、和平、中立和不结盟外交政策的基础上，更加务实、开放和多元化，如全面恢复与东盟的关系并正式加入东盟十国，主动缓和与西方国家的关系，如美国等；还积极地融入国际社会，加强与中国等周边国家的战略关系。冷战后进入和平建设时期的柬埔寨，其对华政策基本上还是遵循了中柬关系史上睦邻友好的传统与原则，但也在格局和环境的不同情景下存在区别。相对于更早时期来说，柬埔寨在发展对华关系时，除了加强双边政治上的往来之外，更加强了经济贸易层面的合作。这也反映了柬埔寨外交政策变得更务实更灵活，一切基于国家自身的利益出发。

（2）21世纪的中柬外交。21世纪以后，柬埔寨与中国建立并全面推进战略伙伴关系，在政治外交上，中柬高层的互访与互动愈加频繁。2016年4月，柬埔寨首相洪森在首相府会见中国外交部长王毅；同年6月，中国国家主席习近平在人民大会堂同柬埔寨国王西哈莫尼举行会谈；同年7月，中国国务院总理李克强在乌兰巴托会见柬埔寨首相洪森。在贸易往来上，中国是柬埔寨最重要的贸易伙伴之一。中国已经成为柬埔寨最大的投资国和最重要的外援捐助者，而中国的"一带一路"建设也得到柬埔寨的大力支持，把两国之间的互联互通发挥到历史的最高点。

（3）南海问题上的柬埔寨态度。现在离冷战结束已有不少时间，但进入21世纪后，随着世界格局的改变和南海问题的不断白热化，柬埔寨这个地缘战略楔子也不得不被卷入这场国际纠纷当中。特别是在2016年7月的南海仲裁案中，柬埔寨的态度和立场在这场风波中扮演了极其重要的角色。柬埔寨的外交立场在其对南海问题上的态度以及对中国的外交策略上显示得最为明确。

在南海地缘政治中，柬埔寨与中国在南海主权归属上其实并不存在任何争端，只是柬埔寨处于中国与菲律宾、马来西亚和越南等东盟国家之间，若要站队的话就会出现难以处理的局面。但是，柬埔寨秉承一贯以来的中立政策，很巧妙地化解了难以调和的矛盾。2002年，柬埔寨第一次作为东盟轮值主席国，当时中国与东盟国家在柬埔寨金边签署了《南海各方行为宣言》（*Declaration of Conduct*，DOC），这也是中国和东盟国家签署的第一份有关南海的政治文件，对于维护南海稳定、增进各方的互信与合作，以及为有关当事国最终和平解决争议创造了良好条件。2012年，柬埔寨第二次担任东盟轮值主席国，柬埔寨当时与菲律宾、越南等国在南海问题上发生分歧，同年 7 月，在柬埔寨金边召开的东盟外长会议上再次与菲律宾因南海问题发生分歧，而使得该会议 45 年来第一次未发表联合公报。上述事实表明，不论在任何场合，柬埔寨外交部都一再阐明并坚持在南海问题上的中立立场，绝不偏颇于任何一方。首相洪森也阐明南海问题应通过"双轨"思路来解决，即争议由当事国通过友好协商谈判来寻求和平解决方案，而南海的和平与稳定则由中国与东盟国家共同维护。可见柬埔寨的"中立、不结盟"的外交政策可谓是发挥了极其深刻而又重要的影响力。

事实上，中柬关系已经从旧式的历史时代背景中的传统友谊转变成了越来越丰富和多元的关系，且具有持续性和开拓性。由于中国在柬埔寨进行了越来越多的巨额资金的投资，西方对于中国的投资产生了误读。很多西方媒体就借此把柬埔寨描述成为一个因为中国对其投钱而对中国忠诚的东南亚小国，并在南海问题上因柬埔寨对中国力挺，而依此进行不符合实际的舆论导向。中国对柬埔寨的投资与援助的最重要前提，始终是尊重柬埔寨的主权独立、平等互利。从实际效果来看，这些投资与援助也帮助着柬埔寨在战后重建中降低了贫穷指数，促进了民生，加强了政治独立。同时，双方都有着不断优化这些投资和互惠互利的愿望。

2016 年 10 月 13 日，中国国家主席习近平对柬埔寨正式展开历史性访问，对巩固中柬传统友谊和进一步深化双方全面战略合作，具有重大意义。这也是习近平于 2013 年出任中国国家主席以来，首次对柬埔寨进行国事访问。在为期两天（13 日和 14 日）的访问行程中，习近平会见了西哈莫尼国王，并看望莫尼列国母，与柬埔寨首相洪森总理举行会谈及共同出席双边合作签字仪式；习近平还前往独立碑，向西哈努克国父纪念碑献花。习近平的到访表明了中柬长久的友好和合作关系。近年来，两国关系已提升至全面战略合作伙伴关系，两国在各个领域的合作，推动了柬埔寨国家、经济和社会发展。目前，中国是柬埔寨最大的投资国，中资企业以独资或合资方式兴建 7 座水力发电站，帮助柬埔寨实现能源独立和降低电费愿望。柬埔寨王室与中国领导人和人民也建立了特殊和深厚的友谊，西哈莫尼国王和莫尼列国母每年都会到中国接受健康检查和休养。习近平主席提出的"一带一路"倡议，也与柬埔寨政府四角战略对接；在"亚洲基础设施投资银行"（AIIB）和"丝路基金"的支持下，促进了柬埔寨和中国及区域国家的互联互通①。2016 年 10 月 12 日，在对柬埔寨王国进行国事访问前夕，国家主席习近平在柬埔寨《柬埔寨之光》报发表题为《做肝胆相照的好邻居、真朋友》的署名文章。文中提到"中柬传统友谊历经岁月洗礼和国际风云变幻考验，始终根深叶茂"，中柬关系以"信任如树"来描绘，而习近平主席这一次的访问柬埔

---

① 深化两国全面战略合作　中国国家主席访柬［N/OL］. 柬埔寨星洲日报，http：//www. camsin chew. com/node/48083? tid = 4，2016 - 10 - 13.

寨之行，在传承传统友谊的基础上取得了丰硕成果。

2. 柬日之交

如前所述，援助外交一直是日本与柬埔寨发展外交关系的一个最重要的手段。从 1991 年起，日本每年平均向柬埔寨提供将近 1 亿美元的援助，占外国援柬埔寨总额的 20%。从 20 世纪 90 年代开始，日本就在柬埔寨的社会政治领域如教育、排除地雷、基础设施重建和非政府组织活动当中一直活跃到今天。据悉，自 1991 年来，日本对柬埔寨提供资金高达近 50 亿美元，NGO 项目援助计划高达近 500 个，特别是在教育和文化方面，日本也是下足了功夫，在柬埔寨投资建设不少小学和教育机构；在经济方面，受到中日钓鱼岛争端的影响以及在华劳动力成本逐年增加的影响，不少日本企业纷纷转向劳动力成本十分低廉的柬埔寨。柬埔寨发展理事会（CDC）报告，1994～2016 年，日本对柬埔寨投资 9.6 亿美元，主要投资 99 个项目，其中有 67 个项目设在经济特区内。日本投资的两个大项目是"永旺一"和"永旺二"超市项目。这些年来，日本除了向柬埔寨提供大量的发展援助之外，每年都不断地扩大对柬埔寨的投资。日本在柬投资企业包括服装厂、马达组装厂和生产电器工厂等。同时，柬埔寨发展理事会（CDC）报告显示，2016 年日本已经成为柬埔寨最大的外来投资国，投资总额高达 8.22 亿美元①。

鉴于日本"毫不吝惜"的援助，柬埔寨也同样非常重视与日本之间的外交关系。2000 年，当时的日本首相小渊惠三对柬埔寨进行正式的国事访问，这是 40 多年来日本首相第一次访问柬埔寨。但是，柬埔寨中立的外交政策仍然表现得非常强烈。柬埔寨并没有因为日本的大力援助，而产生偏袒日本的外交政策，这在南海问题上就颇为明显。

3. 柬韩之交

1997 年柬韩两国正式建交。近年来，两国关系发展很快，特别是在贸易合作和文化交流方面取得了不俗的成绩。2000 年 6 月，柬埔寨与韩国正式签署了两国新闻邮电合作备忘录，签署文件中提到柬韩两国之间将加强邮电、新闻和先进传媒方面的合作交流，并正式成立和筹办相关理事会。与此同时，在培养人才方面，韩国也表示将为柬埔寨培训更多的优秀电信人才。2001 年 4 月，首相洪森对韩国进行正式的国事访问，这是柬韩两国建交后双方第一次的高层互访。洪森访韩期间，柬韩双方签署了文化交流、航空，以及韩方向柬方提供 2000 万美元低息贷款三项协议。

2009 年，时任韩国总统的李明博访问柬埔寨，期间与洪森在金边举行会谈，两国确定了建立全面战略伙伴关系，并就加强两国在矿产资源、农业、旅游等领

---

① 2016 年日本企业在柬埔寨投资 8.22 亿美元，成为最大外来投资国［EB/OL］. 人民财经网，http：//www. finance－people. com. cn/news/1494378379，2017－05－10.

域的合作进行了深入探讨。与此同时，韩国还决定为柬埔寨遭受"凯萨娜"台风袭击的灾区提供援助。另外，柬埔寨也决定向韩国赴柬埔寨旅游的游客提供一年多次往返的旅游签证，为此后柬韩双方更多的往来与沟通提供了更为便利的渠道。总的来说，柬埔寨与韩国建交的十几年来，两国在各个领域的合作关系都因为柬埔寨在和平建设时期大开国门发展自由经济和独立外交的政策得以迅速发展。1997 年，韩国在柬埔寨投资达 3300 万美元，而到 2008 年，韩国在柬埔寨投资已经增加到了 24 亿美元；两国双边的贸易额也由原来的 5000 万美元猛增到3.1 亿美元；2008 年，韩国到柬埔寨旅游的游客高达 26.6 万人次，并且连续 5年成为赴柬埔寨游客最多的国家①。2014 年 12 月，应韩国总统朴槿惠邀请，柬埔寨首相洪森对韩国进行正式访问。首脑会晤中，朴槿惠和洪森就进一步加强两国经济、文化和人力资源领域合作的方案，以及朝鲜半岛局势等双方共同关心的问题深入交换了意见，进一步深化和拓展两国全方位的务实合作，为构建紧密的精神纽带提供良机②。

2016 年 12 月，首相洪森在金边宣布，向中韩投资者开放 3 年多次往返签证，即之后的中韩投资者只需要付一次签证费，在 3 年内可以无限制往返，往返期间无须再付签证费。由此可见，柬埔寨为了满足国内不断变化的经济结构需求，为适应区域和国际经济架构的不断变化，实现其多样性的发展目标，向投资大国（当然也包括韩国在内）打开大门，推进"2015～2025 年柬埔寨工业发展政策"，促进外国直接投资数量。

事实上，柬埔寨在与韩国之间的外交往来上，很明显更注重于经济贸易的往来，全球经济增长动力正向新兴市场移动，对于韩国来说，柬埔寨与其周边国家相比有着更高的经济自由度与开放度，所以对于一些韩国的企业来说具有很高的吸引力。

二、柬埔寨与美国

1. 飘忽不定的柬美关系

柬美两国于 1950 年正式建交。2006 年，美国驻柬埔寨使馆正式宣布恢复为柬埔寨公民办理赴美签证，为柬美两国的人员往来翻开新的篇章。2010 年 9 月，柬埔寨首相洪森正式访问美国并出席第二次东盟与美国领导人峰会。同年 11 月，美国国务卿希拉里·克林顿正式访问柬埔寨。而美国军方也频繁访问柬埔寨，双

---

① 柬埔寨与韩国确定建立全面战略伙伴关系 ［EB/OL］. 新华社，http：//news. xinhuanet. com/world/2009 – 10/22/content_ 12302055. htm，2009 – 10 – 22.

② 朴槿惠将会见柬埔寨首相洪森　磋商两国合作方案 ［EB/OL］. 环球网，http：//world. huanqiu. com/exclusive/2014 – 12/5228297. html，2014 – 12 – 05.

方多次举行和平军演。2012 年，美国总统奥巴马出席在柬埔寨金边举行的东亚峰会，这也是有史以来在任的美国总统首次访问柬埔寨。

其实长期以来美国对于洪森所领导的执政党和政府都采取并不是特别友善的态度，但"9·11事件"为柬美两国的关系提供了一个很巧妙的契机。当时，洪森在恐怖事件发生后立即致函美国总统布什，表示柬方支持美国及其盟国对真正的恐怖分子进行打击行动，并且洪森也利用美国的反恐怖行动，将在柬埔寨恶行满满的"柬埔寨自由军"与国际恐怖活动挂钩，促使柬埔寨扫荡"自由军"的行动上升为国际反恐怖行动的一个组成部分，加紧了对"自由军"的控制与清理。而美国对柬埔寨支持美国的反恐立场做出了积极的回应，柬埔寨警方与美国FBI联手收集"柬埔寨自由军"的犯罪材料，捉拿"自由军"头目。此外，近年来到柬埔寨访问的美国政界人士有所增加。2016 年 1 月 26 日，洪森在金边会见到访的美国国务卿克里，双方就双边合作及地区问题交换了看法。洪森的常务助理英速帕烈在会见后对媒体说：会谈中，洪森赞扬了两国在反恐方面的合作，并强调推动两国贸易的重要性。英速帕烈还说，洪森"希望美国向柬埔寨产品提供免配额和免税待遇，以便提高两国贸易额"。而克里表示，此次访问柬埔寨不仅是为当时接下来的美国—东盟特别峰会做准备，还希望推动美柬合作。他表示，美国投资者视柬埔寨为潜在的投资目的地，并承诺考虑柬方的要求。①

另外，从经济上看，美国与柬埔寨之间的经贸合作确实给柬埔寨带来了实打实的利益。据统计，从 20 世纪 90 年代初开始，凭借美欧等地提供的出口税率优惠，柬埔寨的服装出口贸易额从占国内生产总值不到 1% 增长至今天的近 10%。2015 年上半年，柬埔寨服装出口贸易额达到 30 亿美元，带来 60 万个就业岗位。服装贸易成为了美国给柬埔寨带来的最大经济贡献。尽管美国每年会向柬埔寨提供数以百万计美元的援助和税收优惠，但都带有附加条件，那就是推动民主人权。相反中国给予柬埔寨的贷款几乎没有任何附加条件。

2. 柬埔寨在中美之间

一直以来，柬埔寨在以洪森为领袖的人民党执政下，奉行和平中肯的外交政策，在中美博弈之间游走。众所周知，不论是在台前或是幕后，即使因时局或面临的对手不一，美国对柬埔寨所推行的政策也会因时局而变化，但其核心终究是要不断地扩大美国的影响力。美国在经济上与柬埔寨有很多合作并且对柬埔寨拥有着不可忽视的经济贡献，其中的制约和限制性附加条件同样明显。据悉，在 2016 年 1 月 26 日的访问中，克里就批评柬埔寨在 2012 年作为东盟轮值主席国时，未能就南海问题发表东盟联合声明。这一言论招致柬埔寨不满。柬埔寨称，

---

① 柬埔寨首相洪森会见美国国务卿克里［EB/OL］. 环球网，http：//world. huanqiu. com/hot/2016－01/8468130. html，2016－01－29.

强烈反对有关国家以南海议题来绑架整个东盟，因此才没有发表峰会联合声明，柬埔寨奉行独立自主的外交政策，不倾向任何一个大国。此举表明了柬埔寨对于南海议题的中立态度，而紧随克里访问柬埔寨之后的贺南洪访华的确是从某种程度上表明了中国与柬埔寨的关系始终保持和平与友好，为柬埔寨向中方阐述立场及时地创造了绝佳机会。

　　柬埔寨从几十年战争中挣扎出来，在其后的和平建设中对外敞开大门并获得快速的经济发展。柬埔寨人均国内生产总值（人均 GDP）从 1998 年的 253 美元增至 2015 年的 1225 美元，但是其流通的货币 80% 都是美元，受美国的经济影响巨大；而中国与柬埔寨之间的关系向来友好，且自古以来双方都保持非常和平友好的交往，而今中国更成为柬埔寨最大的外资来源国，也是柬埔寨重要的援助伙伴。在这样的时代背景之下，柬埔寨为寻找到太平洋两大"巨人"之间的生存空间，使出了浑身解数表达自己的中立立场。

三、柬埔寨与法国

　　2015 年 10 月，柬埔寨首相洪森在巴黎会晤法国总统奥朗德，双方签署 6 项合作文件，法方将给予柬埔寨 1.04 亿欧元优惠贷款，支持暹粒净水供应，西港旅游职业培训学校，磅湛、桔井、戈公三省电网等合作项目。从柬埔寨进入和平建设时期以来，法国向柬埔寨提供了累计 4.06 亿欧元的优惠贷款，成为给予柬埔寨优惠贷款数额最多的国家之一。法国与柬埔寨之间的关系在近几年处于不温不火的和平友好状态，但是两者之间的历史纠葛和往来关系有着难以忘怀的伤痛和情结，这段历史不仅发生在过去，也深刻地影响两国之间长久以来的外交往来关系。

　　1863 年，法国入侵柬埔寨，《法柬条约》的签订标志着柬埔寨正式沦为法国的"保护国"。长达 90 年的法属殖民统治不仅使得柬埔寨的政治、社会以及经济结构方面发生了巨大的改变，也给柬埔寨的社会文化发展刻上了无法磨灭的殖民主义痕迹。当时在法国所谓的"保护"之下，柬埔寨王国名存实亡，留守在柬埔寨的法国人才是当时真正的统治者。法国人在柬埔寨不仅控制了警察和军队，而且还控制了柬埔寨的经济命脉。这一状态一直持续到 1953 年 11 月 9 日，柬埔寨王国正式宣布独立。次年 7 月，法国被迫同意撤军。自此法国殖民统治才在柬埔寨落下了历史帷幕。即使到了今天，柬埔寨或多或少地也不能够抹去当时法国在柬埔寨的殖民痕迹。一方面在法国文化殖民的影响下，柬埔寨高棉民族传统文化被限制，也被阻碍发展，导致其停滞不前的状态；另一方面却也受益于殖民主义"双重使命"所带来的国际与现代文化气息。

　　自独立和平建设以来，柬法双方都十分重视加强双边往来。法国对柬埔寨的援助也可算是不遗余力，其援助领域涉及文化教育、公路建设、法律、宗教、警察培训、农业、医疗卫生等各方面。2000年3月，时任柬埔寨参院第一副主席梳越·基万莫尼拉访问法国。同年4月，法国参议院主席克里斯蒂安·彭塞勒访问柬埔寨，期间双方签署了法国向柬埔寨提供550万美元的援助协议。2009年7月，洪森访问法国并出席当时的法国国庆阅兵式。2010年3月，柬埔寨国王西哈莫尼访法。2011年，洪森在金边与到访的法国总理菲永举行会谈，这是20多年来法国总理首次访问柬埔寨。期间，柬埔寨与法国都表示将进一步深化和加强两国在各领域的传统合作关系。洪森在会谈中对柬法之间的经贸领域合作表示满意和赞赏，并提出希望这种积极友好的关系可以在未来得到巩固和加深；而时任法国总理的菲永高度评价柬埔寨在独立和平建设期间，其各个领域均取得了卓越成就，他同时还表示法国将会继续向柬埔寨提供各个领域的援助，也表示会鼓励法国当地的企业赴柬埔寨投资，特别是在柬埔寨的农业投资，并增加从柬埔寨进口的优质大米等农产品。根据法国驻柬埔寨使馆提供的数据，自2004年开始，法国在柬埔寨的直接投资总额已达6.68亿美元，投资领域涉及房地产、农业、石油和天然气勘探、运输和信息技术等①。

柬埔寨与法国虽然在历史上有着被殖民与殖民的复杂关系，但也一直保持着友好关系，即便是2015年和2016年期间，仍然保持着政府高层友好往来，各领域交集互动都很频繁。2015年9月，洪森致函法国总统奥朗德，感谢法国政府通过法国驻柬埔寨大使馆向柬埔寨政府提供柬埔寨与邻国的地图复印本，以核对柬埔寨目前正在与越南进行陆地边界勘界立碑工作所使用的地图，保障国家主权与领土完整。2016年1月，法国吉美国立亚洲艺术博物馆将一尊约130年前被盗的哈利哈拉王子雕像归还柬埔寨国家博物馆。柬埔寨是一个拥有着古老而神秘文化的东南亚国家，它曾经有过辉煌灿烂的吴哥文明，而文物流失一直都是柬埔寨人民心中的痛。当年法国在柬埔寨殖民几十年，前述文物因被盗而离开柬埔寨130年，追索流失文物与其说是与近代屈辱的历史和民族主义情绪有关，不如说是与人类的尊严、正义、文明相关。2016年初，法国归还了柬埔寨遗失上百年的文物，事实上也是一次外交的成功事件，归还文物的背后也有某种程度的外交考量，它表达了法国对于柬埔寨往来的重视和某种尊重，为维护两国之间的现在与未来的交流与往来做出友善的铺垫。综上，从法国对于柬埔寨边界地勘测的配合，以及归还文物的表现来看，柬埔寨与法国之间尽管在历史上有过殖民与被殖民的纠葛，但如今保持了较为良好与友善的外交状态。

---

① 柬埔寨与法国继续加强双边合作 [EB/OL]．新华社，http：//news. xinhuanet. com/world/2011 - 07 /02/ c_ 121614790. htm，2011 – 07 – 02.

四、柬埔寨与俄罗斯

1. 双边关系 60 年见证

2016 年 5 月 13 日注定是一个不太平凡的日子，这一天见证了柬埔寨与俄罗斯两个国家 60 载的和平建交历史。尽管在这漫长的历史长河中世事变迁，政治经济社会变化风起云涌，而柬埔寨与俄罗斯之间的关系在过去各自经历起伏不定的风云变幻的 60 年岁月中，却得以友好而和平地保持和延续。

60 年后，2016 年 5 月 13 日，柬埔寨外交部部长巴速坤与俄罗斯驻柬埔寨大使迪米德森科在柬埔寨金边和平大厦共同种下两棵树，作为友谊之树，见证柬俄两国 60 周年来的友谊关系及未来双方保持的友好合作关系。2016 年 5 月 16 日晚，柬埔寨洪森总理率领政府高级代表团一行赴俄罗斯，访问期间出席了俄罗斯—东盟建立对话伙伴关系 20 周年纪念峰会。在此期间，洪森分别同俄罗斯总统普京、俄罗斯总理梅德韦杰夫进行双边会谈。与此同时，柬埔寨和俄罗斯领导在访俄期间签署多项重要文件，旨在加强柬埔寨和俄罗斯之间各方面的合作。在此次会面中，双方经济贸易上的合作协议也是洪森返柬埔寨后向柬埔寨人民所交代的最重要的访俄成果。2016 年 5 月 19 日，在洪森与普京会晤时，普京说："柬埔寨是俄罗斯的'老朋友'，而洪森总理也是一位可以信任的'好朋友'，俄罗斯和柬埔寨今后的各方面合作领域具有很大的发展空间。"与此同时，洪森表示："如果没有苏联，当然也没有柬埔寨今天的发展，这是柬埔寨永远铭记的历史。"他感谢苏联在柬埔寨推翻红色高棉脱离战争后，在重建国家之时提供了雪中送炭的宝贵援助。

柬俄两国于 1956 年 5 月 15 日建立外交关系，在 60 年的岁月里，柬俄两国一直维持着较为良好的合作关系，双方在政治、经济、教育、传媒、文化等许多方面的合作项目都取得不俗的成绩，而今俄罗斯以更积极的态度，更大程度地参与亚太地区一体化进程的时候，"亚太再平衡"的政策已经不再是空谈，而是上升到了战略高度，柬俄之间的高层互访也已经不再鲜见。

2. 双边政治外交

1979 年，当柬埔寨刚走出红色高棉那段似乎永远无法抹去的伤痛时，当许多的西方国家都不予关心的时候，受过重创的柬埔寨显然是脆弱而无助的，而就是在那个时候，苏联政府第一个站出来给予柬埔寨最重要的军事力量的支持。这也是洪森为什么曾提到"没有苏联就没有柬埔寨发展的今天"，俄罗斯确确实实在柬埔寨难以忘却的苦痛历史上雪中送炭，这也为两国在以后的外交以及往来中做了非常良好的铺垫。

柬埔寨与俄罗斯双方在政治外交关系上，向来没有什么矛盾冲突，两国执政党即柬埔寨人民党和俄罗斯的统一俄罗斯党（United Russia）之间也建立了一定程度的合作关系。2015 年，柬埔寨以及俄罗斯外交部部长通过对话签署了政府间的打击恐怖主义的谅解备忘录（Intergovernmental Memorandum of Understanding on Combating Terrorism），双方不仅在打击恐怖主义上达成共识，而且也在打击毒品贩运以及深海捕鱼的违法犯罪活动、军事医学、人道主义排雷等方面进行多方位的合作。2015 年 11 月，俄罗斯总理梅德韦杰夫访问柬埔寨，这在柬俄外交所保持的盟友关系上翻开了一个历史的新篇章，2016 年洪森回访莫斯科也标志着两国之间的发展与合作将会在未来不断地被强化。

迄今，俄罗斯在与西方外交陷入僵局的大背景下，正将目光转向东盟，试图集中外交资源来弥补因乌克兰危机与西方摩擦造成的损失，所以当俄罗斯试图建立自己的亚洲支点时，柬埔寨虽是一个东南亚小国，但由于其发展潜力巨大，故被俄罗斯视为其非常重要的盟友。近 20 年间，柬俄之间越来越多的政府高层互访不断，促进和巩固着双边积极发展的关系，这从某种程度上符合两国的长期利益。对于俄罗斯来说，积极地"重返亚太"的脚步和频繁地与东盟国家互访建立和加固盟友关系是同步的，这一系列的举动都对改变俄罗斯目前在参与亚太事务方面不够活跃的局面有所突破；对于柬埔寨来说，只需要保持合理中立的态度，对俄罗斯的示好报以微笑，对提出和平协作的倡议表示尊重和支持，在权衡两者交往会带来双赢的情况下，仍然保持与俄罗斯的友好关系是自然而然的事情。

3. 双边贸易外交

尽管柬俄建交于 1956 年，但是其真正意义上的双边贸易往来在红色高棉被推翻之后才得以正常发展，且在 20 世纪 70 年代后双边贸易得以迅速增长。为了复苏和加紧双边贸易经济纽带，双方还在 1997 年建立了政府间贸易委员会（Intergovernmental Commission on Trade），经济和科技合作协议（Economic and Scientific and Technological Cooperation）。

双边贸易发展达到最高峰还得从近几年俄罗斯将注意力转向东南亚说起。2015 年 11 月，俄罗斯总理梅德韦杰夫出席了两个极其重要的亚太地区峰会，并访问了柬埔寨，这也是现代历史上俄罗斯领导高层对柬埔寨的首次访问。当然，也有不少分析人士认为，俄罗斯总理梅德韦杰夫在亚洲长时间的访问只是表姿态而没有实质意义。但从这几年俄罗斯对于亚洲一系列的外交努力来看，俄罗斯显然是非常希望登上亚洲的经济列车，只是它选择了更加谨慎和收敛的策略罢了。对于俄罗斯来说，乌克兰危机从某种意义上改变了俄罗斯与西方之间的关系，也加速了俄罗斯转向亚太的步伐，俄罗斯的"东移"其实早因时事变化而转向。

柬埔寨近十年经济增长速度十分惊人，2015 年 GDP 增长值达到 7%，处在战后的和平建设时期，这样的一个东南亚小国家正经历着剧烈的变化与发展，其对外部世界的开放程度非常可观，俄罗斯想要搭上亚洲的经济快车，自然是不会忽略了这样一个经济发展潜力大，可以谋取诸多利益以及双赢的大好机会。柬埔寨有超过8000人曾赴俄罗斯留学深造，他们当中很多人返柬埔寨后在柬埔寨政府高层工作。俄罗斯驻柬埔寨大使馆的代表大使 Dmitry Tsvetkov 曾表示，2006 年两国双边贸易仅仅约有1000万美元，而到了2013 年，双边贸易总额增长至 1.3 亿美元。至 2015 年，柬俄双边贸易总额已经达到 11 亿美元。据位于金边俄罗斯驻柬埔寨大使馆公布的数据，仅在 2014 年就有 13.1 万名俄罗斯人来柬埔寨旅游。与此同时，两国正在考虑建设直航航线，为加强双边贸易经济往来和商务人员往来沟通增加更多的便利条件。

2016 年 5 月，在柬埔寨首相洪森访俄期间，欧亚经济委员会执委会主席萨尔基相与柬埔寨首相洪森签署了谅解备忘录。备忘录规定了双方在经济一体化、贸易政策、技术调节、卫生措施、消费者权益保护、金融市场、运输、能源、农工综合体、创新、工业、海关调节、知识产权、服务、投资、企业发展和信息技术等领域的合作。为此，双方还成立了联合工作组，一年至少召开一次会议。在同年 5 月的东盟—俄罗斯峰会上，柬俄也达成协议，即俄罗斯将援助柬埔寨修建一座核电站，并为柬埔寨提供相关的各项援助。如果该核电站计划能顺利实施，那么一直困扰柬埔寨经济发展的电能匮乏问题将会得到很大程度的解决。目前，俄罗斯处在石油价格低迷又受到西方国家制裁与孤立的困境，其国内的经济缺乏内生增长动力，而东盟的经济发展潜力巨大，整体经济体量也在日渐增加，柬埔寨又是东盟国家当中 GDP 经济增长最为迅猛的国家，柬俄之间的经济贸易各方的深化合作的确是俄罗斯想要创新经济动力的合理选择。对于柬埔寨来说，俄罗斯的"向东看"政策也是利远大于弊的。

当前中东局势焦灼，乌克兰危机所衍生的效应使得俄罗斯欲以东盟为跳板来重返亚太增加其存在感。时隔 5 年的俄罗斯东盟峰会在 2016 年 5 月如期举行，柬埔寨自然是俄罗斯邀请的座上客，其峰会的一个中心议题就是建立俄罗斯与东盟统一的经济空间，从而提供发展的动力。

五、柬埔寨与邻国之间的外交

在近几年当中，柬埔寨与越南、泰国两个重要的东盟邻国关系一直呈焦灼状态，时而友好，时而冲突。但近几年来，随着双边高层领导人互访，双方关系在历史遗留的边界问题上趋向缓和。

1. 柬泰关系：淡化边界之争，关系回暖

在柬泰关系上，历史遗留的边界问题也就是柏威夏寺的主权之争是制约双方关系顺利发展的一个较为主要的瓶颈。2001 年 6 月，泰国总理两次访问柬埔寨，他在访问柬埔寨期间曾表示将在他的任期内解决边界问题。2006 年，柬埔寨向世界遗产委员会提交申请材料，将柏威夏寺列入世界文化遗产，但泰国政府对此表示强烈反对。2009 年，柬泰边境发生武装冲突。2010 年，洪森呼吁召开解决柬泰两国领土纠纷的国际会议，泰国总理阿披实做出响应，也呼吁两国举行和平谈判。柬泰两国在领土纷争问题上一直处在悬而未决但又官方呼吁谈判解决的状态当中。

但由领土纷争所带来的外交风波，并未影响双方在经济和贸易上的往来与共同发展，甚至颇有"政冷经热"的态势。早在洪森在对泰国访问期间，两国就签订了外交护照免签证协议。2001 年 6 月，柬埔寨和泰国就共同开发暹罗湾争议海域的石油和天然气达成共识，并在当年底召开了技术会谈。高达 100 多家的泰国商家计划在和泰国接壤的柬埔寨戈公省进行多种项目的投资。泰国商业部的统计数据显示，2010 年柬泰双边贸易额高达 25.5 亿美元，比上年增长 54%，其中泰国对柬埔寨出口额达 23.4 亿美元，泰国已然成为柬埔寨的最重要贸易伙伴之一。

2015 年 8 月 28 日，泰国内政部长阿努蓬上将与柬埔寨副总理兼内政部长，共同主持泰柬边境省府府尹第 5 次联合会议，会议一致决定加大在贸易与投资领域的合作，扩大经济特区合作，增加 4 个口岸为永久性口岸，分别是邬汶叻他尼府与柬埔寨柏威寒省的冲安玛口岸、沙缴府与帕农待省质检的考丁口岸、哒叻府与菩萨省质检的塔盛口岸、武里南府与乌东密猜质检的竹果戈口岸。增加这 4 个永久性边境口岸不但可以为两国民众往来提供便利，还有助于促进边境地区的贸易和旅游业[①]。2016 年柬埔寨和泰国双边贸易突破 56 亿美元，同比增长 2%。同年，柬埔寨出口为 9.36 亿美元，进口高达 47 亿美元。虽然两国贸易逆差大，但较上年柬埔寨出口泰国同比增长 46%。在两国贸易当中，柬埔寨主要出口玉米、木薯和豆类等农产品，进口商品主要是机械、电器、燃油、建材、日用品、食品和化妆品等。

综上可以看出，尽管泰国与柬埔寨双方对两国边境柏威夏古寺周围地区的主权归属一直存在争议，但是这并不影响两国之间的贸易正常往来，在柬泰关系中，柬埔寨政府的表现事实上是相当出色的，因为柬埔寨王国政府在处理柏威夏寺争端中的态度可以说不仅是理性的，而且是聪明的。理性之处表现在有节制的主权诉求和善意的态度宣示，善于利用国际途径来解决争端，聪明之处也在于通过理性的手段获得争议对方相对缓和的回馈，使得双方能够进行互惠互利的贸易往来。

---

① 泰国与柬埔寨开拓经济特区合作［N/OL］．泰国世界日报，http：//china. huanqiu. com/News/ mof com/ 2015－08/7379509. html，2015－08－29.

2. 柬越关系

柬埔寨与越南实为山水相连的邻居，两国之间的关系十分久远且有着非常深刻的历史交集。自"二战"结束以来，双方有过对抗与纷争，也有过合作和谈判。战乱结束，越南在历史上侵占过柬埔寨的大片领土，以及现存的侨民问题也开始在双方的关系中变得凸显和刺眼。2000 年，柬越两国就边界问题举行三次谈判，并在同年签署了《柬越边界协议备忘录》。柬越关系看似从战争中走出进入平稳发展阶段，但在 1991 年巴黎协定签订后的那段时期里，柬越之间的关系是微妙而不明朗的。1998 年大选，洪森成为柬埔寨最高领导人，越南方面在早期的一段时间里，甚至会刻意控制与洪森政府的公开交往，尤其是在军事等较为敏感的方面。洪森访问越南也多是以休假的名义，或干脆不对外公开宣布。越南这样做，从某种程度上来说是为了避免给有越南扶持历史背景的洪森添加不必要的麻烦。所以，早期的柬越关系还处在不明朗的发展初期。一直到了 2001 年，双方的交往才开始从幕后走到台前。其原因在于，首先越南方面认为洪森执政的政府根基已经牢固，其次考虑到柬埔寨和中国的关系逐步往越来越好的态势发展。1995 年，柬埔寨前国王西哈努克访问越南，自此两国关系一直不断改善。2001 年 11 月，越南国家主席陈德良对柬埔寨进行了正式访问。在这次访问期间，柬越两国签署了《推动和保护两国投资协议》与《两国边界地区贸易及商业服务协议》。2006 年 3 月，西哈莫尼国王应越南国家主席陈德良的邀请，抵达河内，对越南进行为期 3 天的国事访问，陈德良在与西哈莫尼的会谈中，表示希望双方共同努力，进一步巩固和发展两国传统友好合作关系。他表示，相信西哈莫尼国王此次对越南进行的首次访问，必将成为两国关系发展史上的一个里程碑①。

2016 年 12 月，柬埔寨总理洪森对越南正式进行为期两天的国事访问。期间越南总理阮春福与洪森进行会谈，双方领导人表示，将继续秉承"好邻居、传统友谊、全面长期合作"的精神巩固和发展双边关系。事实上，此次访问是近年来增进两国人民福祉、提升两国友谊与合作的重要里程碑。与此同时，在经济方面，柬埔寨商务部和越南工贸部也计划就柬越边境贸易协定展开谈判。越方希望在越老柬互联互通总体规划框架内加速推进交通和电力互联，推动电信和银行业发展。两国将指派各自的交通部门负责交通合作战略政府间协议谈判，该合作战略也在柬越经济文化科技合作联委会第十四次会议期间达成。柬越两国交通部部长也将在 2017 年两国总理会议期间，就修建连通胡志明市和金边的高速公路进行谈判。据悉，2016 年，柬埔寨与越南的双边贸易额约达 28 亿美元，两国游客量达近 100 万人次，越南向柬埔寨提供 2900 亿越盾援助资金，其中向柬埔寨学

---

① 越南国家主席会见柬埔寨国王　望加强友好合作［EB/OL］. 中国网新闻，http：//news. china. com/zh_ cn/news100/11038989/20060317/13178225. html，2006 - 03 - 17.

生和大学生提供价值 1710 亿美元的 1090 份短期和长期奖学金①。在地理位置上，柬埔寨处在越南和泰国之间，在历史上与越南也曾有纷争。尽管在过去柬埔寨与越南有过不愉快的纠葛，但是当今的双边关系也在贸易达到双赢的情况下，变成了互相尽量不得罪的"和平"状态。

第五节　本章小结

综上所述，柬埔寨王国一直以来秉承中立的外交原则，无论在与大国之间还是与小国之间均能坚持该原则。因此，多年来通过坚守中立原则，获得了中国、美国、法国、俄罗斯以及欧盟等许多的经济援助和外贸来往，为数十年来柬埔寨国家的恢复和重建提供了许多机会和支持。与近邻的越南、泰国虽然存在领土纷争，但也一直坚持不温不火的外交政策，使得双方之间的关系从剑拔弩张的状态逐步转变为缓和的状态。更值得一提的是，由于柬埔寨在 2016 年东盟外长会议上，坚持不对南海问题作出决议，避免了东盟国的内部分裂，为保持东盟内部的团结做出了贡献。当然，即便如此，柬埔寨坚守自己中立的原则，总的原则还是为维护自己国家的利益最大化来作出决策。

---

① 越南和柬埔寨增强双边合作 ［N/OL］．越共电子报，http://cn. dangcongsan. vn/，2017 - 02 - 24.

第六章　区域合作

区域合作是一个国家快速发展的催化剂。柬埔寨独立之后由于国内政局不稳，直到 20 世纪 90 年代才开始真正走向国际合作之路。1997 年，柬埔寨成为东盟成员国，有助于促进东盟团结合作和柬埔寨经济社会发展。2002 年，柬埔寨与欧盟双边合作伙伴关系常态化。柬埔寨在特殊普惠制框架下，得到了欧盟的多样化援助，也扩大了出口。2013 年，中国提出"一带一路"倡议，柬埔寨持支持态度并积极融入到"一带一路"的建设和发展中。

第一节　柬埔寨与东盟的合作

一、柬埔寨与东盟合作进程

东盟是东南亚国家联盟的简称。1967 年 8 月 7 ~ 8 日，印度尼西亚、泰国、新加坡、菲律宾四国外长和马来西亚副总理在曼谷举行会议，发表了《曼谷宣言》（《东南亚国家联盟成立宣言》），正式宣告东南亚国家联盟即东盟成立。

柬埔寨与东盟的合作关系是在战乱和动荡的环境中建立和发展起来的。1970 年 3 月 18 日，柬埔寨亲美势力发动政变，推翻了西哈努克国王的政权。东盟以此为契机，在解决印度支那特别是柬埔寨问题中发挥了重要作用。1990 年，东盟推动联合国安理会五个常任理事国就柬埔寨问题进行磋商，促使联合国安理会制定了解决柬埔寨问题的框架协议。1990 年，东盟两次参加在雅加达举行的关于处理柬埔寨问题的国际非正式会议并在其中发挥重要作用，促使柬埔寨四方于 1990 年 9 月达成协议，成立了柬埔寨全国最高委员会，并且同意接受联合国安理会提出的关于解决柬埔寨问题的一系列框架文件，最终促使柬埔寨于 1991 年签订了巴黎和平协定①。

1993 年柬埔寨举行大选，颁布新宪法，恢复柬埔寨王国君主立宪制，成立了联合政府。1994 年 7 月，柬埔寨以客人身份出席了东盟外长会议；1995 年 7 月，柬埔寨成为东盟观察员和东盟地区论坛（ARF）成员。此时的柬埔寨距离成为东盟成员国更近了。1996 年 3 月 3 日，柬埔寨和老挝一起正式提出加入东盟的申请。1996 年 7 月，东盟第 29 届外长会议同意柬埔寨、老挝和缅甸加入东盟。1996 年 11 月，柬埔寨参加在雅加达举行的首次东盟首脑非正式会议。

1997 年 5 月，东盟外长会议决定于 1997 年 7 月同时接纳柬埔寨、老挝和缅甸为东盟新成员。但是由于柬埔寨人民党与奉辛比克党于 1997 年 7 月 5～6 日在金边发生军事冲突，第一总理拉那烈被迫流亡法国。国际上由于担心巴黎和平协定遭到破坏，故东盟外长特别会议决定推迟接纳柬埔寨为其新成员国。

1998 年 12 月 15～16 日，第六次东盟首脑会议在河内举行。这次会议中，洪森以会议观察员身份与会。此次会议原则上通过柬埔寨成为东盟第 10 个成员国。次年 4 月 30 日，东盟在河内举行特别仪式，正式宣布同意柬埔寨加入东盟。到目前为止，柬埔寨成为最后加入东盟的东南亚国家②。

二、柬埔寨与东盟的政治合作

1. 积极推进政治互信

加入东盟后，柬埔寨利用东盟平台，积极履行自身义务，与东盟各国推进政治互信，积极开展多边外交，为国内经济发展与社会安定谋求和平稳定的政治环境。首先是改善与周边国家的政治关系。泰国与柬埔寨的边界线约 800 公里，两国 1950 年建交。建交后至 1997 年，两国政治关系时冷时热，摩擦不断。但是，加入东盟后，即从 1998 年开始，双方都以务实的态度致力于改善和发展双边关系，特别是在处理 2001 年柏威夏古寺问题上，柬埔寨更是体现出了理性和聪明。目前，柬泰两国政治关系持续改善。柬埔寨与越南的边界线长达 930 公里，1967 年柬越两国建交。柬埔寨与越南的关系错综复杂，历史积怨颇深，领土纠纷和侨民问题交错在一起。但柬埔寨加入东盟后，积极推动双边关系的改善，特别是 2012 年，双方为庆祝建交 45 周年举行了一系列活动。政治上，两国高层进行了互访，重点规划两国未来的合作方向。两国陆地边界勘界立碑工作进展顺利，到 2012 年底，两国已确定了 239 个界碑位置，完成了陆地边界线 703 公里的划界工作。2016 年 12 月，柬埔寨洪森总理对越南进行国事访问，与越南总理阮春福进

① 陆文彪. 雅加达会议再遇挫折［J］. 世界知识，1991，13：18－21.

② 仲力. 柬埔寨对东盟的爱恨情仇［EB/OL］. 新浪博客，http://blog. sina. com. cn/s/blog_5a 0347c50100u2b3. html，2011－05－26.

行了会晤，进一步巩固了"好邻居、传统友谊、全面长期合作"的双边关系。柬埔寨和老挝有着538公里的边界线，双方于1993年建交。柬埔寨和老挝在东盟中有着相似的处境，经济比较落后，加入东盟的时间比较晚。但是，建交后，两国本着互惠互利的原则在区域合作中相互配合，谋求共同繁荣与发展。加入东盟后，双方特别重视在湄公河次区域中的协调与合作，以共同维护自身的利益。其次是积极履行义务，当好轮值主席。举办东盟首脑会议是每一个东盟轮值国的义务，也是东盟各国展现自己的一个平台。截至2015年底，柬埔寨以主席国的身份举办了三次东盟首脑会议，如表6-1所示。

表6-1 柬埔寨举办东盟首脑会议情况表

届次	时间	地点	会议内容
第八届	2002年11月4~5日	柬埔寨金边	10国领导人就实现东盟一体化、打击恐怖主义等共同关心的问题进行讨论，并签署了《东盟旅游协定》
第二十届	2012年4月3~4日	柬埔寨金边	会议通过了包括《金边宣言》、《主席声明》、《金边议程》、《2015年建立东盟无毒品区宣言》和《"全球温和派行动组织"概念文件》等，与会各国领导人就继续推进东盟一体化建设和东盟发展过程中面临的问题等达成了重要共识
第二十一届	2012年11月18~19日	柬埔寨金边	与会东盟领导人共同签署了历史性的《东盟人权宣言》，启动了旨在维护东盟地区和平与稳定的"和平与和解机构"，决定在柬埔寨建立东盟地区排雷行动中心，并将2015年12月31日设为建立东盟共同体的最后期限

资料来源：根据东盟首脑会议资料整理。

由表6-1可知，在举办的三次东盟首脑会议中，柬埔寨对于推进东盟一体化发挥了重要作用。2002年11月，柬埔寨加入东盟仅有4年，其经济落后，与东盟相关的制度改革尚在进行中，尽管如此，柬埔寨并未推诿，而是精心成功组织了第八次东盟首脑会议，体现了柬埔寨对东盟负责任的态度。从举办三次东盟首脑会议的主要内容来看，每一次会议都通过了对东盟发展具有重要意义的文件。其中，第八届东盟首脑会议上签署的《东盟旅游协定》，开启了东盟旅游的新时代，第二十一届东盟首脑会议上签署的《东盟人权宣言》对于维护东盟地区和平与稳定起到了重要作用。

2. 积极推进东盟团结

根据柬埔寨1993年《宪法》规定，柬埔寨奉行独立、主权、和平、永远中立、不结盟的外交政策。柬埔寨政府以此为指导，积极维护东盟团结，特别是在南海问题上，坚持政治中立，旗帜鲜明地反对南海问题国际化，维护东盟团结。

一是坚持政治中立。柬埔寨作为南海问题的"局外人"，一直以来在南海问题上奉行不偏不倚的中立政策。柬埔寨既没有支持中国对南海岛礁主权和海域管辖权的主张，也没有对东南亚国家的主张表示赞同，而认为南海争端是争端国家间的问题，应该由争端方自己解决。2012年1月24日，柬埔寨首相洪森表示，"柬埔寨将在地区冲突中保持中立"，"尽管柬埔寨在2012年担任东盟轮值主席国，扮演着地区冲突协调者的角色，但柬埔寨不会支持争端的任何一方"①；2012年7月，在东盟外长会议未能通过联合声明而遭到质疑时，柬埔寨外长贺南洪告诉媒体，柬埔寨在中国南海争端中不支持任何一方。

二是反对南海问题地区化、国际化。菲律宾、越南等相关东南亚国家在南海问题上与中国的博弈是非对称博弈。因此，他们自2009年以来一直在推动南海问题的地区化和国际化。在地区化方面，菲律宾、越南等谋求将中国与他们在南海的双边争端问题上升为中国与整个东盟的问题，希望所有东盟成员国联合起来对付中国。在国际化方面，菲律宾、越南等国将希望寄予域外国家，如美国、日本、印度、澳大利亚等，并期盼他们介入南海争端，支持自己的诉求，增加与中国博弈的筹码。在2012年4月4日的东盟峰会闭幕式上，作为东盟轮值主席国，柬埔寨明确表示反对南海问题国际化。柬埔寨首相洪森表示："我们应严格执行并遵守《南海各方行为宣言》（DOC）及后续行动指南，以增强在各合作领域的相互信任。柬埔寨支持在东盟和中国的框架内解决南海问题，反对外部势力介入，反对将南海问题国际化。"2012年7月7日，在东盟外长会议上，菲律宾和越南分别要求联合声明列出黄岩岛等特定海域，并写入关于专属经济区等问题的措辞时，柬埔寨认为"以前的声明都只提到南海，只要提及'礁'，作为主席国就无法接受"。2012年7月13日，柬埔寨外长贺南洪表示南海问题只是中国与个别东盟国家之间的争端，柬埔寨希望相关国家自行解决有关问题，柬埔寨将尽力发挥积极的协调作用。他认为"东盟外长会议不是法院，不能对争端进行裁决"。在这次东盟外长会议上，柬埔寨外交大臣贺南洪公布了东盟外长会议就南海问题达成的六项原则：全面落实《南海各方行为宣言》及有关声明；落实《南海各方行为宣言》后续行动指南；尽快达成"南海行为准则"；全面遵守包括《联合国海洋法公约》在内的、被国际社会广泛认可的国际法；各方继续保持克制，不使用武力；依据《联合国海洋法公约》在内的、被国际社会广泛认可的国际法和平解决有关争议。2012年10月24日，联合国秘书长潘基文访问柬埔寨时，柬埔寨首相洪森再次向潘基文表示南海争端各方应该通过协商解决争

---

① 邵建平. 柬埔寨对南海争端的态度探析［J］. 国际论坛，2013，15（6）：15-20.

端，其他各国不应该联合域外国家对中国施压。针对南海仲裁案，柬埔寨多次发表声明，反对任何由东盟发表的支持常设仲裁法庭就南海争端所做裁定的声明。柬埔寨认为"中国—东盟关系具有多维度的性质，南海问题只是中国与东盟部分国家间关系中存在的问题，所以南海问题不应该成为中国—东盟关系继续发展的障碍，南海问题相关各方应该共同合作解决遗留问题"①。2016 年 5 月，日本驻柬埔寨大使拜访首相洪森，要求其支持南海仲裁裁决，遭洪森严词拒绝。2016年 7 月 24 日在老挝召开的第 49 届东盟（ASEAN）外长会议上，柬埔寨秉持《南海各方行为宣言》的相关原则，使该次外长会议未能就所谓南海仲裁案的立场达成一致。柬埔寨在东盟的政治舞台上秉承中立、独立的外交原则，是东盟地区和平、稳定的重要力量之一。2016 年 10 月 13～14 日，习近平主席访问柬埔寨期间，中柬双方发表联合声明，再次强调南海问题不是中国和东盟之间的问题，应由直接有关的主权国家通过友好磋商和谈判和平解决。中国和东盟国家应继续全面有效完整落实《南海各方行为宣言》，并在协商一致的基础上推动早日达成"南海行为准则"②。

三、柬埔寨与东盟的经贸合作

加入东盟以后，柬埔寨积极履行服务贸易协定，不断地降低关税，成为多边贸易的受益者。根据东盟第 31 次经济部长会议的决定，柬埔寨、老挝、缅甸、越南 4 个新成员国将逐步实现自贸区的降税目标，预计在 2015 年以前将实现零进口关税。对此，柬埔寨积极响应，逐步降低关税，逐步与东盟的目标靠拢。作为东盟成员国，受益于东盟贸易的便利化，柬埔寨经济和对外贸易快速发展，如图 6-1 和图 6-2 所示。

由图 6-1 可知，以 1999 年为分割点，从 GDP 总量来看，1999～2015 年，柬埔寨经济持续、快速发展。1999 年以前，柬埔寨 GDP 总量尚未超过 50 亿美元，2000 年达到 52 亿美元，2008 年突破 100 亿美元，2015 年达到 159.1 亿美元。从增长率来看，加入东盟前的 1996～1998 年，柬埔寨 GDP 年均增长率约为 5.0%，加入东盟后的 1999～2007 年，柬埔寨经济增速非常快，2004～2007年连续四年的增长率突破 10%，其中 2005 年达到 13.3%，由于受到金融风暴的影响，2008 年经济增速放缓，2009 年增长率仅为 0.1%，是 1996 年以来的最低点，但从 2010 年开始，柬埔寨经济开始稳步增长，此后的几年均保持在 7.0%左右。

① 邵建平. 柬埔寨对南海争端的态度探析 [J]. 国际论坛，2013，15（6）：15-20.
② 郭培根. 习近平柬埔寨之行："一带一路"开启中柬关系新篇章 [EB/OL]. 新浪新闻中心，http://news.sina.com.cn，2017-04-16.

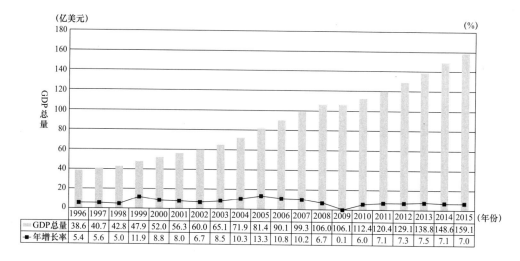

(年份)	1996	1997	1998	1999	2000	2001	2002	2003	2004	2005	2006	2007	2008	2009	2010	2011	2012	2013	2014	2015
GDP总量	38.6	40.7	42.8	47.9	52.0	56.3	60.0	65.1	71.9	81.4	90.1	99.3	106.0	106.1	112.4	120.4	129.1	138.8	148.6	159.1
年增长率	5.4	5.6	5.0	11.9	8.8	8.0	6.7	8.5	10.3	13.3	10.8	10.2	6.7	0.1	6.0	7.1	7.3	7.5	7.1	7.0

图6-1　柬埔寨加入东盟前后（1996～2015年）经济发展对比图

注：GDP总量采用2010年不变价美元数据。

资料来源：根据世界银行统计数据整理。

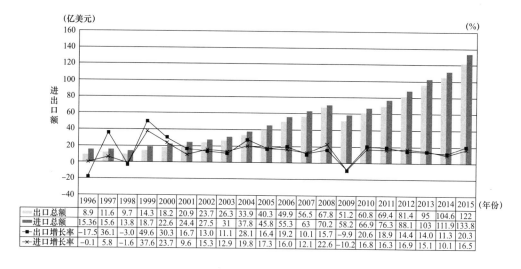

(年份)	1996	1997	1998	1999	2000	2001	2002	2003	2004	2005	2006	2007	2008	2009	2010	2011	2012	2013	2014	2015
出口总额	8.9	11.6	9.7	14.3	18.2	20.9	23.7	26.3	33.9	40.3	49.9	56.5	67.8	51.2	60.8	69.4	81.4	95	104.6	122
进口总额	15.36	15.6	13.8	18.7	22.6	24.4	27.5	31	37.8	45.8	55.3	63	70.2	58.2	66.9	76.3	88.1	103	111.9	133.8
出口增长率	-17.5	36.1	-3.0	49.6	30.3	16.7	13.0	11.1	28.1	16.4	19.2	10.1	15.7	-9.9	20.6	18.9	14.4	14.0	11.3	20.3
进口增长率	-0.1	5.8	-1.6	37.6	23.7	9.6	15.3	12.9	19.8	17.3	16.0	12.1	22.6	-10.2	16.8	16.3	16.9	15.1	10.1	16.5

图6-2　柬埔寨加入东盟前后（1996～2015年）对外贸易对比图

资料来源：根据世界银行统计数据整理。

　　由图6-2可知，以1999年为分割点，从出口总额及其增长率来看，1999年以前的出口额较低，尚未突破15亿美元，1996年仅有8.9亿美元，增长率约为-17.5%，1998年为-3%。但加入东盟后，柬埔寨出口总额迅速提升，2001年突破20亿美元，到2014年突破100亿美元。从1999年开始，出口增长率增速惊人,其中 1999 年达到 49.6%,2000 年为 30.3%,但由于受金融风暴的影响,2009 年出现负增长,为 - 9.9%,此后均保持高速增长,2015 年的增速为 20.3%,达到 122 亿美元。从进口总额及其增长率来看,加入东盟后,柬埔寨进口总量也保持快速增长,1996 年的进口总额为 15.36 亿美元,加入东盟后的 1999 年进口总量达到 18.7 亿美元,2005 年进口总量为 45.8 亿美元,比 1999 年翻了 1 倍多,受金融风暴的影响,2009 年进口总额出现下滑,为 58.2 亿美元,比 2008 年下降了 32.8 个百分点,但此后平稳快速发展,2015 年进口总额为 133.8 亿美元,增长率达到 16.5%。此外,2015 年,柬埔寨进出口总额为 255.8 亿美元,主要出口产品为服装、鞋类、大米、橡胶和木薯等,其中服装鞋类出口 71.7 亿美元,同比增长 18%,出口占比接近 80%;大米出口 54.48 万吨,较上年增长 17.7 万吨,增幅达 48.1%;橡胶出口 12.87 万吨,增长 31.6%;木薯出口 36.4 万吨,增长 29.1%。主要进口产品为服装原材料、建材、燃油、汽车等,主要贸易伙伴为美国、欧盟、中国等①。

尽管柬埔寨受益于东盟,经济发展取得了较好的成效,但是其经济总量及其发展水平在东盟 10 个国家中仍然处于较低水平,如表 6 - 2 所示。

表 6 - 2 2015 年柬埔寨在东盟十国中经济地位一览表

指标 国别	GDP 总量 (亿美元)	排名	GDP 增长率(%)	排名	人均 GDP (美元)	排名
印度尼西亚	8617.7	1	4.8	7	3377.2	5
柬埔寨	180.5	8	7.0	2	1158.7	10
老挝	123.3	10	6.99	3	1812.3	8
马来西亚	2962.2	3	4.95	6	9766.2	3
菲律宾	2919.6	5	5.8	5	2899.4	6
泰国	3952.8	2	2.82	8	5816.4	4
越南	1936	6	6.68	4	2111.1	7
新加坡	2927.3	4	2.0	9	52888.7	1
文莱	154.9	9	- 0.5	10	36607.9	2
缅甸	648.7	7	8.5	1	1203.5	9

资料来源:根据世界银行统计数据整理。

① 柬埔寨 2015 年宏观经济形势及 2016 年预测 [EB/OL]. 驻柬埔寨经商参处,http://cb. mofcom. gov. cn,2016 - 05 - 04.

由表 6-2 可知，2015 年柬埔寨在东盟 10 国中 GDP 总量排名第 8 位，比排名第一的印度尼西亚少了 8437.2 亿美元，差额相当巨大；GDP 增长率排名第 2，2015 年 GDP 增长率为 7%，比排名第 1 的缅甸少了 1.5 个百分点；2015 年人均 GDP 为 1158.7 美元，排名第 10，比排名第一的新加坡少了 51730 美元。

四、柬埔寨与 RCEP 的合作

1. RCEP 简介

区域全面经济伙伴关系（Regional Com - prehensive Economic Partnership，RCEP）是由东盟国家提出的，是以东盟为主导的区域经济一体化合作组织。2011 年 2 月 26 日，在缅甸首都内比都市举行的东盟经济部长会议中，与会各国部长就建立区域全面经济伙伴关系，深度交换了意见，并于会后一致通过了建立 RCEP 的草案。2011 年的东盟峰会上，各国领导人正式批准了组建 RCEP 的计划。2012 年 8 月，东盟 10 国以及中国、日本、韩国、印度、澳大利亚、新西兰 6 国原则上同意了 RCEP 的组建。RCEP 的目标主要是消除内部贸易壁垒、创造和完善自由投资环境、扩大服务贸易，为成员国谋求更加自由更加广阔的贸易市场。该自贸区建成之后，将成为世界上涵盖人口最多、区域面积最大的自贸区。

2015 年 11 月，RCEP 第三次部长级会议发表联合声明，制定了《RCEP 谈判指导原则和目标》；2016 年 8 月 5 日，RCEP 第四次部长级会议在老挝万象举行，发表了《区域全面经济伙伴关系协定》。2016 年 8 月 10～19 日，RCEP 第 14 轮谈判在越南胡志明市举行。2016 年 10 月 16～22 日，RCEP 第 15 轮谈判在中国天津举行。

2. 柬埔寨对 RCEP 的态度

总体来看，柬埔寨对 RCEP 持支持态度。从政治角度来看，RCEP 与柬埔寨有着较深的渊源。RCEP 正式会谈起源于 2012 年在柬埔寨举办的东南亚国家联盟（ASEAN）年度峰会。峰会上，柬埔寨首相洪森宣布 2012 年 11 月 20 日正式开启 RCEP 会谈。因此，柬埔寨是 RCEP 的重要倡议国之一，RCEP 的成功与否关系到柬埔寨的政治形象。从经济、社会角度来看，RCEP 建成后对柬埔寨经济、社会发展会带来诸多利益。首先，RCEP 是柬埔寨融入国际政治经济的又一平台，有助于改善柬埔寨国际贸易的壁垒，进而推进柬埔寨经济进一步改革。其次，有助于柬埔寨创新和完善投资环境。RCEP 建成后，柬埔寨为适应 RCEP 的框架协议，必须修改现行与 RCEP 不相吻合的投资政策，进一步完善柬埔寨国内投资环境。再次，促进柬埔寨与 RCEP 成员国的双边贸易。RCEP 成员国为 16 个，建成后，日本、韩国、印度、澳大利亚和新西兰五国作为成员国，将进一步扩大对柬埔寨的外贸活动，有助于扩大柬埔寨的服装、鞋类、大米、橡胶和木薯等产业的出口，同时也有助于柬埔寨的基础设施、能源、信息与通信技术、旅游等产业的快速发展。最后，有助于柬埔寨社会发展。RCEP 建成后，日本、韩国、印度、澳大利亚和新西兰会扩大对柬埔寨在基础设施、医疗、教育等方面的援助，从而促进柬埔寨社会生活水平的提高。基于此，2014 年 9 月，洪森在第十一届中国—东盟博览会开幕大会上表示，区域全面经济伙伴关系的谈判必须要在中国—东盟战略合作伙伴关系的基础之上进行。RCEP 的组建必然会对亚洲乃至世界经济的增长做出重要贡献。"正在进行的东盟与中国，以及日本、韩国、澳大利亚、新西兰和印度之间的谈判已经取得一定进展，谈判一旦成功，将极大地惠及区域各国"[1]。

第二节　柬埔寨与欧盟的合作

一、柬埔寨与欧盟合作进程

柬埔寨与欧盟的合作始于 1997 年。1997 年 4 月 29 日，欧盟轮值主席国荷兰外交大臣范米尔伦及欧盟委员会副主席马林同柬埔寨财政大臣吉春签署了双方合作协定。该协定规定，柬埔寨同欧盟将加强双方在经贸、科技等领域的合作。马林表示，欧盟与柬埔寨的合作是一种"长期建设性对话"，双方将建立一种"政治经济联系"和"持久的贸易关系"[2]。上述协定的签订是欧盟"向亚洲进军战略"的一部分。

2000 年 5 月 4 日，柬埔寨与欧盟联合委员会第一次会议在金边结束，双方表示将进一步加强在经贸等各个领域的合作。柬埔寨王国政府外交大臣贺南洪出席并主持了会议。会后发表的联合新闻公报说，双方就政治、经济和社会发展以及其他共同关心的问题进行了广泛讨论。柬埔寨方面希望欧盟为柬埔寨社会经济、文化教育、工农业发展以及各项改革提供更多的支持与援助。欧盟重申，将支持柬埔寨早日加入世界贸易组织和欧盟委员会—东盟协议，以进一步加强欧盟与柬埔寨的关系，并使柬埔寨有更多机会参与本地区的经济合作。会后，柬埔寨和欧

① 潘强. 柬埔寨首相洪森：RCEP 将成支持区域发展又一稳固标杆［EB/OL］. 中国日报网，http://www. chinadaily. com. cn/micro－reading/dzh/2014－09－16/content_ 12389584. html，2014－09－16.

② 新声. 欧盟与老挝和柬埔寨签署合作协定［J］. 东南亚信息，1997（11）：15－19.

盟还签署了纺织品贸易协议①。根据这项协议，柬埔寨的纺织品从 2000 年开始可完全免税并不受配额限制进入欧盟市场。欧盟是柬埔寨主要贸易伙伴之一。柬埔寨与欧盟联合委员会会议每两年召开一次。2002 年 2 月 18 日，欧盟委员会负责贸易的委员帕斯卡尔·拉米访问柬埔寨，并成立欧盟常驻柬埔寨代表处，表明欧盟与柬埔寨双边合作伙伴关系常态化。

二、柬埔寨与欧盟合作框架

欧盟与柬埔寨合作框架为特殊普惠制。普惠制是指一种特殊关税制度，这种制度主要是指发达国家对于发展中国家或地区出口的制成品和半制成品给予一定程度的关税优惠制度。到目前为止，世界上已经有超过 30 个国家实行了普惠制。但是，许多发达国家会或多或少地在各种普惠制方案中加上各种附加条款，以保护本国贸易。

1971 年，欧盟宣布建立普惠制，2006 年 1 月 1 日起开始执行现行的普惠制。在普惠制的影响下，广大发展中国家可以以较低的关税进入欧盟市场。据欧盟方面统计数据，欧盟普惠制已经使得超过 178 个国家和地区受益，每年有多达 500 亿欧元的商品以普惠制的关税制度进入欧盟市场，大约占欧盟进口总额的 40%。

欧盟现行普惠制方案中规定，将普惠制下的分类减少两个，转变为三个类别。这三个类别包括一般普惠制、特殊普惠制和附加普惠制。这三种普惠制的侧重点各有不同，特殊普惠制主要针对的是最不发达国家，附加普惠制则针对竞争力相对较弱的国家。新修改的方案中对于其中的"毕业条款"（是指一个国家的一种产品如果在欧盟的市场份额超过所规定的比例，其将会失去普惠制待遇）做出了更加明确的规定。这个新的规定表明，一个国家的某种产品在欧盟市场的份额只能在 15%（纺织品和服装为 12.5%）以内享受普惠制关税。

三、欧盟给予柬埔寨发展的援助

欧盟给予柬埔寨的援助方式多样，主要包括直接赠予、无息或低息贷款、无偿援助、技术输送等。在援助过程中，往往以项目的形式进行，主要包括紧急救援项目、重建恢复项目、能力提升项目等。

1992～2000 年，欧盟对柬埔寨的援助总额达 2.5 亿欧元②。2000 年，欧盟签署了一项价值 6870 万欧元的援助协议，用于帮助柬埔寨首都金边对前红色高棉部队士兵进行安置。2002～2004 年的 3 年中，欧盟向柬埔寨提供 6320 万美元的援助，以支持柬埔寨的乡村、社会事务和商业发展。根据柬埔寨政府与欧盟成员

①② 雷柏松. 柬埔寨与欧盟加强合作［EB/OL］. 人民网，http：//www. people. com. cn/GB/channel2/17/20000505/55983. html，2000 - 05 - 05.

国 2000 年达成的协议，援助项目包括粮食保障、牲畜饲养、渔业发展、乡村金融、水资源管理、农作物多样化、手工业培训和扫雷。欧盟将优先考虑支持柬埔寨教育和卫生部门正在进行的改革，并帮助柬埔寨加快融入世界贸易机构的进程。此外，欧盟还将支持柬埔寨正在进行的权力下放以及预防艾滋病等方面的工作。

2011 年，柬埔寨和泰国在边境发生武装冲突，造成柬埔寨上万名难民流离失所，冲突区域的部分基础设施被毁。基于此，欧盟以紧急援助项目的形式给予柬埔寨 500 万欧元的人道主义援助；2011 年 9 月，柬埔寨暴发了百年一遇的洪水，导致柬埔寨约 13% 的良田被淹，150 多万人受灾，为此，欧盟以重建恢复项目的形式给予柬埔寨 200 万欧元的人道主义援助。

2012 年 6 月，欧盟出资 77.5 万欧元协同无国界组织、教会世界服务社等在柬埔寨建立起 22 个拥有先进净化设备的安全饮水区。2012 年 11 月 2 日，欧洲理事会主席赫尔曼·范龙佩在金边与洪森举行会谈时表示，欧盟与柬埔寨的合作有望进一步加强和扩大，并将继续对柬埔寨的经济发展提供援助。

2015 年 11 月，欧盟向柬埔寨提供了 160 万欧元的援助金，用于帮助其森林保护及可持续发展，以此来减少二氧化碳的排放，提高居民生活水平。欧盟驻柬埔寨办事处合作事务部主任菲奥娜表示，援助柬埔寨森林保护等相关项目有助于解决柬埔寨社会正面临的气候变化等问题。

四、双边贸易持续发展

根据柬埔寨商务部统计，2015 年，欧盟仍然是柬埔寨第二大贸易伙伴，出口总额占所有市场的 19.2%。2015 年，柬埔寨对欧盟的出口额和从欧盟的进口额分别达到 29.8 亿美元和 3.13 亿美元，同比分别增长 25% 和 7%。柬埔寨对欧盟出口的主要产品包括纺织服装、鞋类、糖、农产品，其中最多的是大米；柬埔寨从欧盟进口的主要产品包括机械、设备和原材料等。2015 年，柬埔寨大米出口 54.48 万吨，较上年增长 17.7 万吨，增幅达 48.1%，其中出口欧盟 3.7 万吨；橡胶出口 12.87 万吨，增长 31.6%，其中出口欧盟 0.5 万吨；木薯出口 36.4 万吨，增长 29.1%，其中出口欧盟 5.3 万吨[1]。根据欧盟官方统计数据，2015 年，柬埔寨向欧盟出口自行车约 140 万辆，同比增长 14%。出口自行车单价为 226 欧元，同比增长 17%。2016 年，柬埔寨利用欧盟"偏离条款"制度，为柬埔寨自行车出口欧盟争取了 3 年的免税优惠政策[2]。2016 年，柬埔寨贡布胡椒正式获欧

---

① 柬埔寨 2015 年宏观经济形势及 2016 年预测［EB/OL］. 驻柬埔寨经商参处，http：//cb. mofcom. gov. cn，2016 – 05 – 04.

② 刘福明. 柬埔寨对欧盟出口自行车的免税优惠有可能继续［J］. 中国自行车，2016，9：68 – 69.

盟地理标志（GI）产品认证，这将有助于扩大柬埔寨胡椒对欧盟的出口。

第三节　柬埔寨与"一带一路"倡议的合作

一、柬埔寨在"一带一路"倡议中的重要地位

1. 柬埔寨是"一带一路"倡议中的重要节点

从区域位置来看，柬埔寨地处中南半岛腹地，位于东盟 10 国中的近中心位置，是东南亚地区重要交通枢纽，东部与东南部毗邻越南，南部及西南部面临暹罗湾，西部、西北部与泰国接壤，东北部紧邻老挝。西南海滨呈 L 形，拥有占柬埔寨总数 1/5 的海岸线。

从中柬古代丝绸之路来看，柬埔寨自古就在"丝绸之路"这条东西方经贸人文交往大通道中占据举足轻重的地位。古代陆路丝绸之路中，古代中国至柬埔寨存在多条陆上通道，其始发点为云南、广西。汉晋时期，主要通过"博南山道"和"交州道"经越南入柬埔寨；唐宋时期，主要通过"青木香山路"和"贡象下路"经越南、老挝、泰国入柬埔寨；元明清时期，主要通过广西经越南中部进入柬埔寨①。古代海上丝绸之路中，中柬航路的开辟始于中国的东汉、柬埔寨的扶南王朝时期。柬埔寨扶南王朝时期是南海海上交通的中心。当时中国的主要港口包括交趾、日南卢容和广州港；扶南王朝的主要是哥俄厄（今越南南部迪石北面），此时双方经济往来的主要特点是"朝贡"。柬埔寨真腊时期，是中柬古代海上丝绸之路的快速发展时期，中国通往柬埔寨的港口群已经形成，主要包括广州港、泉州港、温州港等，真腊的港口发生变迁，主要集中在湄公河入海处，海上贸易从"朝贡贸易"演变为"市舶贸易"，商品贸易的种类增多，质量提高。柬埔寨时期（中国的明清时期），是中柬古代海上丝绸之路的鼎盛时期。"每冬春间，浙、闽、粤商人，往彼互市，近则兼市丝斤，及夏秋乃归"（《清文献通考·四裔门》）。广州港逐渐演变为中柬海上丝绸之路的主要港口，由于柬埔寨国土的变化，其港口由湄公河入海处逐步演变为暹罗湾内。航路的记载已经十分详细且明确。纵观中柬古代海上丝绸之路，尽管随着时代和朝代更迭而呈现出各个时期不一样的特点，但是大方向基本相同：中国古代的始发港是东南沿海的港口（泉州、温州、广州等），途经七洲洋，从海南岛的西南进入北部湾，到

---

① 方铁. 古代中国至今老挝、泰国和柬埔寨的陆路交通［J］. 中外关系史论丛，2001，10：39－42.

达古代柬埔寨；从长州、廉州（今广西北海一带）出发，直接由北部湾抵达古代柬埔寨①。

从柬埔寨现代交通来看，柬埔寨的海、陆、空立体交通体系完全形成。公路方面，柬埔寨公路总里程约 1.6 万公里，横贯柬埔寨的东西南北，以金边为中心，向四周辐射出四条核心公路，即：一号公路，由金边到越南胡志明市；四号公路，由金边到西哈努克市；五号公路，由金边到马德望再到泰国边境；六号公路，由金边到磅同和暹粒再到吴哥。柬埔寨与越南、泰国、老挝开通了国际巴士，其中与越南有 8 处边境口岸，与泰国有 6 处边境口岸，与老挝有 1 处边境口岸。通过口岸和国际巴士，可实现陆路直达互通。铁路方面，柬埔寨是泛亚铁路中的重要一环，目前铁路交通主要有两条干线：金边—波贝，系北线铁路，全长 385 公里，以金边为起点，途径马德望，通往柬埔寨西北边境的波贝，直达曼谷；金边—西哈努克市，系南线铁路，全长 270 公里，由金边往西南方向到西哈努克港，是柬埔寨交通运输的大动脉。航空方面，柬埔寨机场主要有上丁机场（Stung Treng Airport）、柴桢机场（Svay Rieng Airport）、暹粒机场（Siem Reap Airport）、腊塔纳基里机场（RatanakiriAirport）、波东成机场（Pochentong Airport）、拜林机场（Pailin Airport）、磅同机场（Kompong Thom Airport）、Oddor Meanche Airport、Mundulkiri Airport、Krakor Airport、西哈努克国际机场（Sihanoukville Airport），其中波东成机场和暹粒机场是柬埔寨的两大国际机场，国际航线四通八达，与东盟其他九国可航空直达，与中国北京、上海、广州、云南、广西、安徽等多个省市可航空直达②。柬埔寨水运较为发达，其以湄公河、洞里萨湖为主要航道，以金边、磅湛和磅清扬为主要港口。湄公河航道，在旱季能够通航 2000 吨位货轮，在雨季则能够通航 4000 吨位货轮。西哈努克港位于柬埔寨西哈努克港市，是柬埔寨唯一的国际港口。西哈努克港具有针对物流、出口的区位优势，拥有深水港，且临近西港国际机场，连接柬埔寨国内最好的公路——四号公路，靠近首都金边，实现海陆空交通的立体相接。

从"一带一路"倡议涵盖的区域来看，根据中国国务院授权发布的《推动共建丝绸之路经济带和 21 世纪海上丝绸之路的愿景与行动》（2015 年 3 月）可知，柬埔寨在"一带一路"倡议中具有十分重要的意义，如图 6-3 所示。

由图 6-3 可知，从"丝绸之路经济带"来看，柬埔寨涵盖在南向经济带中，即中国—东南亚—南亚经济带；从"21 世纪海上丝绸之路"来看，途径南海—东南亚—印度洋—欧洲，柬埔寨可以通过港口直接对接。

① 赵和曼. 古代中国与柬埔寨的海上交通 [J]. 历史研究，1985，6：27-31.
② 刘亚萍等. 柬埔寨投资环境分析报告 [M]. 桂林：广西师范大学出版社，2014.

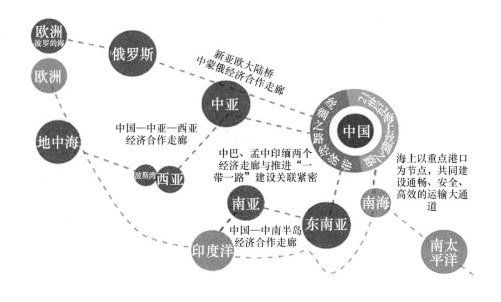

图6-3 "一带一路"示意图

资料来源：根据《推动共建丝绸之路经济带和21世纪海上丝绸之路的愿景与行动》（2015年3月）的描述整理。

2. 柬埔寨是"一带一路"倡议中的重要合作伙伴

由前述可知，柬埔寨与多个区域进行合作，使其积累了丰富的国际合作经验。虽然"一带一路"倡议由中国提出，但是中柬之间的合作历史悠久，"中柬是友好邻邦，是情同手足的兄弟"，"中国是柬埔寨亲密而伟大的朋友"，这种友好的合作关系，为中柬双方在"一带一路"建设中合作奠定了良好的基础。

政治互信持续稳定，双方相互坚定支持。柬埔寨是中国可信赖的好伙伴，双方高层互访频繁，政治上高度互信、互利合作成果丰硕。2015年，中国和柬埔寨高层主要就"一带一路"合作、南海问题、国家及区域安全等方面进行互访交流，共同参加了第26届东盟峰会、亚洲合作对话大会、中国—东南亚民间高端对话会、首届澜沧江—湄公河对话合作外长会、中国东盟部长级安全会议、第六届香山论坛、亚洲议会大会第八届年会等。当中国提出"一带一路"倡议时，柬埔寨积极支持，认为"一带一路"倡议对于沿线国家经济发展具有重要的推动作用。2016年，柬埔寨采取中立的态度对待南海仲裁案的结果，实际上化解了中国—东盟"南海问题"的纷争，使其暂时冷冻起来。

经贸合作持续扩大，双边贸易持续增长。进入21世纪以来，中国对柬埔寨出口增幅提高，如图6-4所示。

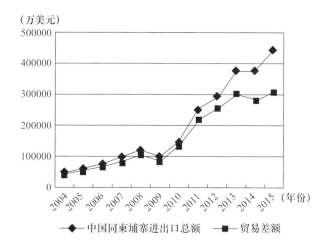

图 6 – 4　2004 ~ 2015 年中国同柬埔寨的进出口总额及贸易差额

资料来源：根据中国商务部公布的数据整理。

　　由图 6 – 4 可知，2004 年中柬贸易额仅为 4.8 亿美元，2015 年双方贸易额已增长至 44.3 亿美元，11 年间增长了 823%。根据我国海关披露的相关数据，2015 年，双边贸易额增长了 18 个百分点，我国对柬埔寨的进口额达到 6.7 亿美元，占到柬埔寨当年出口总额的 8.5%；由于中国在经济发展水平、技术等方面的优势，导致双方贸易逆差越来越大，该局面一时还难以改观。

　　产业合作持续发展，合作领域不断扩大。2015 年中国给予柬埔寨 10 万吨大米进口配额，比 2014 年提高 1 倍，约占柬埔寨 2015 年出口大米的 20%，取代欧盟成为柬埔寨的最大买家之一。2014 年柬埔寨对中国实行落地签证，2015 年柬埔寨考虑对中国实行免签入境制度。2015 年，中国到访柬埔寨的游客为 69.47 万人次，同比增长 24%，占国际游客的 14.5%，仅次于越南，是柬埔寨第二大客源国。基础设施合作方兴未艾。2015 年，中柬合作取得实质性的丰硕成果。如上丁省湄公河中柬友谊大桥和连接上丁省至柏威夏省的 9 号公路建成；中国优惠贷款援建的 41 号公路、百色河大金欧大桥、水净华桥中—柬友谊桥正式通车；西哈努克港—昆明往返国际航线开通；中国重机投资的达岱水电站 BOT 项目验收运营。工业合作全面开花，经济特区创造新机遇。中国对柬埔寨投资企业数量增加。柬埔寨经济特区建设步伐加快。信息合作助力互联互通为 "一带一路" 建设注入了新活力。2015 年，柬埔寨邮电部和中国工信部签署了信息通信技术领域合作协议，旨在加强信息通信领域的交流合作和人力资源培训。金融合作稳步推进，促进区域金融和经济一体化。2015 年 8 月，中国银行与柬埔寨—中国友好协会签署了 "一带一路" 国际金融交流合作项目备忘录，以促进中柬两国政府机构和民间交流。

社会合作不断深入，民间交流不断增加。大众传媒交流深入推进，文化合作逐步加强。2015 年，柬埔寨 60 余家华文媒体参加了"一带一路"世界华文传媒经济论坛，并在同年 3 月参加了博鳌亚洲论坛 2015 年年会"媒体领袖圆桌会议"。教育合作不断发展，两国友好关系继续保持，来中国留学或访学的柬埔寨人数持续增加，截至目前中国各地有 800 多名柬埔寨留学生，过去 5 年大约 700 名柬埔寨学生获得了中国奖学金。华文教育备受重视，柬埔寨宁波商会捐 5000 美元支持柬华理事总会发展华文教育和会务发展经费。环保合作开辟新领域，共同推动环境保护。2015 年 6 月 12 日，中柬共同签署《中柬环境保护合作谅解备忘录》。

二、"一带一路"对柬埔寨的机遇

柬埔寨融入"一带一路"有助于柬埔寨进一步扩大开放，进一步获取外部资源促进国内经济发展。

首先，互联互通有助于柬埔寨基础设施的大幅度提升。2015 年 4 月 23 日，中国国家主席习近平在同柬埔寨首相洪森的会谈当中强调，中柬双方高层密切交往，深化执政党经验交流，发挥政府间协调委员会作用，推进传统领域合作，并在"一带一路"框架内加强基础设施互联互通合作，运营好西哈努克港经济特区。柬埔寨首相洪森表示，希望两国在"一带一路"框架下合作，加强柬埔寨水路、航空等交通领域互联互通建设，在卫生、农业、应急救灾等领域拓展合作①。2015 年 7 月 24 日，柬埔寨首相洪森在金边会见中国路桥工程有限公司董事长文岗时提出，柬埔寨政府积极关注中国国家领导人提出的"一带一路"倡议，希望能利用中国政府的"丝路基金"、亚洲基础设施投资银行资金在柬埔寨实施道路基础设施项目。柬埔寨政府支持中国路桥工程有限公司以 BOT 方式投资金边至西哈努克港高速公路项目，希望中柬双方共同努力，把该项目打造成"一带一路"框架下合作的早期收获项目②。

其次，互惠互利有助于柬埔寨经济社会的持续发展。中柬两国经济合作日益密切，"一带一路"为两国的进一步经济合作提供了机遇。主要表现在：一是中国对柬埔寨的投资会进一步扩大。基础设施投资方面，柬埔寨可以利用"丝路基金"和亚洲基础设施投资银行的优惠政策，增加其国内的基础设施投资；社会投

① 赵成. 从习近平主席 2015 年首访看"一带一路"建设［EB/OL］. 人民网，http：//politics. people. com. cn，2015 - 04 - 24.

② 章达拉. 洪森会见中国路桥董事长文岗［N/OL］. 高棉日报，http：//cn. thekhmerdaily. com/article/17225，2016 - 08 - 13.

资方面，随着"一带一路"倡议的持续推进，中国企业对柬埔寨越来越了解，也会增加对柬埔寨的企业投资。洪森认为，中国提出的"一带一路"倡议及其采取的措施将会让柬埔寨的经济建设与社会发展受益。二是会促进柬埔寨产业快速发展。随着中国企业对柬埔寨投资的增加，势必会促进柬埔寨产业结构发生变化，传统的农业会逐步向现代农业发生转变，传统工业结构会逐步被优化，第三产业特别是旅游业会长足发展。正如柬埔寨旅游部部长唐坤所言，习近平主席提出"一带一路"倡议，是双赢和多赢的主张。如果每一个沿线国家都能真诚、积极地参与，"一带一路"就将成为繁荣的经济带与和平的新丝路，每个参与的国家都会从中受益。

三、柬埔寨对"一带一路"的支持

自从中国提出"一带一路"倡议以来，柬埔寨一直秉持支持态度。

从战略高度来看，"一带一路"契合柬埔寨的"四角战略"。"一带一路"的核心是开放、合作和共赢，旨在加强与沿线国家的互联互通，实现互惠互利，合作共赢。"四角战略"是柬埔寨政府现行的施政纲领，其核心是实现柬埔寨发展、进步与繁荣。"一带一路"与"四角战略"互相补充，通过"一带一路"能够为柬埔寨的发展、进步与繁荣带来重大机遇。柬埔寨部长兼柬埔寨发展委员会秘书长宋金达认为，柬埔寨经济社会发展的"四角战略"与"一带一路"倡议是相通的，柬埔寨的经济发展与周边和本地区国家息息相关，双方的互联互通非常有必要加强，"一带一路"则为双方的互联互通架起了一座桥梁。

从政府高层来看，洪森首相在不同时间、不同场合公开表态支持"一带一路"倡议。2014年11月9日，柬埔寨首相洪森在APEC工商领导人峰会上表示，"柬埔寨愿意支持中国计划，包括'一带一路'，我们愿意在各方面加强我们的努力和支持，包括政治、经济，促进区域内人员、贸易、资金的流动"；认为"在丝绸之路方面，中国投资400亿美元，这是非常好的现象"，"这对我们是很好的契机，能够推动柬埔寨各方面发展"[①]。2016年是中柬双方关于"一带一路"倡议下推进合作的关键年。2016年6月3日，柬埔寨国王西哈莫尼访华，国家主席习近平与其举行会谈，双方一致认为"一带一路"倡议有助于双边睦邻友好和经贸合作，要加紧商签共建"一带一路"政府间的合作文件，落实好产能和投资合作谅解备忘录，进而争取实现早期收获。2016年10月13日，国家主席习近平对柬埔寨进行国事访问期间，中柬双方共同签署了《中华人民共和国和柬埔寨王国关于编制共同推进"一带一路"建设合作规划纲要的谅解备忘录》，标志

① 董冠洋. 柬埔寨首相洪森：支持中国"一带一路"计划［EB/OL］. 中国新闻网，http：//www. chinanews. com/gj/2014/11-09/6763771. shtml，2014-11-09.

着中国和柬埔寨就"一带一路"已经完全达成共识并迈入实际性合作阶段。2016年，"一带一路"倡议已提出三周年，经过3年的发展，中柬两国在推动"一带一路"建设、促进两国发展战略对接方面取得了丰硕成果。洪森表示，这一倡议旨在加强国家间的互联互通，带动沿线国家基础设施建设，深化贸易、金融等领域的融合，促进不同文化、文明之间的共同繁荣，柬埔寨全力支持。

从社会层面来看，"一带一路"倡议提出以来，柬埔寨社会各界也积极支持，普遍认为"一带一路"倡议必然会推动柬埔寨的经济发展和社会进步。柬埔寨商业界人士表示，习近平主席访问柬埔寨，将会推动中柬在各领域的合作与发展，进一步促进柬埔寨的经济增长，柬埔寨必然会积极响应和参与"一带一路"的建设。"一带一路"倡议"让柬埔寨看到了希望"。"一带一路"倡议非常注重沿线国家的基础设施建设，促进沿线国家互联互通以及经济社会发展。柬埔寨社会各界深信，柬埔寨一定能够获得中国政府更多的优惠贷款，"一带一路"倡议基金也一定给予柬埔寨更多的资金支持，从而推动柬埔寨的经济发展。柬埔寨文艺界人士认为，"一带一路"的建设与发展有助于中柬之间进一步加强文化交流与合作。[①]

第四节　本章小结

柬埔寨与东盟的合作关系是在战乱和动荡的环境中建立和发展起来的。由于柬埔寨国内政局动荡，直到1999年4月30日，柬埔寨才成为最后加入东盟的东南亚国家。柬埔寨以独立、主权、和平、永远中立、不结盟的外交政策为指导，积极维护东盟团结，以东盟服务贸易协定为框架和准则，不断降低关税，积极加强与东盟各国的对外经济贸易和往来，成为东盟合作中多边贸易的受益者。柬埔寨支持RCEP，若RCEP建成后，有助于改善柬埔寨国际贸易壁垒，推进柬埔寨经济进一步改革，有助于柬埔寨创新和完善投资环境，也有助于促进柬埔寨与RCEP成员国的双边贸易。2002年，柬埔寨与欧盟双边合作伙伴关系常态化。柬埔寨在特殊普惠制框架下得到欧盟的多样化援助，欧盟以紧急救援项目、重建恢复项目、能力提升项目的形式持续不断对柬埔寨进行直接赠予、无息或低息贷款、无偿援助、技术输送等；2015年，欧盟是柬埔寨第二大贸易伙伴，出口总额占所有市场的19.2%，当年柬埔寨就向28个欧盟成员国出口了大约140万辆

---

① 覃博雅. 解读: 柬埔寨"四角战略"与中国"一带一路"倡议相同［EB/OL］. 人民网, http://world. people. com. cn, 2016 - 10 - 14.

自行车，同比增长了 14 个百分点。柬埔寨是"一带一路"中的重要节点和重要合作伙伴。柬埔寨积极融入"一带一路"契合柬埔寨的"四角战略"，是柬埔寨经济社会发展的新机遇。总之，柬埔寨通过积极参与区域合作，不仅增强了柬埔寨的国际影响，而且促进了柬埔寨经济社会的发展。

第七章　社会文化

　　柬埔寨是一个贫穷而又美丽神秘的佛教国家，有着丰富的历史文化底蕴，曾经创造了灿烂的吴哥文化。在柬埔寨，你可以游览举世闻名的吴哥窟，观赏伟大的人类非物质文化遗产——高棉宫廷之舞，听到和看到古老的文字——高棉语，也可以看到随处可见的化缘僧侣。柬埔寨有着令无数外国游客向往和惊叹的文化，也有着因为几十年战争遗留下来的障碍在制约着整个国家的经济发展，与贫穷斗争将是这个国家的长期目标，贫穷所带来的社会连锁反应如教育水平落后，医疗保障不够健全，战争遗留下的地雷隐患等都成为了柬埔寨社会当中的现代符号和亟待要解决的社会及民生问题。

第一节　高棉文化与宗教

　　最经典的高棉文化体现为吴哥窟这一伟大的建筑奇迹。吴哥窟以建筑宏伟与浮雕细致而闻名于世界，这个伟大的世界文化遗产不仅让世人惊叹不已并留下神秘而古老的传奇与故事，也让这样标志性的古迹成为高棉文化的一种象征。在柬埔寨，惊人而又传奇的不仅是著名的吴哥窟，更有千年历史的高棉语以及被列入世界非物质性文化遗产的高棉宫廷舞蹈。它们经历了古时的洗礼，也经历过战争的伤痛，一路走到今天经济开发恢复和平的年代，受世人所敬仰，在这个拥有悠久历史文化的土地上永久绽放，散发古典美的不朽气质。

一、高棉宫廷之舞

1. 高棉宫廷舞之由来与历史沿革

　　手腕一弯，手指一勾，盛装打扮的高棉舞者变幻出一系列神秘而又柔美的手势，传说中这种舞蹈可以将高棉国王的心愿带到天国。很多人提起高棉文化的第一反应想必是举世闻名的吴哥窟，但在柬埔寨却还有一个不能忽视的伟大的人类非物质文化遗产，那就是著名的柬埔寨皇家舞剧，也叫高棉古典舞，此舞蹈已经有 1000 多年的历史，与高棉皇家宫廷息息相关。长久以来，此类具有神秘而高贵色彩的宫廷舞蹈在柬埔寨有着一种神圣的象征性作用，它体现着高棉文化的高雅、崇敬和灵性等传统价值，同样在舞蹈当中融入并表现出了有关高棉人民起源的神话，以及他们独有的宗教信仰与文化习俗。所以，提起高棉文化，宫廷舞蹈不可或缺，同样是高棉文化的表征之一。

高棉古典舞采用古老的动作表达对上天的许愿。所谓信教必重舞，这种现象在柬埔寨甚为突出。高棉古典舞在柬埔寨的地位十分重要，当地女孩们甚至把会跳高棉古典舞当作是十分荣耀的事情。柬埔寨皇家舞剧有着非常优雅的手势和色彩绚烂的服饰，在柬埔寨王室的庆典或仪式上，比如婚礼甚至是葬礼当中都会出现这种舞蹈的表演。2003 年，经联合国教科文组织认定，高棉古典舞被列入《人类非物质文化遗产代表作名录》。

历史十分悠久的高棉古典舞可追溯到吴哥窟建立之前。在 9 ~ 14 世纪的吴哥王朝时期，高棉文化就已发展到其最辉煌的时期，大量的乐师和舞蹈艺术家都在当时的王朝宫廷中有着尊贵的职位，这也是因为在各种皇族庙宇和神殿当中的宗教仪式上音乐与舞蹈都是不可或缺的重中之重，所以乐师和舞蹈家都被视为很尊贵以及重要的人物，而当时的舞蹈家甚至被视为仙女。毋庸置疑，这些尊贵的舞蹈者被人们看作是国王与上帝和祖先之间的信使。当时舞蹈艺术发展的鼎盛场景在一些古书与石碑当中都有记载，目前，在现存的吴哥窟遗迹中就存在着高达1700 多个舞蹈神女阿普萨拉的浮雕像，这就是古时高棉人民对于舞蹈艺术的崇敬和寄托美好愿景的最好凭证。事实上，阿普萨拉源自于印度神话，但吴哥窟中的仙女形象有着与众不同的高棉民族特质，从其体态、舞姿、相貌和服饰中就可以看出来，而这些宝贵的石窟财富也为后来的高棉古典宫廷舞创作提供了丰富的艺术灵感和想象力。

直至吴哥王朝衰亡，臣服于暹罗，宫廷衰败，致使高棉古典舞从高高在上的宫廷流入民间。如此一来，便使得当时的宫廷舞与民间的传统艺术进行了最为巧妙的结合，在原有的神秘色彩中又增添了不少平易近人的生活气息。至 19 世纪中叶，濒临灭亡的宫廷舞蹈被恢复，并且在原来神圣而高不可攀的端庄风格中摒除了刻板僵硬的成分，让更多的柔美质感被强化和凸显，使得古典宫廷舞在某种程度上再次得到了发展和突破。许多宫廷舞蹈的故事来源事实上都会以古代的宗教和教义为背景题材，比如《英格丽姬与波拉绍顿》、《斐沙拉恩传奇》、《魔王宫殿》等。剧目中都设有国王、王子、公主、仙女、魔王和猴子等角色，并用独特的手语表示喜怒哀乐等情感内涵。宫廷舞蹈演员需要具备极高的四肢柔韧性，让身体动作随着舞蹈音乐变得细腻而丰富，从而才能表达出宫廷舞蹈传神的内涵。高棉宫廷舞蹈程式严谨，雕塑感强，表情端庄，舞姿典雅，有着十分古典而含蓄的东方美。即便在战争年代，甚至是在"红色高棉"的残酷时期，高棉宫廷舞仍以其顽强的生命力存在于柬埔寨人的生活当中，一直到现在都为世人所惊叹。

2. 高棉宫廷舞的现代发展

高棉宫廷舞蹈艺术是柬埔寨人民的瑰宝，是世界舞蹈艺术花园中经久不衰的一朵奇异而神秘的花朵。柬埔寨皇家舞剧团曾得到诺拉德戴维王妃的大力推广和宣传。剧团以国王形象为媒介，实现了灵魂与肉体、梦想与现实、人类与圣神的完美融合。大型舞剧《吴哥窟—阿普希拉传说》是柬埔寨皇家舞剧团的经典演出剧目之一。2014年9月，亚欧博览会柬埔寨展厅内，6名头戴凤冠、身环金饰的柬埔寨"仙女"跳着优美的舞蹈，她们的动作静中有动，动中寓静，静动自如，宽舒洒脱。"这是柬埔寨传统舞蹈，俗称仙女舞，乐器汇集了传统的木琴、金属杆、锣、鼓和钹。"当日，在柬埔寨做生意的广西人、参展商温智刚如是说。在柬埔寨舞蹈当中，有一些会用常用的手势来表达某种特定的含义，比如说五指并拢并且伸直就表示"胜利"的意思。"这段舞蹈出现了多次五指并拢的手势，这是在祝福亚欧博览会取得胜利。"舞蹈末尾，"仙女"们将手中的茉莉花撒向观众。"就像中国的仙女散花，茉莉花在柬埔寨代表吉祥。"柬埔寨已连续参加3届亚欧博览会，对当地的经济外贸起到十分积极的带动作用①。柬埔寨的古典宫廷舞蹈既延续了古代独特高雅而又神秘的文化特质，又加入了现代的活泼气息，从某种程度上来说，以艺术的形式把柬埔寨文化和贸易带向了全世界。

2010年11月，在中国文化部和柬埔寨文化部共同支持下，由云南省文投集团投资的大型文化旅游驻场演出——《吴哥的微笑》正式公演，以现代先进的舞美技术，集结中柬艺术完美融合的色彩，展现了柬埔寨吴哥窟时期最鼎盛繁华的时代与辉煌。2010～2016年，《吴哥的微笑》演出场次高达将近2000场，观众人数超百万人次，演出产值逾3000万美元，而这一出色的中柬艺术结合的成功典范也被柬埔寨政府授予"柬埔寨旅游特殊贡献奖"。人们在惊艳高棉古老文化和舞蹈的同时，这种艺术合作模式和舞蹈的结合不仅成为了柬埔寨的文化名片之一，也成为了中国文化"走出去"的成功案例。

---

① 柬埔寨"仙女散花"送吉祥［N/OL］. 新疆经济报，http：//news. hexun. com/2014 - 09 - 03/16 8128781. html，2014 - 09 - 03.

二、高棉语和其他语言

1. 高棉语言的发展

柬埔寨的主要民族是高棉族，所以我们所说的柬埔寨语实际上是指绝大多数柬埔寨人讲的高棉语。高棉文字十分古老，它是根据南印度婆罗迷文创造的。在漫长岁月里，柬埔寨文字先后经历过将近 10 次的大变化才演变成今天的高棉文字。

我们可以把柬埔寨语言文字发展分成三个大的阶段：一是 7～12 世纪，即为古柬埔寨文阶段；二是 12～17 世纪，即为中世纪柬埔寨文阶段；三是 17 世纪以后的阶段，也就是现代柬埔寨文阶段。真正的柬埔寨文字约在公元 7 世纪形成，这个结论来自迄今发现的最早的柬文字碑铭，其中显示时间为公元 611 年，其地点在茶胶省。由于早期柬埔寨在宗教和文化方面深受印度宗教的影响，所以柬语中大量使用了巴利文，特别是在政治、经济词汇当中使用得最多。而巴利文词汇像英语那样有词根、前缀、后缀，且具有非常强的构词功能，所以可以从一个词根派生出大量的新词汇。而在现代的 50 多年中，柬埔寨由于战争和政治纷乱也使得其文字和语言发生了一些变化。

20 世纪 60 年代开始，学术界就一直在争论柬埔寨语应当向什么方向发展。有人主张柬埔寨语言继续向平民化方向发展，但纯柬埔寨语词汇相对贫乏，词汇派生性较差。有的人则主张利用巴利文和梵文的强大构词和派生能力来构筑新词汇。当时的政府也支持更多地使用巴利文，为此专门成立了新词汇委员会，但没有得到推广，基本上还是局限在学术圈子中，无法为广大群众所使用。

在 1991 年巴黎协议签订之后，柬埔寨语言才获得了前所未有的发展。如今大量巴利文专业词汇已经成为柬埔寨人民熟悉的语言，不论是在政府部门还是各种商业机构当中都被大量使用。

2. 高棉语的特点

柬埔寨文字是拼音文字，有 33 个辅音和 24 个元音，其拼音规则十分复杂难学，但在语法上，则相对比较简单。柬埔寨语与汉语一样，动词没有词形变化，不会随着动作发生的时间不同而改变词形。而在口语上，高棉语从地域上来讲可以分为以下三大方言板块：一是金边方言，使用者主要集中在金边等中部的主要城市；二是西部方言，主要集中在柬埔寨西南地区；三是北部方言，主要集中在柬埔寨的北部地区以及泰国的东北部地区。而现代的高棉语则是以金边方言为标准的方言。

高棉语在使用过程中十分强调讲话对象，跟不同年龄和地位的人说话与交涉都有着不一样的表达方式和用词。在宫廷中有所谓的"王族语言"，即巴利文和梵文，对国王和僧侣都要使用这种语言。而在民间，比如一个吃饭的"吃"字就有六七种不同的说法，在语言上讲究礼仪和用词，不过随着社会的发展和西方文化的入侵，这种严格的用词和说法也在被模糊。

3. 英法中文并存

柬埔寨是一个多民族国家，所以也是一个五彩斑斓的多语国。柬埔寨拥有20多个民族和部落，存在着23种活语言。而高棉族人口最多，在柬埔寨历史最悠久，所以高棉语是其国语，也是宪法明文规定的官方语言。但随着世界格局的变化，柬埔寨对外开放的程度越来越高，与各国西方国家和亚洲国家的来往与合作越来越广，如今英语和法语也成为了柬埔寨主要政府部门的工作语言。在民间，柬埔寨主要的移民语言和方言，还包括了汉语、闽南语和粤语。当华人走在柬埔寨的街边，如果看到形形色色的各种招牌上写着中文字样根本不需要感到惊奇，因为大量的华人旅居在柬埔寨，潮州话、广东话甚至随处可听见。

柬埔寨在历史上被法国殖民统治两次，所以法语曾经长期作为柬埔寨现代教育中的第一外语，独立后柬埔寨也依然受到法语的影响，许多高龄的政府官员或在学校的教员如今仍然会讲法语，在政府各个重要的机构部门仍然会使用法语，但现在柬埔寨使用英语比较广泛。1970年之前，法语是柬埔寨政府的工作语言。1970年政变之后，随着战争不断以及美国的卷入和国际组织的介入，英语逐步取代法语。1991年巴黎协定之后，这种趋势愈加强烈。迄今法国为了恢复和保持法语在柬埔寨处在不被消亡的境地，在提供文化援助的时候往往会给出一定的附加条件，比如将使用法语教学作为先决条件之一。

结束战乱后的柬埔寨也开始其和平建设的新时期，与中国的往来越来越紧密，与中国经济、文化等方面的合作在不断加深，使得中文在柬埔寨获得新生，不但在民间传播广泛，也在柬埔寨的传媒如报纸杂志以及广播电台中得以传播，中文已经成为柬埔寨的一种主要的外来移民语言。而中文在柬埔寨的快速发展也来源于柬埔寨政府的相关支撑政策以及在柬埔寨的华人社团组织的支援。迄今为止，在柬埔寨国内有超过80所中文学校，如雨后春笋般出现的孔子学院和汉语培训机构等也在很大程度上推动了中柬语言的文化交流。

柬埔寨王国素有"和平绿洲"之称，是一个拥有悠久历史的多民族文明古国，语言的发展也跟随着时代的变迁而在发展，语言承载着文化与历史，也是承载国家与国家之间交流与沟通的有效桥梁，更多文化语言上的互通与交流也期待推动未来在各个领域更加友好地共同发展。

三、柬埔寨宗教

1. 佛教

在柬埔寨漫长的历史发展中，宗教信仰对于高棉人民来说有着极其重要的影响。在真腊时期，在柬埔寨有大乘佛教、小乘佛教和湿婆教等，这些宗教都对当时的吴哥文明产生了深远的影响。14 世纪，柬埔寨在政治经济上发生变化，小乘佛教最终获得了柬埔寨全民的认可，并成为柬埔寨的国教。

近代以来，柬埔寨小乘佛教被分为两大派别：一是摩哈尼加派（Mohani-kay），又称大群派。二是塔玛育特派（Thamayut），又称追随教规派。其中摩哈尼加派势力更为强大，是传统的高棉佛教，其僧侣人数占柬埔寨僧侣总数的90%之多。两派都各自设有全国佛教会。在传道方面，两派各自都有所在宗教中的领袖僧王。两派僧王彼此独立，两大派别之间并行不悖，各自分管其属下的僧众。两派的僧王则由国王任命。

在柬埔寨，上至国王，下至平民，一生当中都要出家剃度当和尚。僧侣在柬埔寨是颇受尊敬的，而剃度在柬埔寨是判断人品的重要标准，剃度并还俗后，其婚姻与就业都有着不同程度上的优越性。

寺院是佛教对柬埔寨社会产生实质作用的主要手段之一。在柬埔寨，很多村子都设有一个寺院，它在柬埔寨所起到的作用不仅是宣传佛教教义，更在一定程度上为地方教育和文化传播提供了活动场所和平台。

NationMaster. com 最新统计数字显示，柬埔寨信奉佛教的人数达到 1450 万人[1]，约占到总人口数的 96.7%。但由于柬埔寨在国内实行宗教平等，对外却实行开放的宗教政策，即作为外国宗教团体只要得到国家政府的承认，并承诺不做损坏柬埔寨佛教的行为，那么这些外来的宗教团体就被允许在柬埔寨境内传教、建立教堂或寺院。在这样的政策背景下，大量各种类型和形式的外国宗教团体在柬埔寨境内得到前所未有的宽容和解放，他们以文化或者经济作为一种手段走入城乡，并吸引了大量的青年人。

2. 伊斯兰教

柬埔寨的第二大宗教为伊斯兰教，教徒人数占柬埔寨总人口数的 2%。信仰伊斯兰教的高棉人与普通的高棉人有所不同，他们都坚持着自己独特的风俗习惯，他们与外界接触甚少，喜欢和自己的种族聚居。柬埔寨伊斯兰教组织包括柬埔寨中央伊斯兰教协会（1970 年成立）以及柬埔寨穆斯林青年协会（1970 年成立）。全柬埔寨有 100 多所清真寺，穆斯林在清真寺里做礼拜来宣传其伊斯兰教义。在柬埔寨以首都金边附近的克罗昌格瓦清真寺最负盛名。

四、柬埔寨融入的外来文化

柬埔寨在浩瀚的历史长河中，其实也融入了不少的外来文化。

---

① Cambodia Religion Stats ［EB/OL］. Nation Master, http: //www. nationmaster. com/country - info/ profiles/ Cambodia /Religion.

首先是宗教文化。柬埔寨人民在小乘佛教进入其境内之前就拥有着与生俱来的保守和隐忍，他们尊崇事物原本已有的本真方式，这也是柬埔寨文化当中的教条和信仰。而在印度文化开始渗透整个柬埔寨之前，柬埔寨就已经拥有了属于自己的国家与民族，也创造了世界上独有的语言，同样也衍生出属于自己的居民生活方式和教育知识。其他不符合柬埔寨原本的风俗习惯，就会被旧时的柬埔寨人在一定程度上抛弃。当然，无论如何外来文化的影响是存在的。柬埔寨在长久的历史长河当中，也会接受外来的超出原本风俗习惯的文化，但在接受该类文化时，柬埔寨人不会完全复制，而是选择用自己的方式和风格将其融合再造，让其具备柬埔寨的民族特质，这也是柬埔寨文化民族性的一个很有代表性的表现。

　　其次是语言文化。对于柬埔寨大部分的年轻人来说，学习就意味着需要记忆大量的内容，但往往他们大多都缺少批判和推翻权威的精神，所以说现世的生活对于更多的柬埔寨人来说，只是一个人生的中转站，即为逝去的祖先们积累和传递功德，让其有好的转世。所以当外来文化对柬埔寨本土的文化进行不同程度的冲击时，柬埔寨在保留了属于自己的民族特色的基础上融入外来文化。比如说，旧时代的柬埔寨人就把巴利语经过加工和改造后，让它融入高棉语义之中，使得外来语言的加入同样具有高棉特色。又比如在反抗殖民统治或侵略战争中，柬埔寨就衍生出了自己的"战斗文学"，让柬埔寨文化得以更加充实和丰富。而最让世人惊叹的转换手法就是著名的吴哥文化，柬埔寨人创造的吴哥文化事实上是在印度文化的基础上进行创作的，并且把印度神话故事里的题材融入高棉人的艺术表现形式中，创造出了无数令人震撼的艺术瑰宝。

　　最后是殖民文化。柬埔寨曾被法国殖民统治过长达将近一个世纪的时间，所以柬埔寨的传统文化在当时受到了不小的冲击，不可避免地受到殖民者文化的影响。在殖民时期成长的柬埔寨人甚至不会说也不会写高棉的语言和文字，对于传承自己传统文化来说也受到相当大的限制。即使到了现在，法国文化在许多方面还留有痕迹，如建筑、官方语言、政府管理模式、制度体系等均承袭了法国殖民时期的一些特征。直到西哈努克亲王统治的时期，柬埔寨民族语言的重要性开始被重视，当时的西哈努克才颁布法令，告诫国民要使用本国自己的语言和文字，宣传高棉语言的重要性，但即便如此，即使到了法国殖民统治结束，柬埔寨在殖民时期被强行灌输的文化习惯在短期内仍旧难以进行大转变。一直到1993年第一次全国大选后，进入和平建设时期的柬埔寨的传统文化所受到的外来冲击的压力减轻，于是重新受到柬埔寨国人的重视，并且逐渐开始融入柬埔寨社会生活之中。但随着全球一体化的出现，如何继续保持柬埔寨文化的独特性和传承性，如何保护世界文化多样性，不仅是柬埔寨本身民族文化研究的需要，同样也是世界上每一个珍视文化传承的国家和地区需要攻克的课题。

第二节 贫穷与教育

一、贫穷的表现与主要成因

1. 贫穷的表现

伟大的吴哥窟给世人留下了宝贵而惊人的文化遗产，它仿佛站在柬埔寨复兴之路的过去遥望不可知的未来，现在的柬埔寨虽然以每年将近 7% 的经济增长率向前行进，但却是一个富裕与贫穷并存的世界。柬埔寨曾经历过 30 多年的战乱，一直到 1991 年巴黎协定的签订才终止了长期战争的状态转而得以走进和平建设时期，一切都是伤痕累累百废待兴。柬埔寨的贫穷既有着历史的成因，也有着和平建设时期的腐败。

国际非政府组织报告显示，自 2000 年来，柬埔寨的贫穷率已得到最大降幅，并已接近"温和关怀"（Moderate Concern）国家水平。Welt - hungerhilfe，Concern World - wide and the International Food Policy Research Institute 2015 年编撰"全球饥饿指数"（The Global Hunger Index），调查全球 117 个国家的人民与小孩的死亡率，其中死亡率较高的指数较高，死亡率较低的指数较低。报告显示，柬埔寨的分数从 2000 年的 45 下降到了 2015 年的 22.6，降幅高达 50%，在 117 个被调查国家中排第 52 名，成为在所有受调查国家中的饥饿降低率最大的降幅者。根据该报告，2000 年时，50% 的 5 岁以下的小孩因贫穷成长受阻碍，而到目前下降为 32.4%，数据上显示贫困带来的问题在这一方面改善不少。但与此同时，Jill 也表示柬埔寨想要达到健康、性别平等、教育与经济发展的最高目标，如无较佳之食品安全与营养则无法达到①。柬埔寨的贫穷问题已经不是一天两天才凸显的问题，战争让这个国家伤痕累累、民不聊生，而战后恢复和平建设时期，贫穷依然在困扰着这个国家。

在现今时代背景下，造成苦难与贫穷的原因之一就是腐败严重。柬埔寨拥有低廉的劳动力成本、充足的土地供应和亟待开发利用的丰富自然资源，如果能够好好利用，是可以给这个经历过战争创伤和沉重历史的国家带来福音的。但是现状是，贫穷大面积存在，国家的腐败问题在很大程度上已成为柬埔寨国内经济发展、造福百姓的一大障碍。

---

① 柬埔寨贫穷率已显著下降 ［EB/OL］. 搜狐，http：//www. sohu. com/a/43499020_ 184627，2015 - 11 - 22.

如图 7 - 1 所示，贫富差距的状况在 2008～2012 年 4 年间就有一定程度上的改观。但是仍然不能掩饰柬埔寨是贫富差距较为巨大的东南亚国家之一。制衣业等制造业的快速发展促进柬埔寨主要城市的繁荣和快速增长，柬埔寨工薪阶层的生活得到了一定程度的改善，但在柬埔寨的农村地区，贫穷仍然是普遍现象。

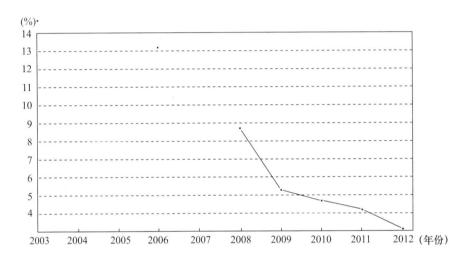

图 7 - 1　2003～2012 年柬埔寨贫困差距，按国家贫困线衡量的（百分比）线性图

资料来源：The World Bank：Poverty Gap at National Poverty Lines.

2. 贫穷背后的客观原因：基础设施落后，难以摆脱靠天吃饭的窘境

柬埔寨在 1991 年进入和平建设时期后，其基础设施已被战争破坏得破败不堪，尽管是以传统农业为主的东南亚国家，但其农业基础设施极度落后，产业配套支持不足，成为经济发展和吸引外资的一个很重要的制约因素。截至目前，在道路基础设施方面，柬埔寨全国公路通车 5.2 万公里，而其中一半以上都是农村土路，下雨天容易导致路滑且泥泞，时常无法正常通车；柬埔寨国内的铁路总长大约有 600 公里，时速约 30 公里，而且仅有南北两条铁路线，甚至因为长期的战乱而年久失修，所以这仅存的两条铁路基本上没有运行车辆；而在水电方面，柬埔寨电力开采远远不足，电价极其昂贵，仅仅在金边等一些大的城市达到 90% 以上的供电，其他农村地区根本无电力供应，许多家庭还在使用旧时的煤油灯用于夜晚照明。基础设施的落后不仅影响了柬埔寨的生产效率，还对柬埔寨居民的日常生活造成很大影响。如从最直接的影响来看，柬埔寨基础设施的落后导致国内的非农业产品供不应求，从而使得物价水平被动提高，也拉大了国内的贫富差距，造成消极的社会影响。

3. 贫穷背后的主观原因——腐败

2016 年 1 月 27 日，由世界著名的非政府组织"透明国际"（International Transparency）发布的 2015 年最新全球清廉指数（Corruption Perceptions Index）显示，在 168 个受调查国家中，柬埔寨排名第 150 位，比曾经排名于东南亚国家最末的缅甸还要低，是目前东南亚国家中排名最低的国家[1]。2014 年，柬埔寨在受调查的 175 个国家中排名第 156 位，从排名位置来看柬埔寨的确进步了 6 名。清廉指数排行榜上收录的 168 个国家当中，以 0 ~ 100 分计（0 分为高度腐败，100 分为非常清廉）。柬埔寨在总分 100 分中得到 21 分，与往年保持不变。从贪腐印象指数结果看来，柬埔寨仍被视为一个高度腐败的国家[2]。

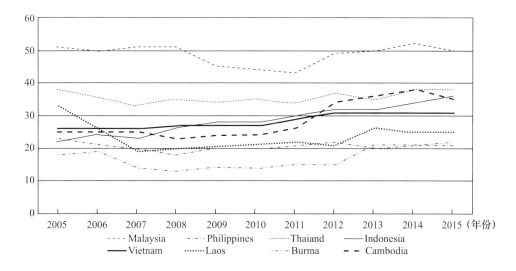

图 7 - 2　2005 ~ 2015 年东南亚国家 CPI 全球清廉指数对比图

资料来源：东南亚国家 CPI 指数对比 ［EB/OL］. The Cambodia Daily, https：//www. cambodiadaily. com/ news/cambodia – perceived – as – most – corrupt – in – region – 106639/，2016.

　　面对腐败产生的缘由，瑞典经济学家、诺贝尔经济学奖获得者冈纳·缪尔达尔提出了"软政权"一说，它表现为：因为缺乏立法和具体法律的遵守与实施，各级公务人员普遍不遵从交给他们的规章与指令，并且常常和那些他们本应管束

---

① Anthony Jensen, Aun Pheap. Cambodia Perceived as Most Corrupt in Region ［EB/OL］. The Cambodia Daily, https：//www. cambodiadaily. com/news/cambodia – perceived – as – most – corrupt – in – region – 106639/，2016 – 01 – 28.

② 国际透明贪腐印象指数　柬埔寨排名第 150 位 ［N/OL］. 柬埔寨星洲日报，http：// news. news – com. cn /a/20160129/7249639. shtml，2016 – 01 – 29.

其行为的有权势个人与集团串通一气，通行"权钱交易"原则①。当然在柬埔寨，腐败产生的原因是复杂的。柬埔寨曾经经历过非常沉重的历史，经历过内忧外患的战乱，战后恢复中的和平重建也是在政治、经济与社会文化等多领域、多方面下共同作用与摩擦下艰难前行的，若只是从某一方面的原因来谈腐败，难免产生偏颇。然而，众所周知，柬埔寨公职人员收入极低，最底层公务人员的工资水平目前不到100美元，最高约为550美元，收入水平低是导致柬埔寨公职人员贪污腐败的重要原因之一。政府机制缺失、法制不健全、司法体系不完善、执法不严、道德缺失、追逐私利等都是腐败的成因，这些林林总总的原因导致公职人员贪腐现象普遍存在，致使当地的百姓生活堪忧。贫穷让很多生活在这种穷困境遇下的孩子根本无法接受正规的或完全的教育，又因为没有接受教育而导致他们想要逃离这种穷困的困境变得难上加难。

面对如此腐败盛行的严重形势，柬埔寨政府也声称会严打腐败分子，并陆续实行各项反腐改革措施，力图惩治腐败。在2015年柬埔寨政府提出"地方政府民主改革"，将权力下放到各级地方政府，提升民众参与制定行政措施的积极性。柬埔寨国家反腐败机构主席翁仁典曾在"国际反腐败日"宣传活动上声明，从2013年1月开始，来自柬埔寨的37个单位将近3万名柬埔寨政府官员将率先申报财产，以此强调柬埔寨政府的反腐立场是坚定的，并声称会继续加强反腐力度。针对全体公民收入水平低下的状况，柬埔寨政府制订计划每年将公务员的工资水平提升15%～20%，争取在2018年将最底层公务员的工资水平提升至250美元，最高达875美元。同时，柬埔寨政府也积极推进各部委内部和外部的审计监督措施。各部委按计划须根据年度预算计划进行开支，经费开支情况必须经过国家审计部门的审计，审计部门的年度报告必须向社会公开。在完善法律制度和体制建设方面，政府也在2010年专门制定了《反腐败法》，并引入刑事法律规范、设立反腐败委员会打击腐败②。2014年，柬埔寨首次举行地区性反腐败会议。在会上，首相洪森表示没有一个国家可以独自成功反腐，反腐需要国际合作，只有共同创造一个良好的商业和投资环境，才能促进地区内国家的经济可持续发展，才能服务于人民生活。

贫穷对于整个经历过几十年战乱的柬埔寨王国来说似乎已经是隐忍生活下的常态，贫穷的成因是复杂的，它来自于长年的内忧外患的战乱，也来自于战争中

---

① 浅论腐败的成因、社会成本及新形势下防治对策［EB/OL］. 百度文库，http：//wenku. baidu. com/link？url = CV_ c2msn838cjtsnPtezts6R8 - GO37Ivrm - lZgZ1uxQGzNy3TQIcbye4 XMWQPMVxiBsWhVZjjY b_ OzSYt9uhsBFLV28wn2UY9p4WakepAOG，2009 - 03 - 30.
② 柬埔寨急欲推进反腐改革［EB/OL］. 人民网，http：//world. people. com. cn/n/2015/0627/c157278 - 27216036. html，2015 - 06 - 27.

被摧毁而破败不堪的基础设施，工业基础的落后来自于走进和平发展时期让脱贫滞后的腐败。脱贫非短时期内就可以达到目标，也非柬埔寨一己之力能够达成，需要国际社会共同的关注和努力。现有的全球化经济以及社会框架，还有世界各个国家在社会与经济环境方面依存度也在不断地攀升，全球经济和金融的不稳定、社会的不稳定、农产品价格逐年下跌等问题都给未来的减贫工作带来更多新的挑战，减贫的工作事实上如柬埔寨政府所宣称的一样，也许一直都在努力中，而且也看到了成效，但我们更需要协力创造更多的机会，让更多的人能够充分参与到社会经济活动当中，共同面对减贫的问题与挑战。

二、教育发展现状以及存在的问题

柬埔寨的教育受到其文化历史以及宗教的影响很深，而结束战争后的柬埔寨在近年来的现代教育发展中表现较为突出，特别是在柬埔寨对于开放的包容度与对于西方教育模式的接受度和认可程度上，在其教育系统和改革中都有所表现。

1. 柬埔寨教育的发展

1953 年，柬埔寨正式宣布独立。此后，柬埔寨的现代教育便进入全新发展阶段。1953～1969 年，柬埔寨正式成立国家公共教育部（后改称国民教育部），并设置从中央到地方的各级教育行政机构，颁布全国统一的教育宗旨实行统管制度，与此同时还将学校教育重新划分为以下三个不同的阶段：初等教育、中等教育及高等教育。与此同时，各级各类学校还分别制定不同的培养年限和培养目标，并设定统一的入学条件，柬埔寨在独立后的十多年中，把有着系统衔接的学校教育制度成功地建立了起来。至此，柬埔寨的教育事业得到了很大程度的发展。同时政府还加大对教育的投入，兴建许多大中小学校，在校学生人数有了很大程度的增加，教育质量也明显提高。但到了红色高棉时代，柬埔寨的教育事业遭到严重摧毁。据统计，1970～1975 年，超过半数的教育基础设施遭到严重破坏。一直到 1979 年红色高棉统治时期结束，教育事业才被解救出来重新发展。1993 年，柬埔寨王国重新建立。1994 年，政府又正式成立教育部。在国际社会援助下，柬埔寨王国政府重建学校，恢复教育系统，教育也进入正常的发展轨道。

柬埔寨的教育受到其文化历史以及宗教的影响很深，结束战争后的柬埔寨在近年来的现代教育发展中表现得较为突出，特别是在柬埔寨对于开放的包容度与对于西方教育模式的接受度和认可程度上，以及在其教育系统和改革中都有所表现。联合国官方数据显示，2014 年柬埔寨政府的教育开支占 GDP 的 2%[1]，相比

---

[1] Data about Cambodia [EB/OL]. United Nations Statistics Division, http://data. un. org/CountryProfile. aspx? crName = Cambodia.

其他国家来说相对较低，但是呈现逐年上升的趋势，可见执政党政府对于教育逐渐趋于重视。

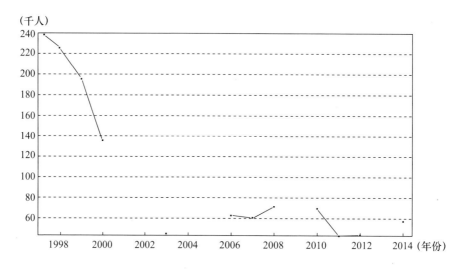

图 7 - 3　柬埔寨女童小学失学人数统计

资料来源：United Nations Educational, Scientific and Cultural Organization（UNESCO）Institute for Statistics.

　　如图 7 - 3 所示，1997 年小学失学女童人数达到 11 万（当时的人口总数是 1100 万人，占总人口数比约为 1%），之后失学人数逐年下降，至 2000 年，小学失学女童人数减少到 26877 人，短短 3 年间骤减了将近 8 万小学失学女童。近几年，2010 年小学女童失学人数增加到 54236 人，但是根据世界银行的统计数据，2010 年的总人口数为 14363586 人，小学失学女童人数占总人口数比约为 0.3%，所以失学人数虽比 10 年前有所增多，但是失学率实际上是大大地下降了。在 2014 年女童失学人数显示为 39440 人，2014 年的总人数为 15328136 人[①]，占总人口数比约为 0.26%，以此可推断柬埔寨女童小学的失学率随着时间的推移在不断地下降。柬埔寨女童失学率的下降不仅有力地证明了柬埔寨的教育正在不断得到重视，而且性别教育上的歧视也在渐渐地有所改观。实际上，失学率下降的功劳不仅归功于执政党领导的政府对于教育的逐年重视，更归功于柬埔寨在走出战争阴霾后在和平建设过程中有喘息和复原的更多空间。

　　近年来，柬埔寨政府对教育的投入呈现上升趋势。在政府的财政预算案中，

---

　　① Data about Children out of School, Primary, Male in Cambodia. United Nations Educational, Scientific and Cultural Organization（UNESCO）Institute for Statistics.

教育的投资被放在了很显眼的位置。据统计，截止到 2014 年，柬埔寨共有 2772 所幼儿园，138038 名入园儿童；共有 6476 所小学，学生人数达 2326152 名；共有 1321 所中学，学生人数达 898594 名；共有 63 所大学（其中 18 所公立大学，45 所私立大学），学生 11 万余人①。但由于整个柬埔寨王国仍未能全面普及基础教育，所以其毕业率仍很低。比如在初级中学，其入学率本身就很低，男女的性别差距也很大，在柬埔寨的中学，男性青少年就读率是 30%，女性青少年只有 10%。尽管到目前柬埔寨小学的入学率处在较高的水平，性别的分化程度也在不断地缩小，但儿童留级的现象依旧很严重，平均要 10 年才从小学毕业，超过半数的小学生未能在校完成学业。

2. 教育落后问题的原因

教育存在落后的原因不是单一的，而是多元且复杂的。其中最主要的原因，第一是来自于人本身，第二是来源于社会问题。这个国家经历了几十年的战争与动乱，被殖民被侵略，经历苦难的高棉人民或许在骨子里就早已习惯了人生无常的变化，站在贫困和苦难的旋涡里很难有人再有久远的规划抑或是考虑教育所能带给自身的价值问题，而其本身又深受佛教宗教的影响，面对苦难的时候有着更多的隐忍而非试图改变，所以造成教育的缺失问题，从个人因素来考虑也是符合情理现实的。

虽然近几年柬埔寨的经济发展迅速，但是仍然摆脱不了它是一个极度贫穷国家的事实，教育的落后也与经济发展落后的程度息息相关。众所周知，在经济较发达的地区，政府、社会和家庭都有条件为在校学生提供更多的教育投入，以此来改善教育教学条件，从而形成良好的教育环境，有利于教育事业的发展，而教育的良性发展所培养出来的高知识人才在社会的贡献和出力上更能追上时代的步伐，从而反过来促进社会经济的发展，并彼此形成一种良性循环。而在欠发达的地区，政府和家庭在教育方面的投入相比发达国家远远不足，学校的办学条件有限，导致学生接受教育程度偏低，这反过来又制约了经济的发展，并形成一种恶性循环，最终导致欠发达地区经济与教育的落后。

柬埔寨是东南亚发展较为落后的国家，尽管柬埔寨政府在 1991 年的巴黎协定后也努力进行战后重建，但脱贫任务依旧任重而道远。柬埔寨约有 34% 的人口依旧在贫困线上挣扎，即使日夜劳作，大多数的国民也仅仅只能依赖每天约 1 美元的额度来维系举步维艰的生活。柬埔寨贫穷的社会问题对儿童的数量产生了巨大影响，柬埔寨的儿童数量是全国总人口的 40%，而这些儿童中仍然有约 50% 的人患有营养不良症状。社会制度的不健全和摆脱不了的贫穷问题影响着整

① 李丹. 迷失在子弹和黑板之间的孩子 [J]. 时代报告, 2015 (6).

个教育系统，也让本该接受教育的孩子们失去了应有的生活与尊严。

<h1 style="text-align:center">第三节　医疗卫生</h1>

一、柬埔寨医疗卫生体系概况

据世界卫生组织统计，2009 年柬埔寨全国医疗卫生总支出占 GDP 的 5.8%，人均医疗健康支出 119.0 美元。2000～2010 年全国平均每万人拥有医生 2 名、护理和助产人员 8 人。柬埔寨人均预期寿命为 62 岁，初生婴儿和 5 岁以下儿童的死亡率为每千人中占 5 人和 118 人，痢疾、结核和黑热病等疾病仍严重威胁着柬埔寨人的生命。自 20 世纪 80 年代以来，政府开始采取措施逐步恢复医疗体系，城镇医疗条件略有起色。新生婴儿的死亡率逐年降低，各种疾病的防治工作也取得了一些进展，发病率有所下降[1]。

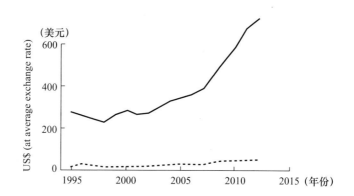

图 7－4　1995～2015 年柬埔寨在保健方面的人均花销

资料来源：World Health Organization. Statistics of Cambodia.

如图 7－4 所示，1995～2015 年，柬埔寨在保健方面的花销逐年攀升；如图 7－5 所示，柬埔寨 1995～2015 年，使用改善水质和医疗卫生设备的人数也在逐年攀升。这些数字显示，尽管总体上柬埔寨的医疗卫生还处在落后的状态，但是对比以前来说，已经是有所进步。柬埔寨王国政府也在努力改善全国的医疗卫生

---

[1]　柬埔寨：柬埔寨医疗卫生概况 ［EB/OL］. GLOBSERVER，http：//globserver. cn/柬埔寨/健康，2015 - 02 - 19.

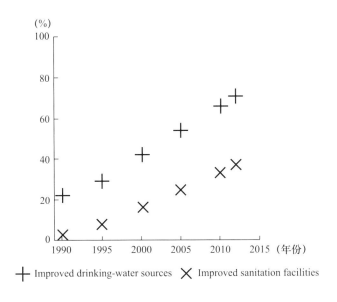

图 7 − 5　柬埔寨使用质量提升的水质和医疗卫生人数

资料来源：World Health Organization. Statistics of Cambodia.

保健服务。据悉，在进入 21 世纪后，在柬埔寨成人中，艾滋病的感染率一直在持续下降，从 1997 年的 3.9% 下降到 2001 年的 2.8%。2001 年在澳大利亚墨尔本召开的艾滋病国际会议上，柬埔寨被列为在预防和治疗方面取得成功的典范。1990～1998 年，政府对全柬埔寨 5 岁以下幼儿开展了接种抗疾病疫苗活动，使得幼儿的死亡率比此前下降了 16%，小儿麻痹症基本消失①。数据显示，结束战乱后的柬埔寨在进入 21 世纪以来，医疗措施的确是有了很大进步。从 2003 年开始，柬埔寨政府就将提高全柬埔寨的卫生服务水平加入其施政纲领，以此制定医疗卫生方面的法律法规，进而提高医疗卫生服务质量。与此同时，政府鼓励私人投资卫生领域，也获得国际援助在医疗方面的支持。柬埔寨政府也在近年，对卫生部门的资金预算有很大幅度的提升和加强，陆续在各省、县、乡建立医院和医疗中心。目前，柬埔寨 24 个省市已经有 64 所医院以及 191 个医疗中心。增强人民身体素质与提高劳动生产力和促进持续经济增长是息息相关的。虽然政策上，柬埔寨政府也在大力提高医疗卫生服务的标准，增强疾病预防控制等措施，但是仍然在很多方面存在不少亟待解决的问题。

据世界卫生组织统计，柬埔寨 2005 年确诊人感染禽流感病例 4 人，死亡 4

---

①　柬埔寨改进医疗卫生服务　成绩显著［EB/OL］. 新华网, http：//text. news. sohu. com/92/72/news147197292. shtml, 2001 − 11 − 16.

人，2006年确诊人感染禽流感病例2人，死亡2人；在柬埔寨当地，常见多发疾病有肝炎、肺结核、登革热、疟疾和肠伤寒、急性腹泻等。当地医疗条件较差，医疗设备落后，医护人员技术水平、专业素质不高，药品品种有限且价格较贵；医疗保险业务尚处于起步阶段①。与此同时，由于很多在柬埔寨当地较为落后的地区即使在感染疾病后对于病人的精神医疗服务意识几乎为零，农村地区很少有精神医疗服务。世界卫生组织表示，柬埔寨的精神医疗服务"严重不足"②。

二、医疗卫生存在的问题

迄今为止，柬埔寨医疗状况处在一个很不佳的状态：30%的柬埔寨人仍然生活在贫困中，他们的生活里没有先进的卫生医疗条件和健康保健，婴儿死亡率依旧居高不下（平均每1000个中有95个死亡），即使政府在医疗卫生方面下大功夫，也争取到不少的国际外援，但还是不能完全解决这些亟待解决的医疗卫生问题。

许多病例在柬埔寨发生已经不是一次两次了，在某个层面上可以反映出柬埔寨许多偏远地区缺医少药的情况，而在那里行医的无照医生却只能是民众就医的唯一选择。柬埔寨卫生部提供的数字显示，目前仍有将近4000名无照行医人员在柬埔寨进行非法的无照行医活动。此类案例的不断发生也给官方提出了警醒。柬埔寨政府官方对此也做出了反应，紧急呼吁医疗人员要重视医疗卫生，必须按照法律法规使用"清洁无菌设备"进行医疗行为，并强调"我们已经加强落实卫生部政策，停止没有资质的不正规医生的从业活动"。但是，目前状况还难以改观，柬埔寨是亚洲地区艾滋病感染率最高的国家之一。

三、医疗卫生的未来发展

2013年12月，柬埔寨控制艾滋病委员会主席扬莫利表示，2013年柬埔寨成人艾滋病病毒感染率由2011年的0.8%降至2013年的0.7%。1998年柬埔寨成人（15～49岁）艾滋病病毒感染率为2.5%，预计今后这一数字将会继续走低，他表示这些数据表明柬埔寨已经有效控制了艾滋病传播。目前在柬埔寨，85%的艾滋病病毒感染者已经接受了抗病毒药物治疗，让全部感染者得到抗病毒药物治疗也被柬埔寨政府列为了2014年的工作目标。柬埔寨公共卫生研究院表示，2012年柬埔寨因艾滋病及其并发症死亡的患者共有2365人，比上一年下降了

---

① 中华人民共和国外交部 [EB/OL]. http://www.sdfao.gov.cn/art/2015/4/13/art_667_4519.html, 2015-04-13.

② WHO: Cambodia's Mental Health Services "Critically Neglected" [EB/OL]. Voice of America, http://www.24en.com/voa/standardenglish/201505/2015-05-19/127859.html, 2015-05-18.

9%。2012 年新增 1330 名感染者，比上一年下降了 12%①。我们不知道柬埔寨政府是否能如其所愿在 2020 年达到联合国设定的"零新发感染、零歧视和零死亡"的宏伟目标，但是面对如此严峻的医疗卫生问题，有些举措不得不被重视和开展。

柬埔寨在独立后的和平建设时期，虽然已经建立起由医院、公共卫生机构等组成的覆盖城乡的医疗卫生服务体系，但仍然存在医疗卫生资源严重不足、质量不高、结构与布局极度不合理不平衡等问题。尽管柬埔寨是一个迅速发展的亚洲国家，经济年增幅高达 7%，但是相对于经济的增长率，柬埔寨公共医疗系统却逊色很多。柬埔寨 85% 的医疗消费都是来自那些在全柬埔寨最顶尖的私人医疗机构和医院看病的病人，每年医疗、医药类产品约占进口总额的 37% ~ 38%。而这些都是大多数贫民可望而不可即的地方，更多的民众只能在当地的一些小医院或者医疗中心，选择医疗设备落后、医疗水平较低的地方进行治疗，而无执照的医者又大行其道，使得这样的局面更加复杂和难以控制与解决。柬埔寨政府也在采取一系列改革来处理健康保健系统长期存在的这种不平衡性。比如加大对外开放度，增强国与国之间的往来合作，争取更多的国际外援，让国外或国际机构派遣国外医疗队伍，增加外援。当医务人员与受援国的各个阶层人士进行接触和解决问题的时候，这同样是一种可以强化双边关系的有效手段，其效果是其他很多外援手段所不能替代的。2012 年 9 月，联合国儿童基金会发布了"致力儿童生存：重申承诺"2012 年进展报告。报告显示，在过去 20 年里，5 岁以下儿童的死亡人数显著下降。联合国儿童基金会一直在物资和技术援助方面支持卫生部，以改善母亲及其新生儿获得优质保健的机会。为增强对这些服务的需求，联合国儿童基金会发起了被称为"母亲和新生儿社区保健"的一系列干预计划，并在柬埔寨 17 个地区开展活动。据悉，柬埔寨已在降低儿童和婴儿死亡率方面取得了丰硕成果。2010 年柬埔寨人口统计和健康调查结果展示，2000 ~ 2010 年，婴儿死亡率从每 1000 名活产儿死亡 95 例下降到 45 例。然而，一味地依赖外援绝对不是长久且唯一能够解决问题的方案，只是在解决医疗卫生问题和医疗改革的道路上，能够带来暂时的缓解办法而已。

医疗卫生改革是一个世界性问题，而不仅仅是柬埔寨一个国家的问题。医疗卫生问题是多方面因素综合造成的，也是复杂的。医疗卫生需要一个国家的积极投入和大力支持才得以良性发展，而医疗当中产生的服务内容也包含了公益性质的社会贡献，所以这样的过程并不能完全用金钱来衡量。在医疗改革和发展当中必须要稳步进行，要在提高服务质量，增加多元化服务能力上下功夫，善于借

---

① 柬埔寨成人艾滋病病毒感染率降至 0.7% ［EB/OL］. 新华网，http：//money.163.com/13/1201/21/9F1P4N5F00254TI5.html，2013 - 12 - 01.

鉴和利用国外的成功经验也不失为一个良策。另外，是要规范医疗卫生的秩序，健全法制并对医疗卫生的各个环节进行严格监管。针对医疗卫生中存在的问题，比如无良医生进行无照行医的问题，政府的有关部门应当加强法制监管力度，用法律的手段规范医疗卫生当中的违法行为，减少因为监管不力或规范不足造成家庭以及个人的悲剧和病痛。最亟待解决的是需要建立完整的医务人员培养教育体系，只有培养了足够的人才，才可能充实到各个地方的医疗体系中，从而提高医疗水平和医务人员素质。

第四节　柬埔寨的地雷隐患

自 1979 年以来，地雷或未爆炸弹已致死 19720 人，超过 6 万人因地雷爆炸被截肢，受害者中 95% 以上都是平民。到目前为止，柬埔寨国土上还存留着 1000 多万颗未爆炸的杀伤性地雷。当今世界上总共已经布设的地雷是 1 亿多枚，柬埔寨占了全世界的 10%[①]。可见，地雷成为了柬埔寨危及人生命的杀手之一。

一、隐埋的地雷现状

几百年来，柬埔寨基本上处于与周边国家或远邦的非和平状态。法国、日本、越南等都为了各自的利益，以各种方式对这个风雨飘摇的东南亚国家进行殖民占领或操控。1863 年，法国殖民者对柬埔寨进行殖民统治；1940 年被日本占领；1945 年日本投降后法国又重返柬埔寨进行殖民统治，一直到 1953 年柬埔寨才宣告法国殖民统治的终结。但在随后的 20 世纪 60 年代，战争的阴云笼罩在与柬埔寨接壤的越南境内；1978 年，越南出兵侵占柬埔寨。柬埔寨前后有将近 30 年的时间都处在内忧外患的战争状态中，上千万颗地雷就是在战争中被不同的国家或派别掩埋于地下。据报道，当今世界上总共布设 1 亿多枚地雷于 60 多个不同的国家，其中地雷埋设前 10 的国家如表 7 - 1 所示。在柬埔寨就有 1000 多万颗地雷，总数相当于世界上所有布设地雷的 1/10，是全世界受地雷伤害最严重的国家之一，且大多数地雷并不配备自动失效或定期自毁的装置。2015 年 11 月，柬埔寨国家排雷行动和援助受害人机构最新报告指出，自 1979 年以来，地雷或未爆炸弹已致死 19720 人，超过 6 万人因地雷爆炸而被截肢，成千上万的农民眼

---

① 他曾埋下数不清的地雷　后半生靠挖雷自我救赎［J/OL］. 南都周刊，http：//news. xtol. cn/2016/ 0823/ 5071626. shtml，2016 - 08 - 23.

巴巴地望着自己的土地，因为地雷成为不可踏入的禁区①。尽管在最近几年因触雷而造成的伤亡人数有所减少，但是地雷的隐患对柬埔寨的战后重建、经济建设和发展都起到了较严重的阻碍作用。

表 7-1　世界上地雷隐患最严重的国家

国家	每平方英里的地雷数量	预计掩埋地雷总数
波斯尼亚和黑塞哥维那，简称波黑	152	3000000
柬埔寨	143	10000000
Croatia	137	3000000
Egypt	60	23000000
Iraq	59	10000000
Afghanistan	40	10000000
Angola	31	15000000
Iran	25	16000000
Rwanda	25	250000

Source：United Nations Department of Humanitarian Affairs.

Note：There is too little information about some countries, such as Viet Nam to include them in the estimates.

资料来源：联合国儿童基金会，http：//www. unicef. org。

二、地雷所引发的社会问题

柬埔寨的地雷分布主要集中在 21 个西部和北部地区，马德望、奥多棉芷、柏威夏三省市为重灾区，在柬泰边境的拜林、梅莱山、扁担山一带还有高度密集的雷区。这些掩埋的地雷隐患不仅使当地百姓成为多年战争的最大牺牲者，也给柬埔寨的经济发展带来诸多问题。

1. 伤害家庭致使贫困

柬埔寨的地雷至少要花上十几年或上百年的时间才能彻底清除，在这样长的时间里，显然最大的牺牲者便是当地的柬埔寨百姓。截止到目前，超过 6 万人因触雷而截肢，约 2 万人因触雷致死，地雷伤的不只是触雷者，而是影响了多个柬埔寨家庭。根据国际红十字会（ICRC）统计数据，只有 25% 的触雷伤者在被地

---

①　Cambodia：ICRC Action Continues after 30 Years of Presence. Resource Center. International Committee of the Red Cross（ICRC），2009.

雷炸伤后的 6 个小时内被送往医院进行治疗，15% 的受害者则需要经过超过 3 天的路途跋涉才能到达医院治疗①，在一个收入极低的柬埔寨家庭中，如有一位地雷的受害者，既没有良好的医疗保障，也没有政府相关部门健全体制下的帮助，无疑是雪上加霜。2014 年柬埔寨经济调查（Cambodia Socio Economic Survey，CSES）显示，家庭当中有一人或一人以上为残疾人士的会比其他的家庭更加穷困，而在战争中或因战后的地雷所伤造成的残疾人士所在的家庭会比一般家庭至少穷困 3 倍以上②。被地雷所伤的人们多住在农村山野处，如何加强贫困地区的医疗基础设备，如何制定健全的医疗保障制度，以及如何修复那些被地雷所伤的身体与心灵，对于柬埔寨来说，是目前或者是更长久亟待解决的问题。

2. 制约经济发展

柬埔寨副首相索安曾经在一次讲话中说："即使地雷不直接造成人员伤亡，它也是国家发展的一大障碍。被污染的土地无法用于农业和居住，还造成旅行不便，使当地无法建设基础设施。清除地雷是帮助受害人口摆脱贫困的前提条件。"柬埔寨是一个农业国，它拥有约 1400 万人口，而约 85% 的柬埔寨人以务农为生。柬埔寨虽然是印支最小的国家，但全国有可耕地面积约 670 万公顷。湄公河两岸以及洞里萨湖地区拥有发展农业的极佳条件，但目前实际可耕种面积仅有 260 万公顷。一个原因是柬埔寨的农业耕地技术落后，农民生活水平低下，而另一个重要原因则是大量地雷被掩埋在这些可耕地当中，土地和地下水质都遭到严重的破坏和污染，使得农民有地也不能耕，有水也不能灌溉。地下掩埋的地雷从而成为了农业生产力提高的一个巨大障碍，这也是为什么柬埔寨在结束了几十年的战争与冲突后，很长一段时间都无法快速发展经济的一个不可忽视的重要原因。

同时，地雷也给战后的基础设施建设带来极大的妨碍，因无法在这些地区修建二级公路与三级公路。柬埔寨有句谚语"有了路，就有了希望"③。而柬埔寨国内的交通主要是以公路运输为主，公路运输在运输总量上占总份额的 80% 以上，柬埔寨深埋的地雷无法被完全清除，那么修建公路也是难以顺利进行的。另外，柬埔寨众所周知的著名名胜古迹吴哥窟，以及美丽的东南亚热带风光让全世界的人们慕名前来旅游，但地雷的存在也会给游客带来消极的影响。

三、排雷行动

1991 年，关于解决柬埔寨问题的《柬埔寨和平协议》正式签订，联合国派

① Landmines in Cambodia. International Committee of the Red Cross（ICRC），1992.

② Kingdom of Cambodia Nation Religion King. National Plan of Action for Persons with Disabilities，including Landmine/ERW Survivors，2008 - 2011.

③ 孙广勇. 柬埔寨：有了路，就有了希望［EB/OL］. 人民网，http：//world. people. com. cn/n/2014/ 1107/c1002 - 25993673. html，2014 - 11 - 07.

出先遣团实施有史以来最大的维持和平行动，而此时国际社会也开始对战后的雷患给予了高度重视。在柬埔寨，不仅有联合国派遣并驻扎的专门扫雷分队，世界各国如中国、法国、日本等都给予了人力、物力以及财力上的支持。据柬埔寨地雷受害信息中心统计，柬埔寨境内地雷和战争遗留爆炸物污染区达到 1914.81 平方公里，而在国际社会的援助下，近年来柬埔寨扫雷和清除战争遗留爆炸物进程明显加快。2012 年，柬埔寨地雷行动中心等扫雷机构移交扫雷后土地 53.66 平方公里，比 2011 年和 2010 年分别增长了 45% 和 75%[①]。非政府机构的排雷组织如柬埔寨自助排雷队伍（Cambodia Self Help Demining）、柬埔寨扫雷行动中心（Cambodian Mine Action Centre），以及各类民间的非政府或政府组织都不断地加入到排雷行动中。柬埔寨的排雷以及地雷危险宣传教育和地雷幸存者援助计划就超过十余项。

柬埔寨大部分的排雷工作全部由人工完成，其危险性极高。排雷机由于造价高昂，在柬埔寨投入使用的排雷机仅有 3 台，而用于嗅探地雷的 50 只排雷犬对于成千上万的地雷来说还是杯水车薪。最近，据英国《每日邮报》报道，一种名为非洲巨鼠的生物正被用于嗅探地雷，这些巨鼠在坦桑尼亚的一个研究中心经过训练后，仅需要 20 分钟便可完成人工探雷 5 天的工作量，其成本开支极低。现有 10 只受过训练的巨鼠已被送往柬埔寨。在莫桑比亚，巨鼠探雷已被证明非常成功。在柬埔寨，巨鼠探雷仍在实验阶段。总体上，柬埔寨的排雷工作与进程都在不断地进步与发展。每年受地雷所伤的人数在不断地减少，每年被地雷、战争遗留爆炸物或者临时爆炸装置炸死或炸伤的人数，从 1996 年的 4320 人减至 2010 年的 286 人[②]，扫雷的成效逐步显现出来，从而让柬埔寨的经济有了更多成长的空间。

柬埔寨的雷患随着受害人数的逐年递减而有了比从前更乐观的前景。值得欣慰的是，正处于和平建设时期的柬埔寨，其地雷不像从前那样受战乱的磨难而再度增加，柬埔寨实际面对的是如何精确地扫雷和排除战争时候被掩埋的地雷，还有如何更好地建立起对受害者专门的医疗保障和援助。排雷的工作不仅需要来自当地民间的、政府的，或非营利性组织的力量，更需要的是国际社会的援助和全世界来自不同地域的各方力量，这些工作的完成还需要较长的时间。

---

①　孙广勇，于景浩. 中国举办扫雷训练班帮助柬充实扫雷人员［EB/OL］. 人民网，http://world.people.com.cn/n/2014/0116/c1002-24131328.html，2014-01-16.

②　Mark Jenkins. Cambodia's Healing Fields［J］. National Geographic.，2012.

第五节　本章小结

　　柬埔寨是一个有着千年古迹的失落之城，带着近代几十年战乱的伤痛步履蹒跚地步入 1991 年战争宣告结束的那一天，而后在今天以经济增速高达 7% 的速度令全世界瞩目。那里有着古老而又神秘的高棉宫廷之舞，有着自己的语言——高棉语，同时还融入了英法中等语言文化，其宗教为有着仿佛最具有高棉微笑特点的带有隐忍和坚守的小乘佛教信仰。同时，在历史的长河当中，不可避免地融入了不少的外来文化，由此形成了具有独特风格的高棉文化。在这灿烂而古老的文化背后，随着现代社会发展脚步的迈进，社会问题也伴随其行。贫穷与落后、医疗卫生条件较差以及战争遗留的地雷，伤害了不少柬埔寨的个人与家庭，所形成的这些社会问题不可避免地对柬埔寨王国的社会经济发展起到了阻碍作用。但是，我们依然希望也笃定地相信，这个古老的东南亚国家即便有过伤痛和无法磨灭的伤痕，但是一定会如其一直信奉的宗教精神一样，坚强不屈，带着高棉式的微笑一点一点地往前行进。

第八章　中柬关系

中国与柬埔寨的友谊源远流长，两国的友好往来已经持续了多年，中国与柬埔寨在 20 世纪 50 年代正式建立了外交关系。当前，虽然国际政治和经济形势不断复杂化，但是中柬全面合作伙伴关系仍不断深入发展，而且双方既无历史遗留问题，也不存在现实争端，两国传统友谊不断地迈上新的台阶。

第一节　中柬关系回顾

一、柬埔寨对华关系的政策演变

在国家独立至今的 60 多年里，柬埔寨政权迭代频繁，先后经历了西哈努克时期（1953～1970 年）、朗诺时期（1970～1975 年）、民主时期（1975～1979 年）、金边政权时期（1979～1993 年）和柬埔寨王国时期（1993 年至今）五次政权更迭①。因此，柬埔寨对华政策及对华关系在不同时期出现了不同的特征，大致可以分为三个阶段。

1. 20 世纪 60 年代前，中柬关系良好发展时期

柬埔寨在实现国家独立初期，由于其一贯秉持的中立外交政策，中柬关系进展缓慢。1953 年柬埔寨脱离法国统治实现国家独立后，直到 1958 年，东南亚政局紧张，在中柬两国未正式建交的情况下，中国政府在国际上明确表明对柬埔寨的支持，这才为推进两国关系实现实质性突破奠定了坚实的基础，同年 7 月 19 日，中国和柬埔寨两国实现正式建交。

1959 年以后，受东南亚政治局势影响，柬埔寨的安全形势也受到严峻考验，

---

① 许梅. 柬埔寨外交政策的演变与中柬关系的发展［J］. 当代亚太，2005（3）：45－49.

但中国始终坚持与柬埔寨站在一起，并不断地提供支持和援助。1963 年 5 月，国家主席刘少奇访问柬埔寨，进一步推进了两国的友好合作关系。在中柬两国 1958 年正式实现建交前后，西哈努克始终与中国保持良好的关系，先后六次访华，为其今后对中国的了解和与中国建立深厚友谊奠定了良好基础①。

20 世纪 60 年代，中柬两国一直保持良好的双边关系，在众多国际问题上也是相互支持和相互协调，两国政府维护和平共处的五项基本原则，携手建设两国团结友好的发展道路，并在此道路上携手前进。

2. 20 世纪 70 年代到 90 年代初期，中柬关系曲折发展时期

这一时期，柬埔寨受困于国家内战以及国外势力入侵，其政局十分不稳定，经济也无起色，从而也导致了柬埔寨政府与中国关系的曲折变化。1970 年 3 月，朗诺在美国支持下发动政变，推翻了西哈努克政权，而朗诺政权在外交政策上则抛弃了中立不结盟政策，全面向美国倾斜。中国政府则明确拒绝承认朗诺政权，全力支持西哈努克的流亡政府，断绝了与柬埔寨朗诺政府的来往，并使中柬关系陷入低谷。

直到 1991 年，国际社会各界一起签订了《全面政治解决柬埔寨冲突协定》，并先后派出 800 多名士兵参与柬埔寨维和行动，从而结束了柬埔寨数十年的战乱局面。1993 年，柬埔寨王国新政府成立，虽然仍面临红色高棉、柬埔寨人民党与越南联合政府以及中国台湾关系等诸多问题，使中柬关系一度面临诸多挑战，但两国在军事、经贸、文化、教育等领域的合作得到不断拓展②。

3. 20 世纪 90 年代后期至今，中柬关系快速发展时期

在新时期，面临新的国际形势以及全球发展机遇，中国和柬埔寨两国的传统友好关系实现了快速发展。1996 年 7 月 19 日，中柬两国签订《贸易协定》，中柬投资与贸易合作实现快速发展。此外，双方还签订了《促进和保护投资协定》，为两国进一步深入合作打下了坚实基础③。

2000 年 3 月，西努哈克国王重申：柬埔寨坚持"一个中国"的一贯主张，中国台湾永远是中国领土不可分割的一部分，柬埔寨永远不承认台北"政权"。在"疆独"、"藏独"等问题上，柬埔寨也是全心全意地支持中国。2006 年 4 月，时任温家宝总理访问柬埔寨，签订多项合作协议及谅解备忘录。同时，中柬双方共同发表《联合公报》，并宣布两国"全面合作伙伴关系"正式建立。2010 年中柬两国关系又迈入崭新的发展时期，两国政府正式将两国关系上升为"全面战略合作伙伴关系"。

---

① 张金凤. 求同存异开坦途，互利共赢谱新篇 [J]. 当代世界，2008（7）：19 - 22.
② 李晨阳，邵建平. 中柬关系何以如此密切 [J]. 世界知识，2012（21）：23 - 25.
③ 克瑞德. 中国与柬埔寨贸易与投资合作研究 [D]. 安徽大学，2008.

二、中柬多领域合作回顾

1. 中柬政治领域合作

冷战后，柬埔寨进入和平与发展的新时期，中柬政治合作也实现快速发展。

一方面，两国高层互访频繁。中柬两国高层领导始终将对方视为重要的合作方，高层间互访也不断地深化了两国合作。2006 年 4 月，在中国国务院总理温家宝访问柬埔寨期间，双方宣布建立"全面合作伙伴关系"，并且发表《中柬联合公报》，进一步促进了两国经贸等多领域的合作关系。2008 年，两国政府正式将该年确定为"中柬友好年"，共同庆祝中柬两国建交 50 周年；次年 10 月，柬埔寨西哈努克国王还受邀参加了中国 60 周年国庆系列活动。2009 年 12 月，时任中国副主席习近平对柬埔寨进行访问。2013 年 10 月，访问东盟期间，为实现区域深入合作与共同发展，习近平主席积极提出建设"21 世纪海上丝绸之路"构想，借此战略机遇，中国和柬埔寨成为"一带一路"倡议的重要合作伙伴。此后，中柬两国政府还签署了《"一带一路"合作备忘录》和《促进产能与投资合作谅解备忘录》等系列文件。2014 年洪森首相先后 3 次访华，参加在中国举办的亚信上海峰会、第十一届中国—东盟博览会和加强互联互通伙伴关系对话会。中国也多次派团对柬埔寨进行访问。双方的高层互访进一步深化了中柬之间的政治互信、两国友谊和双边合作，将双边关系推到了一个新高度。

另一方面，两国守望相助。中国支持柬埔寨的政治、经济改革和社会发展，愿意在"和平共处"五项原则上发展同柬埔寨的关系。2008 年，在张高丽访柬埔寨期间，西哈莫尼表示，柬中两国人民和政府友谊源远流长，而且两国合作紧密、前景广阔，柬埔寨与中国是最好的朋友，柬埔寨将一如既往地坚持一个中国政策，支持中国和平统一大业。2014 年 11 月，洪森首相出席"加强互联互通伙伴关系对话会"，习近平主席将两国关系定位为"知心朋友"、"可靠伙伴"和命运共同体。洪森首相表示柬埔寨是中国的坚定支持者，将一如既往地支持中方维护国家主权、安全、领土完整，积极响应中国提出的"一带一路"倡议。

2. 中柬经贸领域合作

在中国和柬埔寨友好往来的 2000 多年的时间里，中柬文化交流频繁，经贸合作不断，基本经历了以下两个阶段：

第一阶段是 1953 年柬埔寨国家独立直到 80 年代末的初级阶段，中国和柬埔寨两国之间的经贸往来较少，而且期间多次受柬埔寨国内和国际政治严峻局势的影响出现中断情况，波动频繁。总的来讲，这一时期是中柬两国双边贸易发展的初级时期，也是两国经贸合作的基础阶段。

第二阶段则是从 1992 年至今的快速增长阶段。1992 年，中国和柬埔寨双边贸易额为 1295 万美元。1993 年，中柬两国贸易总额为 1934 万美元，实现快速增长，中国成为柬埔寨重要的贸易合作伙伴，中柬双边贸易合作发展迎来新机遇。1994 年，中柬双边贸易总额为 4236 万美元，其中中国对柬埔寨出口总额为 3880 万美元，从柬埔寨进口总额为 356 万美元。1995 年，中国和柬埔寨双边贸易额为 5734 万美元。其中中国对柬埔寨出口总额为 5162 万美元，从柬埔寨进口为 572 万美元。

在 1992～2007 年，中柬两国双边贸易额实现了 72 倍的增长（见表 8 - 1），完成了从 1295 万美元到 9.3 亿美元的跨越式发展。2008 年，中柬双方贸易额为 11.3 亿美元，同比增长 21%，中国成为仅次于美国和越南的柬埔寨第三大贸易伙伴。2008～2014 年，中柬进出口总额保持高速增长势头，到 2014 年（37.6 亿美元）的 7 年时间，进出口总额增长了 26.6 亿美元，增长了 2 倍有余。

表 8 - 1　2005～2014 年中柬两国双边贸易历年统计一览表

年份	双边贸易		中国对柬出口		中国从柬进口	
	金额（亿美元）	增长率（%）	金额（亿美元）	增长率（%）	金额（亿美元）	增长率（%）
2005	5.63	16.6	5.36	18.3	0.27	-10.0
2006	7.33	30.2	6.98	30.2	0.35	29.6
2007	9.33	27.3	8.82	26.4	0.51	45.7
2008	11.30	21.0	10.93	23.9	0.39	-23.5
2009	9.44	-16.7	9.07	-17.1	0.37	-5.2
2010	14.41	52.6	13.48	48.5	0.94	153.6
2011	24.99	73.5	23.15	71.8	1.84	96.8
2012	29.23	17.0	27.08	17.0	2.15	16.8
2013	37.70	29.1	34.10	26.0	3.60	67.9
2014	37.60	-0.4	32.80	-4.0	4.80	33.5

资料来源：根据中国商务部公布的数据整理。

在中柬投资方面，据柬埔寨发展理事会（CDC）报告，1994～2013 年的 20 年中，中国对柬埔寨累计投资总额为 96 亿美元。2014 年，中国企业在柬埔寨新签承包合同 71 份，新签工程承包合同额 14.1 亿美元，派出各类劳务人员 4872 人（见表 8 - 2）。

表 8 - 2　2009 ~ 2014 年中国在柬埔寨经济合作情况

年份	对外承包工程（亿美元）		对外劳务合作（人）	
	合同额	营业额	当年派出人数	年末在外人数
2009	13. 24	3. 98	1323	3969
2010	13. 44	6. 48	498	1632
2011	5. 05	8. 25	3473	6247
2012	29. 56	11. 72	5672	6650
2013	11. 09	14. 31	5810	7125
2014	14. 11	9. 65	4872	7108

资料来源：根据中国商务部公布的数据整理。

3. 其他领域合作

柬埔寨的核心产业是农业，农业发展已经上升为柬埔寨的基本国策。为促进整个国民经济的发展，柬埔寨提出了有限发展农业策略。在 2002 年，时任朱镕基总理访问柬埔寨时就把农业合作确定为两国重点经济合作的三大领域之一。中国自 2002 年起向柬埔寨提供了与 WTO 成员同样的最惠国待遇，并在中国—东盟自由贸易区框架下给予其特殊优惠关税待遇。为进一步促进柬埔寨的经济发展，鼓励更多的柬埔寨产品出口到中国，继续扩大两国经贸合作；从 2004 年起，中国给予柬埔寨近 300 种商品（主要是农、林、牧、渔产品）进口零关税的优惠待遇[①]。2002 年 11 月，中国政府与东盟正式签署《中国—东盟农业合作谅解备忘录》，中国与东盟展开全方位的农业交流与合作，中国与东南亚的农业合作进入全新的发展阶段。2010 年，中国国家质量监督检验检疫总局和柬埔寨农林渔业部签署《柬埔寨木薯干输华检疫准入国家合作安排》协议，为柬埔寨的木薯出口中国铺平了道路。2011 年 8 月，中柬签订《中柬经济技术合作协议》，其中包括中粮集团向柬埔寨进口 10 万吨大米的合作协议，2015 年中国已经提升到了 20 万吨进口配额。2014 年 12 月，中国政府援助实施的 "中柬农业促进中心" 在金边签约，这是中国援助柬埔寨最大型的农业项目，该项目不仅向柬埔寨官员和农民传授理论知识，还进行实践训练，不仅可以有效地促进柬埔寨农业的可持续发展，而且还有利于柬埔寨农产品开拓国际市场，特别是中国市场。

金融业在柬埔寨是一个亟待发展的行业，柬埔寨缺乏健全、综合的银行体系，只有一些实力不强的金融企业链。近年来，在国际金融机构的帮助和支持下，柬埔寨王国政府积极推进金融改革，使以银行体系为主的柬埔寨金融业逐渐

---

① 克瑞德. 中柬农业合作现状及展望［J］. 世界农业，2008（5）：49 - 52.

恢复稳定。柬埔寨积极地采取了必要措施整顿金融市场秩序，1998 年柬埔寨就提出了"三角战略"，推进金融改革，助力国民经济发展。为了进一步推进国民经济发展，推进全面改革进程，强化金融监管和金融运行机制，2004 年柬埔寨又提出了"四角战略"，完善、健全行政、财政和税收管理制度。2013 年 6 月，在第三届中国（广州）国际金融交易博览会上，广州银行与柬埔寨加华银行、万联证券与柬埔寨加华证券分别签署合作谅解备忘录。2014 年 6 月，在昆明泛亚金融合作对话中，柬埔寨央行监察总长沙瑞·斯尤特表示，近年来柬埔寨银行业迅速发展，"我们正扩大与所有东盟国家的合作。柬埔寨是一个开放的经济体，目前已有两家中国的银行在柬埔寨，一家是中国银行，另一家是工商银行。我们不断在拓展与中国的合作，人民币在柬埔寨有更大的舞台。"

旅游业与农牧业、工业和基础设施建设、能源产业一起号称柬埔寨经济体系的"四驾马车"[①]。其中，旅游业为柬埔寨国民经济的发展提供了强有力的支持，已经发展为柬埔寨支柱产业，其经济收入超过国内 GDP 的 1/10。随着中柬两国关系晋升为全面战略合作伙伴关系，中国到柬埔寨的投资者和游客逐年增多。2013 年，柬埔寨入境旅游总数为 421 万人次，其中中国游客数量增长明显，增长率高达 38.7%，总数为 46.3 万人次，并成为柬埔寨第二大国际游客来源国。2014 年接待外国游客 450 万人次，增长 6%，其中中国游客 55 万人次，增长 20%。2014 年 12 月，中柬签署《旅游产业战略合作协议》。通过协议，柬埔寨将通过中国国旅的网络吸引更多中国游客到柬埔寨旅游；而中国国旅也会在柬埔寨主要旅游目的地设立免税店，其中首家免税店设在暹粒，已于 2014 年 12 月 29 日正式开业。

第二节　2015～2016 年中柬合作现状

2015～2016 年，中柬两国继续深化全面战略合作伙伴关系，高层交往频繁，各领域交流合作日益增多，两国在国际和地区事务中继续保持协调和稳定。

一、政治互信不断加强

1. 政治合作

近年来，中柬双方不断地稳固两国之间的地区盟友关系，而且还通过深水港等战略项目不断地深化两国合作。两年间，中国继续奉行对柬友好政策，持续推

---

① 伍鹏. 柬埔寨旅游业发展现状与拓展中国客源市场的对策 [J]. 北方经济，2014（5）：92-93.

进中柬全面战略合作伙伴关系，坚定支持柬埔寨维护稳定和发展。中国始终认为柬埔寨是"和睦相处的好邻居、情同手足的好兄弟"，并在反腐、军事等方面予以柬埔寨支持与合作。同样，柬埔寨始终奉行"一个中国"立场，坚持"中国是柬埔寨亲密而伟大的朋友"。尤其近年来在南海争端等问题上，柬埔寨始终力挺中国，这进一步拉近了中柬两国的军事和外交联系，为中柬两国的互信与合作增添了新的活力。作为两国友好关系的见证，2015年柬埔寨现任国王受邀参加纪念中国人民抗日战争暨世界反法西斯战争胜利70周年大会和阅兵仪式，这也体现了柬埔寨对中国和平发展的支持以及未来中柬两国守望互助的期待。

同时，中柬两国高层领导人多次互访与交流（见表8-3）。近两年，柬埔寨首相洪森多次与中国高层领导会谈，不断增进两国的友谊与合作。2016年11月，中国国家主席习近平更是实现对柬埔寨的历史性访问。中柬两国高层就两国及区域各项问题进行洽谈磋商，不仅保持了两国间的互信互惠，以及拓宽了两国间的合作范围，而且进一步深化了中柬之间的政治互信、两国友谊和双边合作，并将双边关系推到了一个新高度。中柬两国密切的政治关系，也带动了经贸、技术、安全等多领域的不断深入合作。

表8-3　2015～2016年中柬两国高层领导部分主要互访活动

序号	时间	内容
1	2015年4月18日	中国全国政协主席俞正声会见了柬埔寨国王西哈莫尼和国母莫尼列
2	2015年4月24日	柬埔寨洪森总理和中国国家主席习近平举行会谈
3	2015年5月26日	柬埔寨副总理雍才宁会见了中国国务院副总理张高丽
4	2015年8月4日	中国外交部长王毅在吉隆坡出席东亚合作系列外长会期间会见柬埔寨副总理兼外交国际合作部部长何南丰
5	2015年9月4日	柬埔寨国王西哈莫尼应邀出席纪念中国人民抗日战争暨世界反法西斯战争胜利70周年大会和阅兵仪式，并与习近平进行会谈
6	2015年11月6日	柬埔寨总理洪森在金边和平大厦亲切会见了正在对柬埔寨进行正式友好访问的中国国务委员兼国防部长常万全
7	2016年2月22日	中国海军第21批护航编队"柳州"舰、"三亚"舰和"青海湖"舰访问柬埔寨
8	2016年6月20日	柬埔寨国家反腐委员会主席翁仁典访华，深化中柬双方合作关系，加强信息交流、监察和反腐方面的合作
9	2016年7月25日	张德江会见柬埔寨国会主席韩桑林
10	2016年11月13日	中国国家主席习近平对柬埔寨展开历史性访问，对巩固中柬传统友谊和进一步深化双方全面战略合作，具有重大意义
11	2016年12月15日	中国国务委员杨洁篪在北京会见柬埔寨副总理何南丰

2. 安全合作

中柬安全领域合作是两国全面战略合作伙伴关系的重要组成部分。近年来，中柬两国政府也一直高度重视和积极推进在区域军事、联合执法以及网络安全等多方面展开务实合作，而且取得了一定的成果。中柬两国的良好安全合作关系也有利于促进区域的和平、稳定和繁荣。

2015 年 11 月 12 日，中国提出的澜沧江—湄公河合作机制正式建立，除经贸、人文等方面的合作外，安全领域也是该合作机制所涵盖的核心内容之一①。中国、柬埔寨等六国致力将澜沧江—湄公河合作机制建成各方共建、共商、共享的区域合作平台，这不仅为中柬等相关国家搭建了跨境安全问题合作交流的平台，也为跨境安全问题处理提供了强有力的支持。随着澜沧江—湄公河合作机制的不断完善和推进，中国、柬埔寨等各国执法安全部门也进一步组织实施联合行动，共同整治区域安全问题，打击湄公河区域的犯罪行为，共同创造湄公河区域的安全稳定环境，促进区域内的经济和文化友好交流及合作。

近年，中柬两国军事合作也在持续加强，军事互访逐渐增多。2015 年 7 月，柬埔寨高规格军事代表团访问中国；2016 年 10 月，中国海军护卫舰抵达西哈努克港，并对柬埔寨进行了友好访问，这也是近年来中国海军舰艇第 4 次访问柬埔寨。由于南海的紧张态势以及柬埔寨与越南之间的边境冲突问题，也促使柬埔寨不断寻求加强与中国之间的军事关系，中国也多次向柬埔寨提供军事物资支持，深化两国军事务实合作。中国和柬埔寨两国间的军事合作，不仅有效地维护了区域范围的安全稳定秩序，增进了两国间的军事友谊，也为两国的经贸、基建、信息化等多领域合作提供了强有力的安全支持。

二、经贸合作实现突破

2015～2016 年，中国仍然是柬埔寨最大投资国。并且，随着中国"一带一路"倡议实施，中国鼓励国内企业"走出去"，在这样的政策背景与经济环境下，越来越多的中国企业投资柬埔寨，并参与到柬埔寨的经济建设中，这不仅拓宽了企业的国际市场范围，而且实现了两国经贸领域新的突破。

1. 双边贸易平稳增长

中柬两国以西哈努克经济港和中国—东盟自贸区为经贸合作纽带，不断地加强电站、电网、制衣、农业、矿业、开发区、餐饮、旅游开发等领域合作。2015 年，中柬双边贸易实现快速发展，实现 18% 的增长，双边贸易总额达到 44.3 亿美元。其中，柬埔寨进口额为 37.6 亿美元，增长 15%，出口额为 6.7 亿美元，

---

① 卢光胜，张励. 澜沧江—湄公河合作机制与跨境安全治理 [J]. 南洋问题研究，2016 (3)：12–22.

增长 38.1%。柬埔寨 2015 年全国供电量增至 53.51 亿度，同比增长 9.8%，其中水力发电 21.56 亿度，增长 22.5%，全部来自中资水电项目，燃煤发电 21.28 亿度，增长 182.2%，其中中资企业火电项目占 69.2%。

2016 年两国双边贸易发展仍然迅速，前 10 个月双边贸易额达 39 亿美元，同比增长 8.5%，全年则突破了 50 亿美元，提前一年多完成了中柬双边贸易总额 50 亿美元的原定目标。中国 2016 年对柬埔寨出口 45.5 亿美元，同比增长 15%，成为柬埔寨最大的货物供应国，占据外来货物市场 36.8% 的份额，柬埔寨对中国出口为 6.09 亿美元，增长率高达 50%。

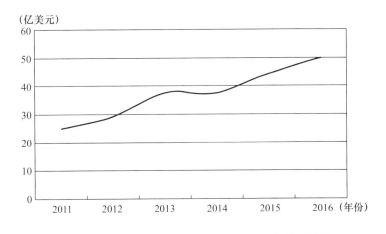

图 8-1　2011~2016 年中柬两国双边贸易额增长趋势

2. 投资援助持续增长

近两年来，柬埔寨投资总量明显提升，基础设施投资实现倍增（见表 8-4）。而且，基于中柬两国的稳定合作关系以及广阔的未来发展空间，中国更多的企业有兴趣并愿意到柬埔寨拓展业务，参与柬埔寨的产业发展和基础设施建设事业。2015 年，柬埔寨王国投资总额达到 46.44 亿美元，同比增长 18%，创 5 年来新高。其中，外国直接投资 14.73 亿美元，占了 30.7%。中国以 8.65 亿美元对柬埔寨投资额，高居柬埔寨外资来源国首位，同比下降 10%，占柬埔寨投资总额的 18.62%，投资占比较上年下降 5.82%，但仍比其他所有国家对柬埔寨投资额总和多 6.5%。2015 年中国对柬埔寨非金融类直接投资 3.9 亿美元，下降 11%，累计直接投资约 36.1 亿美元；新签承包工程合同额 14.2 亿美元，增长 0.5%，完成营业额 12.1 亿美元，增长 25.8%，累计合同额 121.1 亿美元，完成营业额 76.6 亿美元。截至 2015 年末，中国在柬埔寨还援助了 6 座水电站，总金额约 30 亿美元；修建了 7 座大桥（柬埔寨目前有 12 座大桥）、修建了 2000 公里的道路（全柬埔寨道路长 5760 公里），同时完善了 12 处水利枢纽设施。并且，中柬也在积极开拓垃圾处理、污水处理、高速公路、国家综合体育馆建设等方面的合作。

2016 年，柬埔寨外国直接投资额高达 21.55 亿美元，中国仍是柬埔寨最大的投资来源国。其中，大陆排在第一，总投资额为 5.11 亿美元；香港排在第二，投资额为 2.37 亿美元，台湾投资额为 1.06 亿美元。在上述中国大陆 2016 年直接在柬埔寨投资额 5.11 亿美元中，手工业投资超过了 1.6 亿美元，其次为金融业和不动产业投资。

目前，中国已成为柬埔寨最大贸易伙伴和外资来源国[①]。据统计，中国在柬埔寨投资企业已超过 500 家，中国对柬埔寨累计协议投资额已超过 100 亿美元，且仍将继续增长。

表 8 - 4 2015～2016 年中柬部分新签订经贸协议一览表

序号	名称	签订时间
1	中柬环境保护合作谅解备忘录	2015 年 6 月
2	青岛港集团与西哈努克自治港建立友好港口正式协议	2015 年 6 月
3	中国科学院生态环境研究中心与柬埔寨科学与技术委员会合作备忘录	2016 年 3 月
4	关于计量领域的合作谅解备忘录	2016 年 9 月
5	中柬两国政府经济技术合作协定	2016 年 10 月
6	关于编制共同推进"一带一路"建设合作规划纲要的谅解备忘录	2016 年 10 月
7	两国外交部《关于加强新形势下合作的协议》	2016 年 10 月
8	中柬关于旅游合作的谅解备忘录	2016 年 10 月
9	关于联合开展水利项目合作谅解备忘录	2016 年 10 月
10	海洋领域合作谅解备忘录	2016 年 10 月
11	对所得避免双重征税和防止逃避税的协定	2016 年 10 月
12	云南省与柬埔寨《柬埔寨暹粒吴哥国际机场项目 BOT 协议》	2016 年 10 月
13	中国民生投资股份有限公司和李永法集团《柬埔寨—中国友谊城开发协议》	2016 年 10 月
14	丝绸之路经济带和 21 世纪海上丝绸之路谅解备忘录	2016 年 11 月

资料来源：根据中国外交部公布及搜集数据整理。

3. 金融合作稳步推进

在 2015 年中国—东盟金融合作与发展领袖论坛上，柬埔寨国家银行行长谢

---

① 黎越，关晋勇. 中国是柬埔寨最大外资来源国和第一大贸易伙伴［N］. 经济日报，2016 - 10 - 13.

振都说："中国是柬埔寨重要的合作伙伴，2014 年直接投资达到 40 亿美元。我们非常欢迎中国在柬埔寨开发金融市场，产生更多的银行借贷和支出，促进柬埔寨的繁荣。"在中国与东盟金融合作的良好环境下，中柬两国的金融领域合作正在迎来新的机遇，前景非常令人欣喜。

2015 年，中国稳步推出了 QDII、RQDII、QFII 跨境金融投资机制，积极放宽金融投资政策，推进人民币资本项目可兑换，鼓励优秀的境外投资企业使用人民币进行跨境金融合作。早在 2014 年初通过的《泛北部湾经济合作路线图（战略框架）》就提出，金融将是下一阶段泛北部湾合作"路线图"中优先发展的领域。2015 年，柬埔寨国家银行（中央银行）正式加入"金融包容联盟"（AFI），使其基层金融服务水平不断地提升，民众对银行金融服务的信任度逐步增强。中国银行与柬埔寨银行和金融机构通过"一带一路"国际金融交流合作，并对区域金融和经济一体化的快速发展起到积极的推动作用。

中国国内银行和柬埔寨国内银行一直保持着沟通与交流。中国工商银行和中国银行等商业银行已经在柬埔寨建立了多家分支机构。在实现金融合作的同时，也与柬埔寨金融行业一起分享新的金融资源、金融专业知识和产品，还为柬埔寨金融服务流程的标准化、金融环境的量化提供了有力支持，促进了柬埔寨金融业的进步和发展。

2016 年，中国银行金边分行暹粒支行及西哈努克支行也已投入运营，并且，中国银行还在柬埔寨积极拓展了在线支付等金融业务。随着中柬经贸往来的不断扩大，金融合作也更加频繁。特别是中柬两国协作建设的西哈努克港经济特区，为企业经贸、金融、旅游等多领域合作创造了良好的投资平台，也为两国深化合作和发展创造了更大的空间和机遇。柬埔寨为进一步推进中柬两国经贸合作，也提出了如人民币贸易结算等多项措施，不断地支持两国金融合作的发展和提升。

4. 西哈努克港经济特区建设实现突破

西哈努克港经济特区是柬埔寨政府批准的最大经济特区，也是中柬两国首个签订双边政府协定的合作区、首个建立双边政府协调机制的合作区①。柬埔寨首相洪森高度赞扬西港特区的成就，并期望它成为"柬埔寨的深圳"。由红豆、光明、华泰、益多四家中资企业联合柬埔寨本地企业共同协作建设的西哈努克港经济特区，已经成为中国"一带一路"建设上的重要节点，是两国经贸深度合作发展的重要经贸合作区。由于良好的区位优势和平台作用，西港特区建设不仅有效拉动了柬埔寨当地经济发展，推动了柬埔寨国家工业化进程，还极大地促进了中柬两国经贸合作。

---

① 柬埔寨"西港特区"探索"一带一路"沿途境外园区合作样本 [EB/OL]. 人民网，http://leaders. people. com. cn/n/2015/0702/c58278 - 27245282. html，2015 - 07 - 02.

经过近 10 年的时间，西港特区无疑已经发展成为柬埔寨最大的、基础配套设施相对完善的工业园区。现在特区内，已经有来自中国、欧美以及日本等多个国家和地区的 100 多家企业入驻，区内工作人员已达 20000 多人。2015 年 4 月 23日，在万隆会议期间，习近平主席与洪森首相会谈时提出，中柬两国应该充分利用西哈努克港经济特区的独特优势，抓住"一带一路"的机遇，在努力推进两国经贸、基建等方面互联互通合作的同时，加快实现新的突破，还应该努力把西港特区建设成为中柬经贸合作的成功典范，使其成为"一带一路"上的璀璨明珠。

三、农业、旅游合作深入推进

1. 农业合作

农业领域是柬埔寨最重要的经济领域之一，但是由于一直面临缺乏水源、资本和市场等问题，致使柬埔寨农业发展十分缓慢。近年来，柬埔寨积极推进农业改革步伐，不断地促进农业经济的增长、就业和生产效率，鼓励将家庭式农业转变成企业式经营，同时积极拓展国外市场，促进大米等农作物出口。柬埔寨政府还提供了一些投资优惠政策，例如，对进口农业材料和器械可以免税等。除此之外，廉价的劳动力和肥沃的土地使得投资柬埔寨的农业有一定优势。因此，农业领域为外国投资者提供了很大的机会，尤其是在有机农业和农产品加工领域。截至目前，中国在柬埔寨投资的农业领域包括水稻、橡胶、腰果和林业。中柬农业合作也为柬埔寨农业经济发展提供了强大的动力，受益巨大。

柬埔寨农业部报告显示，2015 年柬埔寨全国稻谷总产量为 932 万吨，除去粮食和稻种需要外，剩余稻谷为 460 万吨，相当于 300 万吨大米可供出口。从 2014年起，中国为柬埔寨提供 10 万吨大米配额，并与柬埔寨签署了玉米和部分热带水果输华合作意向文件。目前，柬埔寨出口到中国的大米占其大米出口总量的25%，中国已是柬埔寨大米最大出口市场。

2016 年前 11 个月，中国是进口柬埔寨大米最多的国家，约有 10 万吨。早在10 月，中国国家主席习近平访问柬埔寨期间，中柬双方就签署合作谅解备忘录，中方同意 2017 年增加进口柬埔寨的大米配额，从 10 万吨增加到 20 万吨。如前所述，2016 年中国大陆在柬埔寨直接投资额 5.11 亿美元，其中农业领域投资达到 5300 万美元。而且，2016 年 10 月，中国—柬埔寨首个国家级农业经贸合作项目"中柬国家级农业经贸合作区"正式签订，将大幅度地提升柬埔寨农业生产的技术水平，促进和完善当地从农业生产到农产品加工、仓储物流、国际商贸等全产业链的建设发展。

目前，已有近百家中资企业到柬埔寨投资农业领域，从事农产品种植、加工和贸易等。除大米进出口贸易外，中柬两国也在不断探索水资源、农网扩建和农业技术等领域的交流合作。2016 年 3 月，柬埔寨国家电力公司和中国重型机械有限公司在金边就签订了总值约 1 亿美元的柬埔寨农村电网扩建五期和六期工程项目合同。2016 年 12 月，中国无偿援助柬埔寨的农业实验楼、动物检验检疫设备，顺利完成交接，这将有助于柬埔寨提高农产品检验的检疫水平，改善食品安全和扩大优质农产品出口。

当前，柬埔寨政府也在实施加快农业发展、加强基础设施建设、吸引更多投资和开发人才资源的"四角战略"，不仅有助于柬埔寨实现农业增产增收，而且将进一步落实推进中柬农业经贸的交流与合作。中柬农业合作已进入快速发展期，发展合作潜力巨大，中柬两国也正借助"一带一路"建设，加快农业合作步伐，造福两国人民。

2. 旅游合作

农业、工业、基建和旅游业已经成为推动柬埔寨经济发展的"四驾马车"。其中，旅游业经过多年的市场开拓和快速发展，已经上升成为柬埔寨的支柱产业。近年，旅游业的经济收入占 GDP 的比重已经超过了 1/10，并且旅游业拉动效果更为突出，其带动的相关产业的 GDP 贡献率超过了 40%。基于旅游业的飞跃式发展，柬埔寨成为亚洲旅游业占国内生产总值比例最高的国家之一。

随着中柬旅游合作协议的签订以及两国关系的不断升温，赴柬埔寨旅游成为越来越多中国人的选择，柬埔寨政府也适时采取积极的对策吸引中国游客，实现本国旅游业的更快发展。2015 年 10 月，柬埔寨旅游部长唐坤表示应积极推广学习中文，以便于两国互相交流并吸引更多中国游客前去旅游。2015 年，柬埔寨旅游业共接待外国游客 478 万人次，同比增长 6.1%，虽然增速有所放缓，但中国游客增加显著，达到 80 万人次，增长了 23%，占国际游客总数的 14.5%。

为了进一步吸引更多的中国游客，2016 年柬埔寨也不断地出台促进措施，为中国游客创造更加舒适的旅行环境。2016 年初柬埔寨政府推出了《中国准备》（China Ready）旅游行业白皮书，目标是到 2018 年吸引中国游客 130 万人次，2020 年突破 200 万人次。同时，柬埔寨还通过了《吸引中国游客的营销策略2016 ~ 2020》方案，首次实现中国游客接待的标准化。从酒店、旅行社到交通等多方面，提升服务质量，提高标准要求，进而提升中国游客的旅游满意度。柬埔寨旅游部还与中国国旅（CITS）合作，推出方便中国游客的中文旅游网站及中文旅游宣传册。2016 年，柬埔寨接待中国游客达到 83 万人次。

中国投资者也在为柬埔寨旅游业发展添砖加瓦。2016 年，位于西哈努克省的综合旅游度假区项目——"澜湄合作"先行实验区已正式启动，该实验区或许将成为柬埔寨旅游形象的又一张金色名片。由中旅集团投资建设的免税店也已在柬埔寨开业，并成为中柬两国旅游业深化合作的有力补充。伴随着中国"一带一路"倡议的逐步推进，柬埔寨的旅游业也必将会从中受益，中国的企业也越来越有意愿投资于柬埔寨的旅游业发展，共同推动两国的旅游业互惠发展。同时，中柬双方还签署了《中华人民共和国国家旅游局与柬埔寨王国旅游部关于旅游合作的谅解备忘录》，为双方创造了更多旅游合作的有利条件。

凭借自身丰富的自然、文化等旅游资源，柬埔寨被欧洲旅贸组织评为 2016 年世界最佳旅游目的地。2016 年，为进一步推动旅游业发展，在吴哥窟和柏威夏寺等具有较高国际影响力的基础上，柬埔寨还提出"柬埔寨：神奇王国"的旅游口号，积极开发海洋、生态旅游资源，为世界游客创造更多的旅游选择。与此同时，旅游基础设施建设、旅游服务水平提升同样是柬埔寨政府重点关注的环节，这些都为吸引更多的游客特别是中国游客奠定了坚实基础。

四、其他领域合作不断拓展

除了在经贸、政治、旅游等领域的合作外，中柬两国在教育、信息等其他领域也不断地拓宽合作内容，践行全面战略合作伙伴关系。

1. 教育文化合作

中柬两国的交流合作不断深化，在教育和文化交流等领域上也是日趋深入，持续友好发展。柬埔寨王家研究院孔子学院自 2009 年成立以来，受到中柬两国政府的高度关注，已成为中柬两国之间语言和文化交流的桥梁以及柬埔寨人民了解中国的重要平台。2015 年，还成立了柬埔寨中国校友会，为促进两国的繁荣发展，增进两国人民的友谊与合作方面做出重要的和积极的贡献。近年来，到中国留学或访学的柬埔寨人数持续增加，2015 年在华学习的柬埔寨学生总数达到1829 名。2016 年，借助中国—东盟教育交流年的机遇，中柬两国在教育文化领域合作实现进一步拓展。

2. 信息产业合作

在信息产业方面，柬埔寨政府积极实施宽松的监管政策，同时在国外大量援助的条件下，实现了快速复苏和良好的发展势头。柬埔寨当前的信息化程度还不高，处于起步阶段，电子信息产业人才缺乏，信息产业相关领域技术较低，整体规划较为落后。但是，柬埔寨信息产业的发展空间也是巨大的。据统计，2015年柬埔寨手机用户数量已超过 2085 万，互联网普及率也从 2008 年的 0.16% 跃升到 2015 年的 44%，并计划在 2020 年实现 80% 的目标。随着柬埔寨电信业的快速发展以及信息产业增长需求，中柬加强了在信息技术方面的合作。中国电科、中兴等中国企业已在柬埔寨开展北斗导航系统应用、太阳能光伏发电、4G 网络等方面的合作，不仅改善了柬埔寨的基础设施环境，还提高了其信息产业投资水平和信息技术水平。随着中柬经贸合作的不断深入，未来两国合作也将更加深入和广泛，如在信息基础设施建设、人才培养、信息安全和技术创新等领域，也将吸引更多的中国企业参与到柬埔寨社会经济建设中。

第三节　柬埔寨对华关系未来走向

一、影响中柬关系的因素

迄今为止，中柬关系实现长足发展，中国对柬埔寨投资也逐年增加，全面战略合作伙伴关系也促进了两国旅游、农业、金融等多领域的全方位合作。近两年两国合作关系也是稳步推升，但是也应认识到两国关系未来发展前景仍然受诸多因素的影响：

1. 柬埔寨国内经济发展形势

据《2016 年柬埔寨宏观经济形势总结报告》，服装鞋子出口、建筑与房地产、旅游业和农业的发展对柬埔寨经济起到了支撑作用，2016 年柬埔寨经济仍高速增长，经济增长速度达到 7%。尽管如此，柬埔寨经济仍面临诸多问题。一方面，作为工业支柱的制衣制鞋出口结构单一，难以改变严重依赖欧美市场的形势[1]；同时，作为高度美元化的国家，柬埔寨美元存款和贷款比例超过了 95%，这直接造成了金融业相对脆弱，出口竞争力下降[2]。另一方面，柬埔寨虽然失业率较低，但是劳工技术能力很低，与中等收入国家差距明显，难以满足经济持续增长和产业多样化发展的需要。最后，柬埔寨国内基础设施设备条件仍然较差，电力供应不足不仅影响了国内经济发展，也影响了国外投资意愿。面对本国经济发展问题，柬埔寨需要外来资金支持与援助，在实现自身出口结构调整的同时，要改进国内经济环境和提高人均收入水平，才能使柬埔寨自身国力增强。

2. 柬美关系影响

面对柬埔寨问题，美国或是坐在幕后，或是站在台前，由于时局不同，面临的对手不同，推行的政策也各异[3]。自 20 世纪 50 年代开始，美国就一直试图将柬埔寨拉入对抗社会主义阵营的队伍，以此实现对柬埔寨的实际控制。由于西哈努克坚持奉行中立的外交政策，美国的意图并未实现。

①　罗赛龙，王根宇. 柬埔寨经济发展现状探析 [J]. 经济研究导刊，2016（15）：178 – 179.
②　黄会. 2016 年柬埔寨经济形势分析与展望 [J]. 沿海企业与科技，2016（6）：7 – 11.
③　岳红雨. 美国对柬埔寨问题的政策初探 [J]. 乐山师范学院学报，2001（5）：5 – 9.

2010 年，时任美国国务卿希拉里访问柬埔寨，以期与中国争夺柬埔寨民心，制衡中国，以此扩大美国在柬埔寨的影响力。2016 年 1 月 27 日，美国国务卿约翰·克里会见我国外长何南丰时，指出柬埔寨在南海问题上倾向中国立场，引起何南丰外长不满，建议克里应该抽时间阅读《南海各方行为宣言》。美国在东南亚的战略直接影响美柬关系的发展，也影响了柬埔寨对中国的态度甚至合作关系。

美国对柬埔寨的政策一向多变，从指责洪森政府到克制并接近洪森政府，再到特朗普上台后对柬埔寨的微妙变化，柬美关系始终围绕干涉和反干涉这一主线在博弈，而柬埔寨从本国利益出发，则更强调"大国平衡"战略①。美国是柬埔寨的重要战略依托，柬埔寨则是美国在东南亚地区牵制中国的重要力量，柬美两国关系在互需中稳定发展。同时，柬美两国的政治互信仍有限度，柬埔寨始终防范美国对其内政的干预，柬美之间的这种"干预"和"防范"互动也不断影响中柬关系的稳定与发展。如果洪森首相继续执政，中国与柬埔寨关系还是能够一如既往，但是洪森若不能够继续执政，则关系可能会有所松动。

3. 东盟政治与经贸合作

东南亚国家联盟（Association of Southeast Asian Nations，ASEAN），简称东盟，其前身是 20 世纪 60 年代初，马来西亚、菲律宾、泰国三国在曼谷成立的东南亚联盟，该联盟目前有马来西亚、印度尼西亚、泰国、菲律宾、新加坡、文莱、越南、老挝、缅甸和柬埔寨共 10 个成员国。2004 年第 10 次东盟首脑会议上通过了《东盟安全共同体行动纲领》，东盟努力向实现一个团结、和平和相互依赖的政治安全共同体的目标稳步推进，但在这一进程中，东盟也将面临中国和平发展战略和美国东南亚政策等多重问题的挑战②。中国与东盟合作共进不仅是中国改革开放实现经济建设的需要，同样也符合东盟各国提升各自经济实力的诉求。

由于地理邻近关系，中国非常注重与东盟的合作，双边关系近年发展迅速。2003 年，中国与东盟关系实现新的发展。中国与东盟签署《面向和平与繁荣的战略伙伴关系联合宣言》，并正式加入《东南亚友好合作条约》，自此中国成为加入该条约的第一个非东南亚国家。2015 年，中国和东盟之间的"战略伙伴关系"走过了 12 年，双方在政治、经贸、安全和人文等多个领域实现了进一步的发展，双方还积极推进"21 世纪海上丝绸之路"建设，共同落实"2 + 7"合作框架。2016 年，东盟共同体成立一周年，同时又是中国"十三五"规划开局之年，中国与东盟合作同样迎来新的机遇。作为东盟共同体一员的柬埔寨，不仅是

① 尹君. 柬埔寨"大国平衡"战略下的柬美关系研究 [J]. 思想战线，2014 (4)：154 - 156.
② 张雪. 东盟政治安全共同体建设与中美因素 [J]. 和平与发展，2011 (2)：56 - 59.

中国与东盟深入合作的推动者，同样也是中国与东盟深入合作的受益者。但是东盟共同体的存在，毕竟有着自身的政治诉求，各成员国会有着各种矛盾和分歧，当成员国之间的诉求不一致，且与中国的关系出现背离时，柬埔寨夹在其中，其政策和态度取向有可能不一定始终倾向中国。因此，东盟国的政治诉求很有可能会影响到中国与柬埔寨的关系。

4. 南海问题

近年来，作为中国历来的固有领土，南沙群岛处在争论的浪尖。在冷战结束后的时期，美国的策略选择以及亚太地区自身安全形势的变动，都进一步推动了南沙群岛问题的复杂化。自 20 世纪 70 年代以来，文莱、菲律宾、越南和马来西亚等东南亚国家都曾提出过对南沙群岛的领土权，并且还先后控制了部分岛屿，积极进行矿产资源的开采和挖掘。同时，美国和日本又是南海问题的推动者，进一步将该区域矛盾复杂化。

但是，由于中柬两国友谊的悠久历史，以及历来中国对柬埔寨的大量无偿援助和无私支持，柬埔寨成为中国在南海问题上的重要突破口和支持力量。2012年，柬埔寨作为东盟轮值主席国，出于中国—东盟全局利益考虑以及柬埔寨一贯的中立外交政策，其极力反对菲律宾和越南将南海问题东盟化的企图，主张相关方应以和平方式解决南海争端。在南海问题上，中国始终坚持利益双方应求同存异并以和平对话方式解决实际问题，柬埔寨对中国的主张和倡议表示认可。2009年以来，随着南海争端的持续紧张，东盟部分国家不断加大了对南海争端的介入力度，南海争端有着地区化、东盟化的趋势[1]。

在南海问题上，柬埔寨始终坚持公正的态度。2016 年 7 月 24 日，第 49 届东盟外长会议在老挝首都万象举行。会议上，与中国在南海问题上有争议的菲律宾与越南均希望此次会议公报提及南海仲裁案并呼吁尊重国际法，但遭到柬埔寨的坚决反对，在该公告中并未出现该条款。2012 年，菲律宾执意将中菲黄岩岛争端写入联合公报同样遭到柬埔寨等国反对。2016 年 6 ~ 7 月，洪森首相先后五次以声明、讲话等形式在不同场合代表柬埔寨政府、柬埔寨人民党表达了不支持南海仲裁结果的鲜明态度和立场，这使得中柬友好关系得到进一步巩固和提升。2016 年 10 月，习近平访问柬埔寨，中柬两国联合声明"双方认为，南海问题不是中国和东盟之间的问题，应由直接有关的主权国家通过友好磋商和谈判和平解决"。柬埔寨对中国的支持不仅出于其传统的中立外交政策，还关系到中柬双方全面战略合作伙伴关系，同时中国对柬埔寨的支持与帮助也推动了其国家经济的发展以及国际地位的提升。柬埔寨的立场不仅降低了南海争端的复杂性，稳定了

---

① 邵建平. 柬埔寨对南海争端的态度探析 [J]. 国际论坛，2013（6）：15 – 20.

南海动乱局势，也推动了中柬关系进入新的发展时期。

二、中柬关系发展前景

从目前的趋势来看，尽管有着上述影响因素的存在，但可以判断近年来中柬关系仍然将保持为：和睦相处的好邻居、情同手足的好兄弟、肝胆相照的好朋友、休戚与共的好伙伴，未来将是跨入中柬两国全面战略合作伙伴关系提质增速的新时代①。

1. 中柬两国经贸关系发展势头良好，合作将持续扩大

目前，从柬埔寨贸易合作数量和外资来源看，中国累计协议投资额已超过100亿美元，稳居第一位。未来5年，中国对外投资将超过5000亿美元。中资企业在柬埔寨投资仍将保持强劲增长势头。同时，中国积极推进的"一带一路"倡议，也为柬埔寨的广大企业提供了广阔的发展空间和机遇，为中柬两国企业实现共商、共建和共享创造了良好的基础条件。在坚持"一带一路"倡议的框架下，中柬两国企业也将积极探索双方优势互补，创造互补条件，实现互补创新，努力创造更大的市场空间。

同时，尽管受到美国经济增长放缓、欧盟经济复苏缓慢、英国脱欧事件、日本经济复苏步伐缓慢、中国经济速度放缓等诸多外部因素影响，2016年柬埔寨经济增长速度仍达到7%，且继续保持高速增长态势。主要行业是出口导向的制衣制鞋业、建筑与房地产业、旅游业，以及农业等相关产业。柬埔寨政府在新制定的《2015～2025产业发展规划》中提出，2018年前，将努力确保每年7%以上的经济增速。

中国企业对柬埔寨投资，一方面，合作领域广，主要涉及农业、基建、旅游业、能源和金融投资等方面；另一方面，中柬两国经贸合作互利共赢，中国投资不仅实现企业自身发展，而且拉动了柬埔寨经济、税收和就业。同时，中柬两国经济具有较强的互补性，中国—东盟自贸区极大地推动了中柬双边贸易的发展。而中国正在大力推行"一带一路"倡议构想，给柬埔寨带来了很多发展机遇。在中国和柬埔寨两国的努力和见证下，西哈努克港经济特区实现跨越式发展，逐渐成为企业实现境外发展进行投资立项的优势贸易平台。中国企业"走出去"与柬埔寨谋求社会经济发展的需求实现共振，两国经济往来必将更加深化，经贸合作前景广阔。最后，目前的柬埔寨政局相对稳定，投资政策优惠，几乎所有领域均向外资开放，没有外汇管制，土地、劳动力成本相对较低，这些都为中柬两国经贸深入合作创造了有利的条件。

---

① 薛磊、张艳芳. 中国驻柬埔寨大使熊波用"四好"形容当前中柬关系［EB/OL］. 中国军网, http: //www. 81. cn/gjzx/2016－10/11/ content_ 7295844. htm, 2016－10－11.

2. 基础设施行业的合作将进一步加强

柬埔寨的基础设施相对落后，这也使近年的投资倍增。近年来，柬埔寨一直把交通基础设施建设作为优先发展领域，其中公路、桥梁是重中之重。2004年以来，柬埔寨政府把对基础设施的建设和改善列为"四角战略"的重要任务之一，加快恢复和重建的步伐。2013年9月新成立的柬埔寨第五届王国政府发布了《四角战略第三阶段政策》，确定了今后5年的四大优先发展领域，其中基础设施投资和商业协调机制建设方面，提出要加大对交通基础设施的投入，建设具有灵活性的商业协调机制，加大能源开发力度，推动互联互通。

2015年，柬埔寨基础设施领域投资额达到31.3亿美元，同比增长7.8倍，占投资总额的67.4%，成为拉动投资的重要引擎。从柬埔寨基础设施行业发展现状来看，其基础设施建设大大滞后于经济发展需求，总体质量低下，损毁严重，在144个国家中排名第107位。此外，涉及旅游、采矿以及低端制造行业的相关建设将是未来发展的关键领域。

外国资本的参与是柬埔寨基础设施行业发展的重要支撑，尤其是随着中国—东盟自由贸易区框架内的澜沧江—湄公河次区域经济合作进一步推进，中国成为柬埔寨的第一大投资国。中国公司在柬埔寨基础设施建设领域参与度很高，表现亮眼，为其提供了大量的资金以及技术支援。由于中国企业在柬埔寨的基础设施建设尤其是水利资源开发和公路施工建设方面取得了比较丰富的经验，同时这些方面又是柬埔寨经济社会发展五年规划中的重点领域，中国企业必将进一步加强基础设施方面的投资与合作[①]。总的来说，随着柬埔寨国内局势的相对稳定、经济发展速度不断提升以及产业经营环境的不断改进，柬埔寨国内市场仍有巨大的发展潜力，对外商投资也形成巨大的吸引力，中国也是其中的重要一员。

3. 柬埔寨房地产市场发展前景广阔

从1990年开始，中国台湾企业率先进入了柬埔寨投资房地产，2000年韩国企业积极推进柬埔寨房地产建设，至2010年中国大陆企业大规模进军柬埔寨房地产市场。柬埔寨已经经历三波外商投资地产热，需求直线上升，推动了房价的涨势。柬埔寨自2010年允许外国人买卖房屋后，市场持续活跃。2013年对外招商中，至少有96家外资企业参与，总投资金额25.3亿美元，提供13.2万个工作机会。再加上柬埔寨没有外汇管制，房地产以美元计价，不像东盟其他国家还会受到"两段汇差"的影响，购房成本更低，资金进出便利。

2015年底，东盟经济共同体正式运作，共同体内的东盟10+3个国家经济互相开放，关税、航空进入对等关系，搭上东盟经济特快列车，柬埔寨首都金边也

---

① 陈隆伟，洪初日. 中国企业对柬埔寨直接投资特点、趋势与绩效分析 [J]. 亚太经济，2012 (6)：71–76.

晋升为贸易的枢纽中继点，战略地位不言而喻，其吸引大量外资流入，带动了当地房地产需求，2015 年柬埔寨首都金边的房价就增长 17%，外国人凭护照就能购买二楼以上的集合住宅，与金边仅一河之隔的钻石岛更被打造成欧风富豪胜地。

房地产作为柬埔寨 GDP 的重要支柱产业，近年越来越多的国外商人和本地人民对投资房地产业看好，早在 2013 年，柬埔寨就被评荐为"相当值得投资"的国家。金边作为柬埔寨首都，是柬埔寨唯一的经济和工业中心，也是柬埔寨房地产业发展最集中的地区。随着大量国外资金的涌入，房地产市场再次大热。柬埔寨各地的房地产价格随之大幅上升，尤其金边市开发量和房屋价格逐年攀升。中国已经先行介入，目前仍然占据着重要市场，柬埔寨房地产的快速需求，给中柬合作带来了更多的新机遇。

4. 中柬两国政治关系将更加稳固

自 2016 年柬埔寨政府在不同场合表明了不支持南海仲裁结果的立场后，中柬政治关系发展越来越密切。同年 10 月，应柬埔寨西哈莫尼国王邀请，中国国家主席习近平对柬埔寨进行正式访问，这也是中国最高领导人在中国共产党第十八次全国代表大会以来对柬埔寨的首次访问，不仅巩固了中柬传统友好关系，对深化两国全面战略合作关系有重大意义，也有助于发挥中柬关系在我国周边外交中的典范作用。虽然中柬两国制度不同、国情各异，但两国却实现了高度的政治互信，这种坚定的相互信任也促进了两国在涉及彼此重大关切问题上秉持公道，坚守正义，相互支持。

2017 年 1 月 23 日，美国总统特朗普正式签署第一份总统令，宣布退出 TPP（即跨太平洋伙伴关系协定）。随着自由贸易的政治支持减弱，反全球化情绪上升，东南亚的发展前景具有高度的不确定性。与此同时，中国一直推行亚投行和"一带一路"倡议，为东南亚国家的发展带来希望，这也促使中国与东南亚国家关系得到改善。一向与中国对立的菲律宾，在总统杜特尔特上台后也改变了对中国的敌对态度，逐渐向中国靠拢，这也为其他国家树立了榜样。另一个受美国支持的国家越南，在美国退出 TPP、提出保守的贸易政策之后，也已经意识到改善与中国关系的必要性。

因此，在可以预见的未来一定时期内，出于东南亚经济发展和区域局势稳定的考虑以及中国"走出去"战略的需要，中国与东南亚各国家之间的关系会相对平稳，而原本就十分密切的中柬关系也必然会有新的提升。

5. 旅游合作有望出现新的突破

中国是柬埔寨第二大客源国，仅次于越南，中国游客市场将继续成为柬埔寨旅游业的主要驱动力。2016 年，柬埔寨接待中国游客达到 83 万人，较 2015 年实现近 20% 的增长，明显高于其他客源市场，如图 8 - 2 所示。并且，柬埔寨政府已制定目标，到 2020 年争取吸引国际游客达到 750 万人次，其中中国游客 200 万人次。柬埔寨政府也在积极探索旅游扶贫策略，争取在保护和开发旅游资源的同时，实现国民经济提升，让更多的柬埔寨民众享受到旅游业发展的成果。柬埔寨政府也通过中文标识牌、签证、航空以及汇率等方面，便利于中国游客到柬埔寨旅游，并确保食物和住宿设施适合中国游客口味和需求。

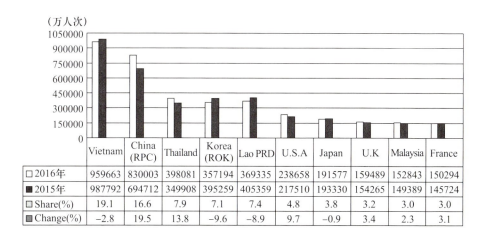

（万人次）	Vietnam	China (RPC)	Thailand	Korea (ROK)	Lao PRD	U.S.A	Japan	U.K	Malaysia	France
□2016年	959663	830003	398081	357194	369335	238658	191577	159489	152843	150294
■2015年	987792	694712	349908	395259	405359	217510	193330	154265	149389	145724
□Share(%)	19.1	16.6	7.9	7.1	7.4	4.8	3.8	3.2	3.0	3.0
■Change(%)	−2.8	19.5	13.8	−9.6	−8.9	9.7	−0.9	3.4	2.3	3.1

图 8 - 2　2016 年到访柬埔寨人数的十大市场

资料来源：柬埔寨旅游部《旅游统计报告》。

2016 年初，柬埔寨为吸引更多的中国游客，积极颁布了《中国准备》（CHI-NA READY）旅游行业白皮书，同时还制定了《吸引中国游客的营销策略 2016 ~ 2020》方案。为此，柬埔寨政府提出诸多针对中国游客市场的措施，如本地路牌、酒店菜单等环节积极提供中文版本，鼓励航空公司增加中束直飞航班数量，大力修建柬埔寨旅游交通基础设施设备，要求旅游从业人员掌握一定的中文，努力提高旅游接待服务质量等。柬埔寨还在建设中文旅游宣传网站、中文旅游手册、签证和人民币结算等方面进一步优化中国游客赴柬埔寨旅游环境①。

还应该注意到，东盟各国中，泰国、缅甸政局不稳，菲律宾与中国的南海冲突，越南的反华情绪，马来西亚的马航事件等，都影响中国游客对出境游目的地的选择，传统的新马泰旅游线路将受到负面影响，这就为柬埔寨旅游提供了新机遇。稳固的中束关系、良好的经贸往来、友好的对华政策、丰富的旅游资源为中

---

① 张志文：柬埔寨旅游业迎来发展机遇［EB/OL］．新华网，http：//news. xinhuanet. com/world/ 2016 - 08/18/c_ 129238019. htm，2016 - 08 - 18.

国游客赴柬埔寨旅游提供了基础。同时，中国—东盟自由贸易区的建成以及中国"一带一路"倡议构想的实施都为中柬旅游合作提供了良好契机，双方政府可通过建设并完善长效合作机制，共同规划中长期合作蓝图，可预测未来有着更美好的旅游业合作前景①，进而形成新的突破。

第四节　本章小结

　　中柬两国历来是友好的邻邦、朋友和兄弟，中柬关系也是中国与东南亚国家友好相处的典范，现阶段没有任何政治或者领土上的纷争和分歧。近两年，中柬合作持续快速发展，迈入了新的阶段。经济方面，中柬两国双边贸易额逐年增加，提前实现了50亿美元的目标，金融投资也逐渐深入发展，越来越多的中国企业积极开拓柬埔寨市场，不仅践行中国"走出去"策略，还有效地促进了柬埔寨国内经济的飞速发展，柬埔寨也跃居东南亚经济增长率首位。在政治方面，中柬两国仍坚持互信互助的原则，高层领导人互访频繁，签订多项贸易协定。过去两年，中柬农业合作也取得了显著成绩，增长迅速，中国已是柬埔寨大米最大的出口市场。柬埔寨旅游业迎来良好的发展机遇，而且市场空间巨大。为吸引中国游客，柬埔寨政府采取了一系列措施，有效地推动了中柬旅游合作。中柬关系未来的发展前景依然乐观。虽然仍需面临大国关系、东盟共同体的政治倾向、南海问题等诸多因素的影响，但基于中柬两国的互信基础，以及中国"一带一路"倡议、柬埔寨"四角战略"目标等的实施，未来中柬两国政治关系依然稳定，经贸、旅游、农业等领域合作也将实现新的发展浪潮。总之，中柬关系一如既往，仍然保持着良好的合作发展势头。

---

　　①　高怡松．柬埔寨经济特点与中柬合作的机遇［J］．东南亚纵横，2011（11）：86－89.